"中国式现代化进程中的公司治理"系列丛书

资本战略

企业浮沉与价值增长的秘密

屈全军 著

中国财经出版传媒集团
中国财政经济出版社
北京

图书在版编目（CIP）数据

资本战略：企业浮沉与价值增长的秘密 / 屈全军著. --北京：中国财政经济出版社，2025.4. --("中国式现代化进程中的公司治理"系列丛书). --ISBN 978-7-5223-3682-4

Ⅰ.F272

中国国家版本馆 CIP 数据核字第 2025F0X895 号

| 责任编辑：潘　飞 | 责任校对：胡永立 |
| 策划编辑：潘　飞 | 责任印制：史大鹏 |

资本战略：企业浮沉与价值增长的秘密
ZIBEN ZHANLÜE: QIYE FUCHEN YU JIAZHI ZENGZHANG DE MIMI

中国财政经济出版社 出版

URL：http：//www.cfeph.cn
E-mail：cfeph@cfeph.cn
（版权所有　翻印必究）

社址：北京市海淀区阜成路甲 28 号　邮政编码：100142
营销中心电话：010-88191522
天猫网店：中国财政经济出版社旗舰店
网址：https：//zgczjjcbs.tmall.com
涿州汇美亿浓印刷有限公司印刷　各地新华书店经销
成品尺寸：170mm×240mm　16 开　21.25 印张　332 000 字
2025 年 4 月第 1 版　2025 年 4 月河北第 1 次印刷
定价：88.00 元
ISBN 978-7-5223-3682-4
（图书出现印装问题，本社负责调换，电话：010-88190548）
本社图书质量投诉电话：010-88190744
打击盗版举报热线：010-88191661　QQ：2242791300

RECOMMENDED SEQUENCE

「推荐序」

《资本战略：企业浮沉与价值增长的秘密》是本从企业视角研究企业资本财务战略和中国资本市场的著作。本书作者屈全军先生先从事券商投行业务，后做投资、基金管理及企业资本战略咨询。经过二十多年的历练及思考，作者形成了基于实践的、关于中国企业资本战略及运营规律和经验的、独到的理解和知识体系。以此为基础，基于为企业提供系统易读的企业资本战略及运营知识、帮助企业制定资本战略的定位，作者撰写了本书。

我认为本书有五个特点。一是从企业家基本能力和基于企业成长阶段或者场景的资本战略有所不同，及二者必须有机结合的立场出发，构建了本书的写作体系及叙述方式。这个视角使本书与仅从企业发展视角或者仅从资本市场视角讨论企业资本战略的书有所不同，所叙所写更有利于企业家从企业发展角度理解掌握资本战略与企业发展结合的意义、重点及策略。

二是理论结合实际，从经验和教训两个方面针对可能存在的认识误区进行讨论剖析，帮助企业家树立正确的资本战略观，解决企业资本战略的根本功能定位问题。作者指出，有关资本战略意义及有效条件存在多种认识误区。一些企业家，多为中小企业家，认为资本市场离自己太远，失去了利用不同的资本工具，如支持创业的天使投资、风险投资及政策融资工具，帮助企业更好成长的机会。还有些企业，其资本战略不是为企业发展及结构调整升级服务，而是为资本战略而资本战略，甚至利用资本市场容易出现的信息不对称进行融资、盲目扩张，最后导致企业财务崩溃、经营失败。作者认为成功的企业家很有可能犯后一种错误并以实例说明，希望引以为戒。

三是介绍了股权投资及资本市场的系统知识，使读者一本书在手就可以全面了解有关的基本知识。本书系统介绍说明了中国资本市场及各种资本市场工具和利用这些工具优化企业股权结构和设计资本战略、选择合适工具的基本知识，介绍了企业在IPO上市、投融资、并购、收购上市公司、不良资产投资、破产重整、市值管理等不同场景的资本战略及其组合和运作的方式，方便日理万机的企业家学习及系统了解有关知识。

四是对资本市场及企业资本战略紧扣当下各方面最关心的政策进行介绍和讨论，有利于企业家把握政策机遇，及时调整优化企业资本战略。2024年国家出台了多项发展资本市场的政策，4月新"国九条"（《关于加强监管防范风险推动资本市场高质量发展的若干意见》）出台，数月后又密集出台"科创十六条"（《资本市场服务科技企业高水平发展的十六项措施》）、"科创板八条"（《关于深化科创板改革服务科技创新和新质生产力发展的八条措施》）和"并购六条"（《关于深化上市公司并购重组市场改革的意见》）等多项政策。本书不仅介绍了有关政策及其对资本市场和企业资本战略的影响和带来的机会，而且讨论了政策背景，指出这些政策有多方面的重要意义：不仅是落实党的二十届三中全会《决定》提出的发展新质生产力必须发展耐心资本、"投小、投早、投硬科技"的重要措施，亦是问题导向完善资本市场基础制度的基本建设。这样的介绍及讨论有利于企业更好确定实施资本战略，借力资本市场，促进企业发展和创新。

五是上述介绍始终理论结合实际，重视通过案例说明基本规律和基本战略，讨论基本经验及教训，不仅使本书内容更生动鲜活、可读性更高，而且有利于企业家理解实务、把握操作要点。例如，通过系统梳理，结合实例，提出了解资本赋能企业发展的八种方法和推进企业价值增长的资本路径规划。

本书直接目标是帮助创业者及企业家理解资本市场及制定资本战略，但希望了解企业资本战略的官员、金融从业者、有关咨询业者、教师，阅读本书亦会有所裨益。

是为序。

陈小洪
国务院发展研究中心企业研究所原所长
2024年12月20日

PREFACE

自序

"已识乾坤大,犹怜草木青。"一眨眼,我在中国资本市场已经摸爬滚打二十多年,离开券商投资银行也都十年了。这些年,跟大大小小很多企业家打过交道,既看见过飞黄腾达,也见识过"楼起楼塌",颇有些感慨。

这个世界看起来纷繁复杂,其实就分为两类:变化的和不变化的。资本市场也一样,变化的是各种金融工具和出演的人群,不变的却是骨子里的人性和世界的运行规则。

有幸在资本的大潮中见证过周期和浮沉之后,忽然对"利他、共生、接纳、和解"等人生智慧有了新的理解,也顿悟了"见自己、见天地、见众生"的悲悯。

我一直激励自己,虽然是个普通的中年男人,但是作为"人"来到这个世界上,总还是要有些梦想,不然和咸鱼有什么区别。"心中有火,眼里有光。"一个平凡的人,是可以努力让自己偶尔变得不平凡一些。记得几年前曾经有个高段位的朋友问过我:"你的人生使命是什么?"至今还记得那一瞬间被电流击中的强烈感觉。老实说,我不知道,甚至都没想过这个高深的问题。虽然很早就了解企业有"使命、愿景和价值观",但是个人呢?之前从来没有人问过我。

有一天,我无意间翻看了史铁生的《我与地坛》。"所谓命运,就是说这一出人间戏剧,需要各种各样的角色,你只能是其中之一,不可以随意调换。"就这么短短的一句话,我立刻明白作者的高度和获奖的原因了。这本书很有名,可惜彼此一直没有机缘。经过多年的等待,尤其是最近数年明白了很多道理之后，偶然间我和它在最合适的时候相遇了，哪怕就一眼，但一瞬间就懂了。

也许正如此刻渴望了解资本真相的你，遇到并读懂了写书的我。

解决问题往往不在发生问题的维度。所谓通透，不过是经历的样本足够多、穿越的周期足够长、思考的厚度足够深，然后洞察高维、总结到位，用瞬间击中心灵的方式呈现出来。比如"心不死则道不生"，又比如"股权是有灵魂的"。

前些年经常有机会给企业家朋友授课和交流，每次讲完之后常常听到他们谬赞我这个屈老师"高屋建瓴、一针见血"，甚至多个学员使用了"醍醐灌顶"这个深厚的赞誉之词。我知道不是因为我有多厉害，主要原因还是信息不对称。大部分企业家平常没有机会全面、系统、深入地了解资本运作，而我恰好在那个时间点出现了，并且习惯思考和总结，善于用深入浅出的语言表达出来罢了。

曾经有幸在2022年5月去过一次西藏，爬过一次6 000米高的雪山。我至今还记得那时的状态："心中仿佛有一团火焰在熊熊燃烧。我知道自己必须要去西藏，必须要去爬一次雪山，虽然在体能上我是一个普通得不能再普通的中年男人。"那是对自己很大的一次挑战。但是，最后我竟然成功做到了！

回来之后的数月，新冠疫情还没结束。那时候还是自由状态，有大把的空闲时间。但是，下一步该做些什么才能不浪费生命呢？

"也许，我应该写一本书，写一本关于资本运作的专业入门级书籍，体系清晰、案例丰富、深入浅出，大家看得懂而且喜欢看。"

这个念头一闪而过。但瞬间我就发现，可能这就是我要找的所谓的人生使命。做过投行，做过投资，懂得咨询和企业战略，喜欢透过现象看本质，具备丰富的实战经验又愿意分享，职业生涯都是围绕企业这根主线在不同维度辗转。所有的一切，可能就是上天冥冥的指向：我的人生使命，就是成为连接企业家、创业者与资本市场的桥梁！

全国像我这样拥有"投行+投资+咨询"综合经验的人应该不多，甚至可以说很少，能够有时间沉下心来踏踏实实写一本书进行经验分享的人更是凤毛麟角。而我，正好有这个愿望、能力和时间。

是时候该写一本书了！就像当初爬雪山一样，不知为什么，信念的熊熊烈火再次在心中激荡燃烧。但这次是个人使命的召唤,听起来更伟大些。

没想到这一动笔就持续了两年多。刚开始半年,经常去深圳一家叫觅书店的咖啡书吧写作。嘈杂尘世中,能有这样一个让内心安静和放松的地方,其实挺感恩的。初稿写到一大半后,入职外地一家大型国企掌管母基金产业投资,于是几乎每周末都在高铁站穿梭往返。入职后整整八个月,一个字都没写。除了"累",主要还是"懒",精力不济。幸亏还有两个孩子的鼓励和鞭策。他们经常问我:"爸爸,你的书什么时候写完呀?"我不得不再次承认自己真的毅力不够,每天工作很累,压力又很大,回到住处就想休息放松,第一次不想写,就越来越不想写。所以每次面对他们期待的眼神,我都倍感羞愧和折磨。

也许是老天冥冥之中的眷顾或者是有意督促,某一天意外发现当地的图书馆就在附近,环境很好,非常安静,而且开放到晚上九点半。我终于又能在下班之后逼迫自己开始续写"梦想"了,尽管很累并且是自己硬生生地把自己逼成了"苦行僧"。

"一个人在疲惫和低潮的时候,可以尝试去这四个地方吸取能量从而改变状态:运动场、图书馆、大自然或者自己的老家。"这句话很有用,至少在我身上实验成功了,你也可以试试。

"二十年一觉投行梦,三载坚持终留痕。"写书和做企业一样,都是修行。这是使命的召唤,也是磨练心智的过程。

投行做了十年,在高光时刻转型也恰好十年。这一路走来有些崎岖,甚至很多沟沟坎坎。但是没想到所有经历过的一切最终都变成了别人眼中无法企及的风景,以另外一种方式馈赠于我,继而回馈于你。

这是一部缘起个人使命感,满怀利他之心的用心、用情之作,相信你能感受得到,也真心希望对你有帮助。

感谢我的父母、我的妻子晓兰以及我的两个孩子小淅和小壮,你们给予了我最无私的支持和最坚实的力量源泉;感谢各位企业界、资本界、咨询界、学术界的前辈们,你们德高望重、声名显赫却愿意俯下身来为我写序推荐,让我倍感荣耀;感谢黄晓华、许浒传、张义民、林文胜等老朋友们,你们在本书筹备过程中给予了大量实质性的帮助;感谢高进水、潘飞、汪慧等中国财政经济出版社的伙伴们对本书出版过程中的大量指导;感谢所有曾经帮助过我的朋友们,你们是照亮我生命的光。

  最后,要感谢我自己。经历重重磨难,终成正果。这本书的出版是我平凡人生中一个不平凡的时刻,是送给自己即将50岁的重要生日礼物。

  最近这十年,跌跌撞撞却又勇往直前,不忍回首却又开辟了新天地。

  活过,爱过,折腾过,奉献过,不枉这一生。

  与你共勉。

屈全军

2024年12月 深圳·塘朗山下

目录

第一章 资本运作是企业成功的重要能力　　001

- 一、企业家应该具备的三种能力　　002
  - （一）认知差异带来不同结果　　002
  - （二）企业家和经理人的区别　　004
  - （三）"屈三角"企业成功理论　　004
  - 案例1-1　为什么华为能够成为一个伟大的企业？　　008
  - 案例1-2　希音：服装行业的产业互联网巨头　　011
- 二、构建企业资本战略　　013
  - （一）金融的本质　　013
  - （二）资本的内涵　　014
  - （三）资本战略体系　　016
  - （四）中小企业也需要资本运作　　019
- 三、案例分析　　020
  - 深度案例1-1　洛阳钼业：跨国矿业巨头公司十年成长史　　020
  - 深度案例1-2　易见股份：上市公司虚假繁荣的覆灭　　031

第二章 股权、股东与企业顶层设计　　037

- 一、资本运作的基础：股权和股东　　038

（一）股权的含义　　038
　　（二）股权的本质　　038
　　　案例2-1　当当网创始人夫妻的股权争夺战　　038
　　（三）股东的选择原则　　039
二、企业股权的顶层设计　　040
　　（一）顶层股权设计的六种模式　　040
　　　案例2-2　英诺激光拟上市时的股权结构及有限合伙企业结构
　　　　　　　解析　　043
　　　案例2-3　汇源通信：GP出资100万元拿下35亿元市值上市公司
　　　　　　　控制权　　045
　　　案例2-4　首家在港上市的同股不同权的企业：小米　　048
　　（二）特殊顶层股权设计之无实际控制人　　051
　　　案例2-5　瑞能半导体：无实际控制人的股权结构导致上市失败　　051
　　（三）特殊顶层股权设计之管理层控制　　052
　　　案例2-6　管理层控制经典案例：中证信用　　052
　　（四）顶层股权设计十大考虑因素　　054
　　　案例2-7　爱尔眼科：通过PE基金+城市合伙人制度设计成为
　　　　　　　行业第一　　059
　　　案例2-8　卫信康：山西药企迁址西藏借"绿色通道"216天
　　　　　　　成功过会　　060
　　　案例2-9　高瓴资本入股，凯利泰和凯莱英股价大涨　　063
　　　案例2-10　湖南国资混改第一单：湖南省建筑设计院　　064
三、以股权为核心的公司治理结构　　065
　　（一）公司治理结构概览　　065
　　（二）公司章程　　066
　　（三）三会议事规则　　066
　　（四）股权比例的深层含义　　067
　　（五）影响控制权的注意事项　　070
四、案例分析　　070
　　　深度案例2-1　明争暗斗：京基集团收购上市公司ST康达　　070

第三章
中国资本市场发展概况　　　　　　　　　　　075

一、资本市场概述　　　　　　　　　　　　　076
　　（一）资本市场的含义　　　　　　　　　　076
　　（二）资本市场的分类　　　　　　　　　　076

二、中国资本市场的发展历程　　　　　　　　077

三、中国多层次资本市场的构成　　　　　　　082
　　（一）交易场所　　　　　　　　　　　　　083
　　（二）资本市场的板块定位　　　　　　　　083
　　（三）交易规则　　　　　　　　　　　　　085

四、中国资本市场发展现状　　　　　　　　　086
　　（一）上市公司数量　　　　　　　　　　　086
　　（二）投资者规模　　　　　　　　　　　　086
　　（三）成交额及指数　　　　　　　　　　　087
　　（四）市场筹资额　　　　　　　　　　　　087
　　（五）证券化率　　　　　　　　　　　　　088

五、中国资本市场发展的新趋势　　　　　　　088
　　（一）健全投资和融资相协调的资本市场功能　　088
　　（二）新"国九条"为资本市场指导方向　　089
　　（三）资本市场赋能"新质生产力"　　　　090
　　（四）注册制改革赋予资本市场新的活力　　090
　　（五）退市加速资本市场吐故纳新　　　　　091
　　（六）上市首日破发现象有望改善　　　　　092

第四章
投资与投资基金　　　　　　　　　　　　　　093

一、资产管理与投资基金概述　　　　　　　　094
　　（一）资产管理的内涵　　　　　　　　　　094
　　（二）投资基金的含义　　　　　　　　　　094
　　（三）投资基金的分类　　　　　　　　　　094

二、股权投资基金特点及现状 096
（一）股权投资基金的定义 096
（二）股权投资基金的运作流程 097
（三）股权投资基金的组织形式 097
（四）我国股权投资基金及管理人现状 098

三、最新私募基金监管体系重要内容 098
（一）最新私募基金监管的法规体系 098
（二）最新私募基金登记备案的重要内容 099

四、企业投融资实务 102
（一）投资十问 102
案例4-1 论一个投资人的自我修养 103
（二）衡量基金业绩的主要指标 104
（三）企业估值常用方法 105
（四）投资框架协议 108
（五）投资协议主要条款 109
（六）基金的投后管理 114
案例4-2 高瓴资本的投后管理 114
（七）股权投资基金经营现状及面临困难 115
案例4-3 对赌回购：我只是创业失败了，就么该死吗？ 117

五、案例分析 118
深度案例5-1 俏江南与投资公司股东的"孽缘" 118

第五章
新"国九条"背景下IPO的全面注册制 127

一、资本运作的重要方式：上市 128
（一）上市的本质 128
（二）上市的魅力 128
（三）上市的好处 128
（四）上市的影响 130

案例 5-1　比亚迪香港上市后的艰难转型　　131
　　案例 5-2　华熙生物的"智商税"　　132
　　（五）上市的方式　　133
　　案例 5-3　分拆上市成功案例　　134
　　（六）上市的思考　　137
二、A股IPO市场主要数据统计　　137
　　（一）IPO现状及审核通过率　　137
　　（二）IPO各板块发行费用　　139
三、资本市场正式实施全面注册制　　140
　　（一）全面注册制的发展历程　　140
　　（二）新"国九条"背景下1+N的政策体系　　140
四、全面注册制下的IPO发行上市　　144
　　（一）新"国九条"背景下：IPO注册制主要法规汇总　　144
　　（二）新"国九条"背景下：最新修订的IPO条件汇总　　145
　　（三）新"国九条"背景下：防止上市前"清仓式分红"　　157
　　（四）新"国九条"背景下："减持新规"最新内容　　157
　　（五）IPO被否企业审核关注要点　　158
　　案例 5-4　被否案例分析：环洋股份（主板）　　159
　　案例 5-5　被否案例分析：青蛙泵业（主板）　　159
　　案例 5-6　被否案例分析：亚洲渔港（创业板）　　160
　　案例 5-7　被否案例分析：北农大（创业板）　　161
　　案例 5-8　IPO被否企业审核关注点汇总（见表5-4）　　162
五、附录：国内资本市场法律法规和披露文件主要检索地址　　163

第六章
并购重组与并购基金　　165

一、资本运作的重要手段：并购重组　　166
　　（一）并购：企业竞争的最高级形态　　166
　　（二）成功实施并购的四个要点　　168

二、全面注册制和新"国九条"下的上市公司资产重组 　　169
（一）国家政策鼓励上市公司并购重组 　　169
（二）上市公司资产重组的定义和分类 　　170
（三）上市公司重大资产重组的监管 　　171
（四）上市公司重大资产重组的法规体系 　　171
（五）上市公司资产重组审核的现状 　　176

三、并购基金 　　178
（一）并购基金的特点 　　178
（二）并购基金的主流机构 　　179
案例6-1　3G资本：赋能式并购投资 　　179
（三）并购基金的分类 　　180
（四）"上市公司+PE"模式并购基金 　　180
案例6-2　大康牧业与硅谷天堂的往事 　　182

四、案例分析 　　183
深度案例6-1　腾邦国际：上市公司并购的兴衰沉浮录 　　183
深度案例6-2　高瓴资本控股运作百丽国际的经典案例 　　193

五、附录：新"国九条"背景下并购重组最新法规汇总 　　201

第七章
控制权争夺与收购上市公司　　203

一、资本运作的大手笔：收购上市公司 　　204
（一）上市公司收购的含义 　　204
（二）全面注册制下：上市公司收购相关法规 　　204
（三）公司控制权的界定 　　205
（四）一致行动人的含义 　　205
（五）不得收购上市公司的情形 　　206
（六）上市公司收购关注要点 　　207

二、上市公司收购的方式及要点 　　207
（一）直接收购 　　208
（二）间接收购 　　209

（三）要约收购	209
（四）协议收购	210
案例7-1　上海电气收购上市公司天沃科技	211
（五）混合模式	211
三、案例分析	211
深度案例7-1　A股第一单真正的敌意收购：浙民投要约收购ST生化	211
深度案例7-2　惊心动魄：宝能收购万科案例最全始末（2015—2024年）	223

第八章
不良资产投资及破产重整　　245

一、资本运作的新机遇：不良资产投资	246
（一）不良资产的含义	246
（二）不良资产的行业格局	246
二、不良资产投资	248
（一）不良资产处置的业务模式	248
（二）不良资产进入新的行业发展阶段	248
（三）不良资产业务的投资逻辑	249
（四）逆周期：不良资产迎来行业性投资机会	250
三、上市公司风险警示与破产重整	250
（一）上市公司退市风险警示*ST和其他风险警示ST	251
（二）新"国九条"背景下：上市公司现金分红未达标会被ST	253
案例8-1　ST爱康：新"国九条"后"面值退市"第一股	254
（三）上市公司退市和破产的区别	254
（四）破产的定义及程序	255
案例8-2　西王集团：数百亿元的破产和解案	256
（五）上市公司破产重整	258
四、案例分析	262
深度案例8-1　起死回生：上市公司莲花味精破产重整案	262

第九章
企业价值倍增路径规划　　269

- 一、企业价值与增长路径　　270
  - （一）企业成长之惑　　270
  - （二）企业价值的系统思考　　271
- 二、经营管理赋能和产业赋能　　272
  - （一）经营管理赋能与思维转变　　272
  - （二）产业赋能与生态构建　　273
- 三、资本赋能的八种方法　　274
  - （一）重新梳理资本战略和企业定位　　275
    - 案例9-1　被边缘化上市公司的画像　　277
    - 案例9-2　雅克科技的重新定位　　277
  - （二）优化股东结构设计　　277
    - 案例9-3　明泰股份：疑现证监会前官员突击入股最终终止上市审核　　278
    - 案例9-4　"神算子"汇金立方　　279
    - 案例9-5　永辉超市获腾讯入股　　279
  - （三）重视4R关系管理　　279
    - 案例9-6　上市公司大族激光：董事长怒怼央视记者　　281
    - 案例9-7　上市公司中电电机："翻墙的董事长"　　282
  - （四）注重规范运作、公司治理及信息披露　　282
    - 案例9-8　上市公司妙可蓝多董秘"躺枪"　　283
  - （五）巧用IPO等投行工具　　283
  - （六）善用并购及整合手段　　284
    - 案例9-9　中国医药流通领域最大并购案——基石资本运作全亿健康　　284
  - （七）引进资本运作高端人才　　285
    - 案例9-10　蔡崇信与阿里巴巴的互相成就　　287
  - （八）提升公司市值管理水平　　287

四、案例分析 289
    深度案例9-1 踢爆市值管理黑幕：叶飞操纵证券市场案 289
    深度案例9-2 一代投行精英谢风华：资本市场的浮沉人生 291

参考文献 296

附录
关于资本运作与企业发展的采访实录 299

  附录一 要正确认识资本：它既不是天使，也不是恶魔 300
  附录二 百战归来、跨界赋能的"企业医生" 307

推荐语 313

第一章

资本运作是企业成功的重要能力

一、企业家应该具备的三种能力

（一）认知差异带来不同结果

人与人之间最大的差距，不在贫富，而在认知。贫富只是表面的结果，核心的根源其实是内心深处不同的认知。认知在哪个层级，人生就在哪个状态。

伟大的企业家、哲学家稻盛和夫先生曾经有一个非常著名的人生方程式：

人生·工作的结果＝思维方式 × 热情 × 能力

其中，"能力"和"热情"可以从0分到100分打分，但是"思维方式"这个要素，实际上可以从负100分到正100分打分。热情与能力只是大小的问题，而思维方式若是错了结果便是负数。无论热情与能力再高，只要"思维方式"是负数，那么"人生·工作"的结果一定也是负数。

如果说投资是认知的变现，那么处于企业运营最高级形态的资本运作更是企业家认知的综合呈现。

"观天下、察大事、懂全局、向未来、知自己。"作为企业家，对自身个体的认知，对企业战略的把握，对财富的理解，对经济大势、行业趋势、企业战略、经营管理、资本运作等经营活动认知的深度和宽度，将直接影响企业甚至个人的命运。在当前大力倡导"新质生产力"的大背景下，企业如何实现高质量发展，是每一个企业家和创业者必须深度思考的命题。

放眼全世界，我们面对的是百年未有之大变局。也许正如原京东CEO徐雷所言："我们并不是处于经济下行周期，而是一个时代的落幕和另外一个时代的开启。"我想，所谓新的时代，应该包括新的政治生态、新的社会形态、新的产业结构、新的技术创新、新的商业模式和新的思维方式。

《黄帝内经》曰："上工治未病，不治已病，此之谓也。"一个企业想要真正长久健康地发展，企业家就必须真正理解企业所处的外部环境和生命周期，以终为始，提前做好战略规划。企业家想要借助资本市场造就卓越的百年企业，就必须全面了解资本具有魅力而残酷的两面性。只有以史为镜，才能少走弯路。有梦想的企业家既需要内修管理，又需要外接资本，才能做到未雨绸缪、行稳致远。

在近20年金融资本一线的从业实践中，笔者亲身经历过资本市场的鲜花和掌声，也见证过资本江湖的"腥风血雨"。其实大多数人一生都会犯两次错误：第一次是因为"无知"，第二次是因为"膨胀"。每个人都要为自己的认知买单。在从业生涯中，本人经历过企业家"或飞黄腾达、或历经坎坷、或抱憾远足、或清冷向隅"的众生百态。

有一家企业规模不大，但是老板很有毅力，为了上市百折不挠。这个企业前后换过5轮券商，失败过2次，历经10年最后终于上市成功。凤凰涅槃，令人感慨。也有一些企业上市之初只有小几十亿元市值，经过多年稳扎稳打，最后发展成百亿元市值的大公司，让人刮目相看。

当然，也有一些反面案例。比如有些企业对于上市理解不够，操之过急，各种成本过高，超过了企业的承受范围，欲速则不达，最终陷入破产困境。有些企业家在上市敲钟之后，突然陷入迷茫，不知道下一步该往何处去。还有一些企业家上市之后过于膨胀，四处并购，多元化开花，结果资金链断裂，企业破产、个人失信。更有甚者，目中无人、居功自傲，最终导致股东"内斗"、公司失控，甚至互相动用司法力量要把对方送进牢狱。笔者曾经和一个有类似经历的企业家交流过。这个曾经光芒四射的老板如今满脸沧桑、一身落魄，言语间经常透露"诸行无常"。他非常怀念的竟然是上市之前"那段安静的日子"。

还有一些企业家对于"竞争"过于抱持执念。曾经有一家行业头部公司，上市很早，起点很高，但市值一直在400亿元左右徘徊，好像永远无法突破。他们公司隔壁曾经规模小很多的互联网公司，现在早已发展成为巨头公司，市值突破数万亿元。该企业家在经历强烈的对比落差之后，陷入了焦虑。

其实这些现象，中国的古代经典早就把它说透了。《周易·系辞下》记载："德薄而位尊，智小而谋大，力小而任重，鲜不及矣。"当你通读完本书，详细了解到那么多真实发生的鲜活案例，见证不同企业和企业家最终不同的命运之后，唏嘘之余，可能会对资本市场更多一份敬畏之心，对如何更好发展自己所在的企业多一些思考的维度。

（二）企业家和经理人的区别

企业家和职业经理人其实是两种不同的思维方式。

从表象上看，职业经理人主要关心拿工资、赚奖金，拼命工作，努力成为企业不可或缺的人才。企业家则非常关心现金流和商业模式，重视企业的控制权和顶层设计；在内部经营管理方面，着眼于企业的战略、组织、文化和人才；在外部资源整合方面，着力于资源价值的有效配置。相比较于职业经理人，企业家更专注企业如何活下去，如何更好地活下去？

从根源上讲，职业经理人看到的是"有"，上面给多少资源就干多少事，在组织内部围绕KPI考核努力工作；而企业家需要洞悉的是"无"，他们商业嗅觉敏锐，敢于挑战不确定性，整合一切有可能的资源，为未来而战！

无论做投资还是投行，都要有能力辨别出优秀的企业和企业家。如果我们把复杂的事情简单化，综合自身及借鉴他人多年的实战经验，会发现优秀的企业家具有独特的气质，他们有情怀、懂江湖、通人性；而且思维高维、格局宏大、具有利他之心、懂得共生，更重要的是能够顺势而为。一个优秀的团队也具有明显的组织特征，用华为公司经常讲的一句话就是："力出一孔，利出一孔。"

优秀的企业家是推动社会进步的稀缺力量，值得珍惜。

（三）"屈三角"企业成功理论

中欧国际工商学院著名的人力资源管理专家杨国安教授基于多年的管理、咨询和教学研究经验，提出了著名的"杨三角"理论，即：

企业成功=战略×组织能力

其中，员工能力、员工思维、员工治理构成了企业组织能力提升的三角模型。基于杨教授的工作背景，该理论更多着眼于战略人力资源管理和企业内部的组织能力建设，为中国企业的发展提供了诸多帮助。

鉴于笔者"投行+投资+咨询"的独特复合型职业背景和近20年一线工作经历，通过与诸多上市公司老板及高管打交道的经验，同时分析大量企业发展及兴衰成败案例之后，站在全新维度下，大胆提出"屈三角"企业成功理论

（见图1-1）。

企业成功＝时运×战略×能力

企业能力＝经营管理能力×（资本运作能力＋产业生态构建能力）

企业成功＝时运×战略×[经营管理能力×（资本运作能力＋产业生态构建能力）]

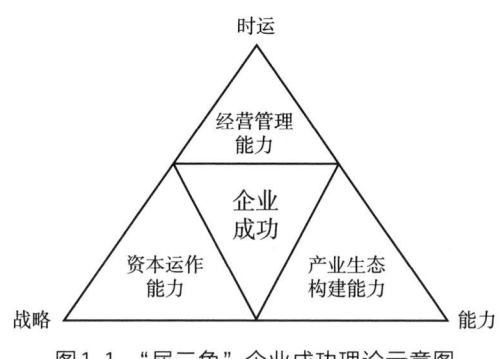

图1-1 "屈三角"企业成功理论示意图

一个企业成功其实是多方面综合的结果，不同的企业可能并不完全一样。但从总体来说，无外乎是企业的发展方向与企业的内因、外因、生态共同作用的结果。

1. 时运

一个企业最终的成功首先与天时有很大关系。力气再大的人，也无法旱地行船；再普通的人，都能顺水推舟。优秀的企业家一定都懂得顺势而为。一定是时代造就了马云，而不是马云造就了时代。整个大趋势往上走，猪都能飞起来；大环境不景气，再巧的妇都会被内卷到无米之炊的尴尬境地。

如果你有幸登顶了珠穆朗玛峰，千万不要愚蠢地认为你从此征服了大自然，相反要心怀感恩之心，感谢雪山母亲接纳了你，让你能够活着回来；如果你有能力做慈善，要感谢那些接受了你布施的人给了你慈悲的机会，而不是到处炫耀你有钱在施舍。同样，如果你暂时做出了成功的企业或者成功的投资，最需要感恩的是这个时代给了你机会，而不是得意于自身的聪明和能力，也不要完全归功于自身勤奋、吃苦的品质。

"时来天地皆同力，运去英雄不自由。"随着接触的企业案例和各种各样的人越来越多，就会发现越是真正优秀的人、有大成就的人，就越虚怀若谷。

他们对世界的认知很高，常常把自己放在很低的姿态，认为"自己只不过是运气好"，一切都归功于时代和机遇。相反，一个人过高估计自己的能力，就是走向膨胀和反转的开始。企业也一样。当然，若你尚未成功，那就"潜居抱道，以待天时"。

被誉为诸经之首、大道之源的《易经》，是中华民族五千年智慧的结晶。它反复强调的，其实就是"时"（时机）与"位"（位置）的辩证关系。"得其时，才能得其位。"无论是"初九—潜龙勿用"，还是"九五—飞龙在天"，抑或是"上九—亢龙有悔"，都可以理解成在不同环境和时空下，个人或者企业需要采取的不同战略对策。

2.战略

战略管理（Strategic Management）是指对一个企业或组织在一定时期的全局的、长远的发展方向、目标、任务和政策，以及资源调配做出的决策和管理艺术。

关于论述战略管理的理论和书籍很多。著名战略管理专家明茨伯格（H.Mintzberg）认为，人们在生产经营活动中不同的场合以不同的方式赋予企业战略不同的内涵，所以他借鉴市场营销学中的四要素（4P）的提法，提出了著名的战略"5P"模型：即计划（Plan）、计策（PIoy）、模式（Pattern）、定位（Position）和观念（Perspective）。这5个定义从不同角度对企业战略这一概念进行了阐述。从企业未来发展的角度来看，战略表现为一种计划（Plan），而从企业过去发展历程的角度来看，战略则表现为一种模式（Pattern）。如果从产业层次来看，战略表现为一种定位（Position）。而从企业层次来看，战略则表现为一种观念（Perspective）。此外，战略也表现为企业在竞争中采用的一种计谋（Ploy）。目前，这是关于企业战略比较全面的看法。

迈克尔·波特的竞争战略理论在中国也有很大的影响。他认为制定竞争战略的本质是将企业放在环境里分析。行业内的竞争状态取决于五大竞争力，即新进入者的威胁、替代产品或服务的威胁、买方的议价能力、供应商的议价能力以及现有竞争者之间的竞争。五大竞争力的合力决定了行业竞争的强度和赢利能力。谁拥有最强的竞争力，谁就将起到统领作用，因此从战略制定的角度来看竞争力是最重要的。总成本领先战略、差异化战略、集中战略这三大通用战略可以应对五大竞争力，为企业赶超行业内的其他对手做好准备。实现任何一种通用战略都需要心无旁骛地执行。一旦企业的主要目标是实现多种通用战略，相关的组织安排和支持就会分散。

大家都知道正确的战略是企业成功的基础。但是何为正确？成功多久算正确？哪个维度层面算正确？战略的成功是很多因素综合的结果，并且需要时间的检验。但无论如何，对于企业而言，心系短期投机肯定是没有长远未来的。

3.能力

企业的战略需要企业有能力去匹配、实现。笔者认为，在这样一个充满变化和挑战的新时代，一个企业至少需要具备三种能力：经营管理能力、资本运作能力和产业生态构建能力。其中经营管理能力是企业生存的基本能力，而后两种能力是更高阶的能力。若基础的经营管理能力为0，再强的资本运作能力和产业生态构建能力对企业最后的贡献终将都归于0；若经营管理的基础能力良好，那么资本运作能力和产业生态构建能力将会为企业的腾飞插上翅膀。

（1）经营管理能力。经营和管理其实是不同的事情。通过与企业家和高管的大量接触，我发现：优秀企业家的经营能力几乎是天生的，很难通过学习去获得。他们天生与钱亲近，对赚钱非常敏感，同时对行业发展机会敏锐洞察，富有魅力的领导能力也仿佛与生俱来。财商是独立于智商和情商的第三种天赋。才华横溢、通晓古今的人未必都会对赚钱感兴趣，也未必有能力去赚钱。但企业存在的首要目的就是要赚钱，这一点丝毫不需要掩饰。所以这个世界到处都是"才华横溢的穷人和打工者"，但是优秀的企业家和超级富豪寥寥无几。

至于管理能力，其实是可以通过后天学习获得的。管理从字面简单理解是"管好人、理好事"，做到"计划、组织、领导、控制"。但管理不是一时之功，没法投机取巧，它需要长时间的磨炼。曾国藩自称"愚钝之人"，但是他实践了"扎硬寨，打呆仗"的成功之道。其本质就是把复杂的事情简单做、简单的事情重复做。看起来简单的道理，真正专注做好的人其实并不多。美团创始人王兴有一句话说得挺好："多数人对战争的理解是错的，战争不是由拼搏和牺牲决定的，而是由忍耐和煎熬决定的。"其实，所有的伟大都是熬出来的。

对于企业而言，优秀的管理能力就是要建立一套完善的能打胜仗的体系。

顶层的意识形态系统是企业的使命、愿景和价值观。一个企业是否具有远大的使命、清晰的愿景和正向的价值观,直接决定了它能活多久、能走多远。

中间的支撑系统是企业组织能力体系,包括科技创新能力以及生产、研发、运营、市场、销售、供应链、财务、人才等领域的体系建设。如何从个人到团队再到组织,是很多企业首先要解决的问题。很多企业包括一些中小型上市公司缺乏的就是组织能力的建设。大企业为什么天生具有"侵略性"?因为他们可以充分利用其打造的强大的组织力量和竞争优势,逼得中小企业无处可逃。华为、比亚迪、宁德时代等大公司经常干的事情就是"席卷式营销",不给竞争对手任何喘息的机会。比如2023年初,号称"宁王"的新能源电池业巨头宁德时代直接把碳酸锂价格从45万元/吨一把降到20万元/吨,逼得很多中小对手毫无还手之力,直接颠覆了整个行业的格局。从长远来看,企业的胜利,最终都离不开强大组织能力的建设。"胜则举杯相庆,败则拼死相救"是一个生动的写照。

底层的基础系统是企业的执行能力和风控能力,包括目标的落地执行、运营保障机制,企业的合规与风控等。

💰 案例1-1 为什么华为能够成为一个伟大的企业?

《华为基本法》的缔造者之一,国内著名管理咨询专家,中国人民大学彭剑锋教授,长期跟踪华为的发展。他认为华为的持续成功,有几点值得参考:

第一,拥有优秀的企业家和领导团队。企业的成功,首先是企业家的成功。一个优秀的企业首先要有一个团结互补的领导班子。价值观相同,互相欣赏、互相信任、个性上互相包容、能力上互相补充,稳定、不折腾。华为成功打造了一个共享价值观、目标一致,力出一孔、利出一孔的高层领导团队,这是华为持续成功的重要因素。

第二,坚持长期价值主义。华为以长期价值主义为指引,以活着为最高生存战略。什么是长期价值主义?长期价值主义就是摒弃投机主义、短视主义,确立宏大而长远的目标追求,长时间为之奋斗、心无旁骛,以足够的耐心和定力,长期做好心中认定的大事或事业。

第三,基于企业的未来完成顶层设计。华为的成功在于每个发展阶段都能够对过去、现在、未来完成系统性思考。顶层设计的核心内容是:企业的使命、愿景与核心价值观;企业的事业领域界定与成长方式的系统思考与创新思维;企业战略成功的关键驱动要素与资源配置原则；企业的组织与人才机制设计等。一个企业只有做好顶层设计，才能把长期价值主义落实为企业的长期行为，而不是沦为一句空话。顶层设计的目的就是帮助企业家完成系统思考，实现自我超越，高层达成共识，构建基于价值观的领导力。这个过程比结果重要，群体智慧比个人智慧重要。

第四，把能力建在组织上。企业除了战略方向要正确之外，同时要不断发育和构建新的组织能力做支撑。很多企业在成长过程中，会面临两个突出问题：要么是方向正确，但是战略总是落不了地；要么是老板个人能力极强，但是整天疲于奔命，企业还是做不大。最根本的原因是忽视了企业的组织能力建设问题，没有将能力建立在组织上，没有真正打造出强有力的组织能力。华为牛，牛在组织能力；任正非成功，成功在他打造了一个不完全依赖于他个人的伟大组织。这个组织，上有强大的管控和赋能平台，下有集成综合作战能力，上下协同、力出一孔、利出一孔的凝聚力和超强的战略执行力使这个组织战斗力极强。

第五，建立持续奋斗的人才机制。"美的的干部是（事业部）拆（分）出来的，海尔的干部是（赛马）赛出来的，而华为的干部是打出来的。"市场竞争永远不相信眼泪，只相信实力。只要市场存在竞争，只要企业追求持续成长，那么拼搏奋斗就是企业生存的永恒主题。华为是一个时刻保持危机意识的企业，曾明确提出要以客户为中心、以奋斗者为本、持续艰苦奋斗的价值观与企业文化。"向雷锋学习，但是绝不让雷锋吃亏。"形成"好人不吃亏、坏人不得志"的奋斗者机制和文化的核心是要建立一套奋斗者评价标准，将那些不愿意持续奋斗的人淘汰出去，使那些有奋斗精神的人脱颖而出，得到更高的评价、更好的待遇和发展前景。

彭剑锋教授认为："为什么华为是一个伟大的企业，是值得我们中国企业研究的企业？华为赢在对于常识的尊重，赢在对长期价值主义的坚守与执行，赢在顶层设计与价值观领导力，赢在始终充满价值创造活力的组织与人。总结为两点：一个是基于长期价值理念的顶层设计，另一个是具有强大战略执行力的超强组织能力。这是华为与全球世界级企业相比非常独特的地方。"

（2）资本运作能力。资本运作能力就是企业家在资本战略的指导下，运用资本手段发展企业的能力。相比较于生产经营能力，资本运作能力对企业家提出了更高的综合要求，是更高阶的能力。这是本章乃至本书的重点。

构建资本运作的思维和能力，把公司证券化、把资产证券化，让公司和资产摆脱原有的成本计价束缚，搭乘市盈率的估值体系"快车"，从而公开、阳光地变得更值钱，是中小企业家成为大老板的必经之路，没有之一！

（3）产业生态构建能力。人类思考的维度从低到高依次为：点、线、面、体、系统、生态、文明。马斯克整天思考的是人类如何移居火星，他是从人类文明的高度思考问题，这样的人寥寥无几，所以他成为全世界仰视的顶级企业家。比文明低一档的是生态，但能从生态的角度去思考未来的企业家也注定不简单，会超越很多同行。

企业产业生态构建能力的基础是数字化和供应链，它的内核是共生。所谓数字化，是指通过各种技术手段，将最有价值的业务要素数字化，并在此基础上形成整个业务全链路数据闭环。业务要素一旦数字化，不仅可以丰富生产要素供给，扩大组织边界，提升产出效能，还可以通过数据交易和数据流通活动，把数据资产变为资本。所谓供应链管理，是对企业内外供应和需求的全面整合，内容包括所有产品设计、物流活动、生产运营，以及营销、销售、金融、信息技术之间的协调。

当前，中国社会发展已经从互联网的上半场消费互联网时代逐渐进入下半场产业互联网时代。如果说消费互联网主要是解决家庭消费的便利性与效率，那么产业互联网则是聚焦垂直产业链的运行成本与交易效率。

复旦大学特聘教授、中国金融四十人论坛学术顾问、原十二届全国人大财政经济委员会副主任委员黄奇帆关于产业互联网的观点值得关注[①]。

产业互联网就是利用数字技术，把产业各要素、各环节全部数字化、网络化，推动业务流程生产方式的变革重组，进而形成新的产业协作、资源配置和价值创造体系。

产业互联网与消费互联网有明显的区别：产业互联网是产业链集群中多方协作共赢，消费互联网是赢者通吃；产业互联网的价值链更复杂、链条更长，消费互联网集中度较高；产业互联网的盈利模式是为产业创造价值、提高效率、节省开支，消费互联网的盈利模式通常是先烧钱补贴，打败同行对手，再通过规模经济或增值业务赚钱。

国家正在大力推动新基建三大工程：（1）数字工程，就是5G+ABCD（大

[①] 该内容整理自2020年6月22日黄奇帆在"2020财新峰会"上的演讲。

数据、云计算、人工智能、区块链）。（2）融合工程，即用数字化对传统产业经济进行赋能；（3）创新工程，即利用数字化推动生物医药、智能制造、高新科技等科技创新。新基建就是我们时代的风口，而今后二三十年，很多独角兽就将在这个新基建的范围内发生、发育、成长、壮大。中国的新基建其实就是全球的第四次工业革命，它的核心体系将不再是消费互联网，而是产业互联网。

我们回顾经济发展历史，每一个时代的风口都会催生一批独角兽企业。二十世纪六七十年代，千家万户使用的四大件：收音机、自行车、手表、缝纫机；八九十年代，四大件变成了空调、洗衣机、冰箱和电视机。二十一世纪初，四大件变成了轿车、笔记本电脑、手机、液晶面板形成的各种显示设备。最近十年，进入互联网消费时代，巨头企业包括腾讯、阿里巴巴、美团、百度等。每个时代总会有一批企业跟千家万户的生活融合在一起，这种产品需求量规模巨大，在这样的一个巨大的产品需求和产业链当中崛起，成为主体的企业，一般都会成为世界级的大企业。今天，我们正处于新一轮科技和产业革命、数字经济崛起的新时代。在新基建的加持下，产业互联网是一个风口，一定会催生出体量更大、影响更广的独角兽企业。

产业互联网的基础核心是建立数字化的产业供应链平台。所以，在产业互联网的时代，未来的企业将主要分成三大类：产业生态的主导构建者、参与者和联结者。未来，一个优秀的企业一定是具有产业生态构建能力的企业。

案例1-2 希音：服装行业的产业互联网巨头[①]

SHEIN，由"she"和"in"组成，中文名"希音"，一个主要受众为年轻女性、主打"快时尚"、主攻海外市场的服装行业世界级头部企业。希音的网站流量早已超越了西方同行巨头Zara、H&M，在全球时尚与服饰网站中成为顶流，被称为"比Zara更快，比亚马逊更便宜"。

其实希音2008年就已成立，但一直极其低调。2015年希音走上增长快车道，2016年销售额达到10亿元，2017年达到30亿元，2018年达到80亿元，2019年达到160亿元，2020年新冠疫情之下达到100亿美元（约653亿元人民币）。2021年5月，SHEIN取代亚马逊（AMAZON）成为美国iOS和Android平台下载量最多的购物应用。2021年6月，SHEIN注册用户超过1.2亿，日活用户（DAU）超

---

① 资料来源：根据《瞭望东方周刊》2022年12月文章《走近希音》及其他公开资料整理。

过3 000万。2021年，其资本市场估值达到3 000亿元。2022年，其估值攀升至1 000亿美元。希音尚未上市，但是估值已经超越了国内大多数上市公司。2023年4月18日，SHEIN以4 500亿元入选"2023全球独角兽榜"，排名第4。

不要以为希音只是一家"会卖货"的跨境电商，其实希音已经是一个服装垂直领域的产业互联网巨头企业。它已经通过互联网跨境电商平台、AI设计与算法、现代供应链体系、数字化生产、柔性制造等手段，实现了行业垂直互联，形成了全新的商业模式。

快时尚服饰产品订单小、速度快，每天数量上万件，价格又极低，这对上下游供应链的要求是极高的。而广东的番禺经过30多年的发展，具有超强的服装供应链生产能力。仅在番禺一地，从事服装相关行业的企业就超过4万家，在希音公司番禺总部周边，专门给希音供货的企业就有500多家。

希音倒逼了番禺服装产业的数字化革命，助推了整个行业的转型升级。番禺的生产工厂为了提升对希音产品的接单能力，会根据希音的要求主动进行数字化改造。在将这些企业纳入体系后，希音会主动对这些企业进行指导，甚至帮助其打通数据库，使之成为希音供应链的一部分。

上游供应商的高度集中，生产工厂数字化技术能力的突飞猛进，使得希音现在可以把交货时间从原来的7天，缩短到48小时、24小时，甚至最快能做到2小时。设计师只要在电脑上画出图纸，然后传到工厂，只用喝茶聊天的工夫，成衣就送到手上了。在番禺做好的成衣，会运往周边佛山三水的大型仓库，再通过广州通达粤港澳大湾区和全球的强大物流配送网络，快速送到世界各地买家的手中。这些独特的竞争优势再加上希音原本就具备的强大的全球跨境网络营销能力，构建了希音强大的"护城河"，为希音爆发式增长奠定了坚实的基础。

希音的成功印证了产业互联网时代的到来以及企业产业生态构建能力在未来的重要性。

回顾过去20年，笔者与数百家企业和上市公司打交道的经历充分验证了：企业老板的思维、性格、背景、见识就是企业发展最大的天花板。想要成为一个时代的企业领袖，广大创业者和企业家必须要有广阔的胸怀和强大的学习能力。向不同的人学习，向不同的领域学习。不能只看到自己的"有"，要多认识到自己的"无"。

只有打开胸怀、海纳百川，尽快提升视野和认知，才可能实现内心深处伟大企业家的梦想。

二、构建企业资本战略

（一）金融的本质

金融是国家重要的核心竞争力，金融安全是国家安全的重要组成部分，金融制度是经济社会发展中重要的基础性制度。金融活动看起来纷繁复杂、花样繁出，但是黄奇帆先生做出了非常精辟的总结[①]：

金融的本质，其实就三句话：

1.投资+融资。即：金融是为有钱人理财，为缺钱人融资。

2.信用、杠杆和风险。金融的核心要义就在于这三个环节，并且要把握好这三个环节和度。

首先，信用是金融的立身之本，是金融的生命线。衡量企业的信用，要把握好五个维度。一是现金流，现金流比利润更重要；二是回报率；三是抵押担保；四是企业高管；五是企业品牌等无形资产。这些都是金融规律，必须严格遵循。金融衍生工具也一样，即便种类繁多，也都应该具备信用的基本特征，否则就会导致金融泡沫。

其次是杠杆。信用是杠杆的基础，有信用才有透支，透支就会带来杠杆比。

最后是风险。没有杠杆比谈不上金融，但杠杆比过高则会产生金融风险，这是辩证的关系。一切金融创新，都是想方设法把杠杆比一级一级地放大。过高的杠杆比是一切坏账、一切风险、一切金融危机的来源，在企业层面表现为坏账，在行业系统层面是风险，延伸到国家乃至世界就成了金融危机。真正的智慧，应是设计一个信用基础较好、风险较小的杠杆体系，这是金融的精髓。

信用、杠杆和风险这三个方面也是互动的。信用好，杠杆比不高，风险自然就会低。杠杆比高，信用则会降低，风险也就较高。所有的金融创新，都是围绕这三个方面在运转，关键要把握好其中的度。

金融管理的要义就是把自己这个企业的信用用足，但是用足就表现为杠杆的放大，在放大杠杆的时候又要把风险控制在底线里面，这就是一个高明的金融领导人员、管理人员、工作人员、财会人员必须担负的基本责任。

---

① 黄奇帆：《结构性改革：中国经济的问题与对策》，中信出版集团，2020年版。

3.金融+实业。一切金融活动的最终目的，其实是要为实体经济服务。离开实体经济，金融就是无源之水。

无论如何发展，金融服务实体经济是根本。金融伴随实体经济的存在而存在，伴随实体经济的发展而发展。在风险套利、监管套利、价格套利、期限套利等因素的诱导下，金融呈现"脱实向虚"的迹象，不仅恶化了实体经济健康发展的环境，而且积累了大量的风险隐患。2008年国际金融危机，就是源于金融机构无节制地开展金融创新活动，将简单的债权债务关系加以包装，变成一系列金融衍生品，不仅掩盖了原始金融产品的本质，也使得金融风险呈指数倍上升，最终爆发了影响深远的国际金融危机。

（二）资本的内涵

资本的内涵其实非常复杂和深刻，国内外众多学者对此做了大量的理论研究。如果我们能从宏观层面透彻地理解这些基本问题，对于指导具体企业的资本运作具有现实参考意义。

1.什么是资本[①]

资本不是资本主义的特有范畴，而是市场经济的共有范畴。在市场经济条件下，任何物一旦作为生产资料，就具有了资本属性。

资本是马克思主义政治经济学的基础概念和核心范畴。马克思对资本的内涵和本质有一段重要的概括："资本不是物，而是一定的、社会的、属于一定历史社会形态的生产关系，后者体现在一个物上，并赋予这个物以独特的社会性质。"相比较于西方经济学界对资本内涵理解的过度物化和数字化，马克思指明了资本作为生产要素和作为生产关系的双重属性，揭示了"资本的本质是以生产要素等物为载体而承载的一种生产关系"。

2.资本的特点

（1）价值的增值性。资本具有增值性是理论界的共识，资本的本性是对剩余价值的无止境追求。

（2）资本的运动性。资本只有不断运动才能增值，资本正是通过单个生

---

① 张占斌等：《资本是什么：中央党校专家深层次解读资本的本质》，中共中央党校出版社，2022年版。

产过程的循环往复以及生产范围的不断扩大，在时间和空间两个维度上最大限度地攫取剩余价值，从而实现自身的不断增值。

（3）资本的社会性。资本本质上是一种生产关系，具有社会性特点。

（4）资本的竞争性。资本在追求价值增值的过程中相互所呈现的竞争性特点，是资本内在本性的必然表现。

（5）资本的历史性。资本阶段是商品经济发展的高级阶段，资本本身作为一个矛盾体，在肯定自己的同时也在不断地否定自己，通过发展自己走向了自己的对立面。

3.资本的形态

资本形态是资本的重要属性。一般而言，资本形态分为商业资本、产业资本、金融资本、垄断资本、虚拟资本等。

党的十九届四中全会创造性地将我国的基本经济制度概括为："公有制为主体、多种所有制经济共同发展，按劳分配为主体、多种分配方式并存，社会主义市场经济体制。"

在社会主义市场经济条件下，从主要矛盾而言，资本形态分为公有资本和私有资本；从所有制角度而言，资本类型分为国有资本、集体资本、民营资本、外国资本、混合资本。

4.国家层面对资本发展的指导方向

资本作为重要的生产要素，是市场配置资源的工具，是发展经济的手段。改革开放40多年来，资本与土地、劳动力、技术、数据等生产要素共同为社会主义市场经济繁荣发展作出了贡献。在社会主义市场经济条件下如何发挥资本的积极作用、抑制其消极作用，一直是我们党和国家层面的重要课题。

2020年中央经济工作会议明确提出："强化反垄断和防止资本无序扩张。"

2021年中央经济工作会议明确提出："要正确认识和把握资本的特性和行为规律。社会主义市场经济是一个伟大创造，社会主义市场经济中必然会有各种形态的资本，要发挥资本作为生产要素的积极作用，同时有效控制其消极作用。要为资本设置'红绿灯'，依法加强对资本的有效监管，防止资本野蛮生长。"

2022年4月，习近平总书记在主持中共中央政治局第三十八次集体学习时强调："资本是社会主义市场经济的重要生产要素，在社会主义市场经济条件下规范和引导资本发展，既是一个重大经济问题、也是一个重大政治问题，既是一个重大实践问题、也是一个重大理论问题，关系坚持社会主义基本经济制度，关系改革开放基本国策，关系高质量发展和共同富裕，关系国家安全和社会稳定。必须深化对新的时代条件下我国各类资本及其作用的认识，规范和引导资本健康发展，发挥其作为重要生产要素的积极作用。"

企业家只有对资本"追本溯源"，才能在后续的资本运作中游刃有余。

（三）资本战略体系

如何从"挣钱"到"赚钱"，最后到"值钱"，是很多企业感兴趣的话题。有一句话，市场流传已久："如果说生产运营是1分1分地赚，品牌运营是1角1角地赚，那么资本运营则是1块1块地赚。"

资本是泛金融的一部分。企业发展壮大需要企业家建立资本思维，构建一套与生产经营体系既互相独立又互相依存的体系，笔者称之为资本战略体系，即：资本战略规划—资本运营实施—企业价值创造，"体、相、用"层层递进。

资本战略规划属于战略层面，其内在的资本思维方式是"体"；资本运营实施属于战术和方法层面，是"相"；企业价值创造属于成果呈现层面，是"用"。

1. 资本战略的含义

商人和企业家的区别之一就是有无战略思维。战略的背后是认知、思维和格局，是企业家哲学思想高度的直接展现。

资本战略是企业一系列资本运作行为的前瞻性整体性规划。目前企业界、咨询界提到的战略更多地偏向于企业的生产经营战略，较少提到资本战略，可能这与工作背景和知识结构有关。

实业是"1"，资本是"1"后面那些"0"。资本离不开实业源头，实业需要资本助力。远离实业的资本运作是虚幻的"泡沫"，没有资本助力的实业经营是板结的"土壤"。资本战略与生产经营战略，围绕企业的发展总目标，构成了企业发展的双轮驱动。

2. 资本运营的概念

资本运营，又称资本运作，西方经济学中没有这一概念，20世纪90年代在我国出现，它是形成于中国的一个经济学新名词。资本运营曾经是个颇具神秘色彩的词语，后来因为资本市场一些人激进、违规的行为逐渐变成了贬义词。其实资本运营应该是个中性词，和生产运营一样。

资本运营暂时没有权威的定义，笔者提出资本运营的概念如下：

"**资本运营是以追求资本增值为目的，以价值管理为特征，利用资本市场，通过股权交易、融资投资、并购重组、上市流通等方式实现资本的筹集、流动、分配、裂变，最大限度地实现企业资源的优化配置和资本价值增加的经济活动。**"

3. 资本运作的具体方式

（1）资本运作的内涵。股权和债权是企业的两大资本来源。企业金融总体可分为货币金融和资本金融两大类。货币金融对应的是货币市场，通常是指一年以内的短期投资市场，以银行为核心，侧重于债权及固定收益类投融资活动。资本金融对应的是资本市场，通常是指一年以上的长期投资市场，以投行为中心，侧重于股权类投融资活动。

狭义的资本运作，特指企业股权的运作，具体方式包括企业顶层股权架构设计、投资、融资、股权激励、改制、上市、配股、定增、可转债、并购重组、借壳上市、收购上市公司、减持、回购、市值管理、破产重整等方式。本书主要聚焦于狭义的股权类资本运作。

广义的资本运作，泛指企业的金融运作，除了狭义的股权资本运作之外，还包括企业借贷、供应链金融等资金金融运作方式。

资本运作贯穿了企业的整个生命周期。

（2）供应链金融。作为企业内部金融运作的重要手段之一，我们有必要对供应链金融有基本的了解。

供应链金融横跨了产业供应链和金融活动，将供应链商流、物流、信息流与资金流紧密结合。近年来，这一重要产融创新模式日益成为解决中小企业融资难、融资贵问题的重要途径，得到高度关注。

供应链金融起源于供应链管理。供应链管理是企业运营管理的主要内容之一。按照美国供应链管理专业协会的定义，供应链管理包括规划和管理供应采购、转换（即加工生产）和所有物流活动，尤其是渠道成员的协调和合作，包括供应商、中间商、第三方提供商、客户。从本质上讲，供应链管理是对企业内外供应和需求的全面整合。其内容包括所有产品设计、物流活动、生产运营，以及营销、销售、金融、信息技术之间的协调。随着供应链管理问题研究的不断深入，物流、信息流和商流问题已逐渐得到解决，而资金流问题逐渐成为制约供应链企业发展的瓶颈。资金问题仅仅是供应链财务问题的一个部分，同时出现在人们视野中的还有资本结构、资本成本、资金流转周期等问题，需要在供应链中利用财务和金融手段解决。

供应链金融是指：以核心客户为依托，以真实贸易背景为前提，运用自偿性贸易融资的方式，通过应收账款质押登记、第三方监管等专业手段封闭资金流或控制物权，为供应链上下游企业提供综合性金融产品和服务。供应链金融如果脱离了供应链这个本质的事物，就不能称为供应链金融。

传统供应链金融有三种形态，即：应收账款融资、库存融资、预付款融资。随着不断迭代创新，供应链金融已经从原来银行主导的贸易金融、物流金融，逐步走向以产业核心企业为主导的阶段，走向以网络平台为基础的阶段。随着人工智能、区块链、云计算、物联网、大数据等新兴技术的应用，供应链金融已经进入了以金融科技为推动力的数字化、智慧化新阶段。供应链金融已经不再局限于狭隘的融资行为，越来越多的金融产品和金融主体通过创新构成了支撑产业供应链的生态体系。

4.企业的生命周期与价值创造

无论企业在生命周期的哪个阶段，都有一条主线贯穿其中，那就是企业价值线。

（1）初创期的企业，企业核心任务是"活下去"，这个阶段的企业家是"产品业务思维"，产品导向，业务为主，销售为王。企业价值的衡量标准是盈亏平衡、生存发展。

（2）发展到一定规模阶段的企业，企业家开始有了"组织经营思维"。企业逐渐完成商业模式的更新迭代、打造不再依赖于个人的组织体系、从依靠个人能力转向依靠组织能力、从企业家的企业到企业的企业家等一系列重要转变。企业是否能够进入并顺利完成这个阶段，是区分小商人和企业家的明显分界线。这个阶段企业价值的衡量标准是提高收入、增加利润。

（3）在生产经营平稳发展的基础上，当企业家开始有意识地了解金融和资本市场，并利用各种方式进行融资时，便开启了"资本估值思维"。此时企业价值的衡量标准是建立在收入和利润基础上的"估值"，企业运营的最终指向就是提高企业估值。这个阶段，是区分企业未来会原地踏步还是可能快速增长的"分水岭"。

（4）当企业通过上市成功进入资本市场之后，上市公司价值成果的主要衡量标准就是"市值",企业家开始步入"市值管理思维"。如何提高上市公司市值,给予广大投资者更好的回报,是很多上市后的企业家,无论主动还是被动,都不得不面对的实际问题。

(5)在以上阶段基础上,更加优秀的企业具备了"产业生态思维"。他们期望成为产业链链主,并致力于打造上下游产业生态平台,实现经营端稳健、资金端畅通、资产端适配、投资端专业,产业与金融并存,金融助力产业,产业反哺金融。企业在这个阶段能够获得覆盖之前低阶阶段的价值链条,包括经营利润、资产溢价、资金利差、估值差价、市值增长、协同增长等。

在实施资本战略过程中,如果企业价值总体上能一路走高,通过融资、投资、并购、再融资、再投资……不断发展壮大、提高市值,企业就进入了正向循环。当然,这个阶段也是企业家最容易出事情的重要分水岭:心态膨胀、目中无人、财务造假、没有敬畏,几番折腾下来,企业最终灰飞烟灭或者被打回起点,重新上路。这样的案例数不胜数。

企业价值从"产品"到"组织"到"估值"到"市值"再到"生态",企业家思维从"产品业务思维"到"组织经营思维"到"资本估值思维"到"市值管理思维"再到"产业生态思维",观念迭代的背后是"适者生存"的大背景下不断进化的企业成长路线图(见图1-2)。

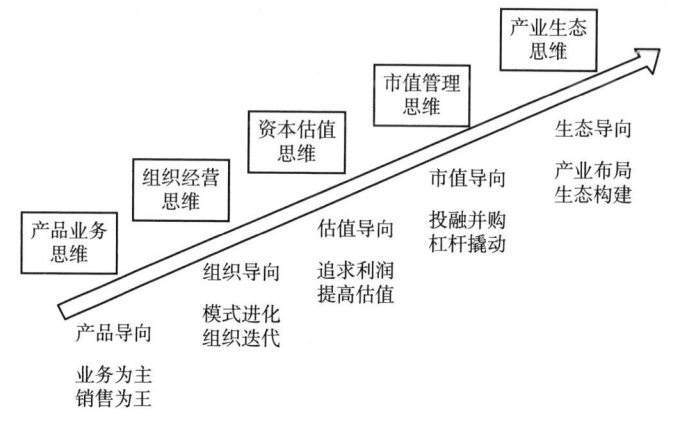

图1-2 资本战略角度的企业成长路线图

(四)中小企业也需要资本运作

从挣钱、赚钱再到值钱,是企业家自我认知不断提升的过程。很多人认为中小企业离资本市场太远，不需要资本运作思维。其实这是非常错误的。有梦想的中小企业家想要成为大老板，必须尽快提升认知，多向不同领域的人学习。不能只盯着自己已经的"有"，故步自封、洋洋得意。要多看到自己尚缺的"无"，打开胸怀、海纳百川。只有以终为始，才能借势发力、展翅高飞。

举个例子，你知道资本运作高手是如何做传统白酒的吗？笔者认识一个卖白酒的企业家，投资银行背景出身。他认为，白酒具有货币属性和社交属性。首先他设立了投资基金，利用自身人脉把上市公司老板或者大企业高管发展成为出资金的LP，自己做GP管理人。其次，他们用基金收购了贵州一家实体酒厂。很自然的，这些大公司被深度捆绑，形成黏性很强的客户闭环。另外，由于白酒具有强烈的社交属性，他们又投资了会所，一个以上市公司为核心的高端圈层就同时建立起来了。未来如果这个白酒企业不断融资、上市或者被并购，这些核心圈层会不断通过股权、资本和人脉赚钱、扩展、再赚钱、再扩展。将资产进行证券化的资本思维使这个企业家赚的早就不是白酒那一点贸易差价，他考虑更多的是股权增值、资本溢价和圈层运营。

不同的企业在不同阶段需要不同类型的资本运作。中小企业的资本运作主要包括顶层股权设计（包括股权、股东、架构等）、投资、融资。身边现实发生的各种案例不断提醒我们：不要陷入股权陷阱！不要陷入股东纷争！不要落入投资陷阱！但如果你对资本市场和投融资一点都不懂，你会知道陷阱在哪儿吗？你想过引进战略投资者吗？你想过通过顶层股权设计，利用股权换市场吗？你想过通过基金运作和股权激励，把供应商、客户、员工深度捆绑到一艘"船"上吗？如果有大公司要收购你，你会手足无措吗？会害怕吃亏上当吗？面对独立IPO还是被收购时你会如何选择？利弊在哪？

资本到底是天使，还是恶魔？

三、案例分析

【深度案例1-1】洛阳钼业：跨国矿业巨头公司十年成长史[1]

2022年，上市公司洛阳钼业登陆A股整整十周年。2012年，笔者曾经作

---

[1] 资料来源：公司法定信息披露资料、公司官网、网络公开资料等。

为保荐洛阳钼业A股上市的主要投行人员之一，亲身参与并见证了这个国际矿业巨头腾飞的起点。正如洛阳钼业总裁2022年对投资者致辞中所言，"十年前，即使最乐观的人也不曾想象我们可以在今天走向全球新能源革命的舞台中央"。这句话激发了笔者强烈的共鸣，回首往事，万分感慨。

洛阳钼业属于有色金属矿采选业，在全球范围内从事基本金属、稀有金属采选和贸易业务，目前主要业务分布在亚洲、非洲、南美洲、大洋洲和欧洲五大洲。公司是全球最大的钨生产商和第二大的钴、铌生产商，同时亦是全球前五大钼生产商和领先的铜生产商之一，公司基本金属贸易业务位居全球前三，也是巴西第二大磷肥生产商。公司被评选为2022年《财富》中国500强第74位，2022年全球矿业公司40强（市值）排行榜第20位。2022年，公司的摩根士丹利ESG（环境、社会和治理）评级保持在A级，治理能力优秀，超过74%的全球同行和93%的国内同行。

研究分析洛阳钼业这十多年来的成功发展轨迹，对于正确理解资本战略和资本运作，理解"资本+产业"的融合，理解企业成功的要素非常有意义。

（一）洛阳钼业发展大事记

洛阳钼业的前身是河南省洛阳市栾川县一家传统的国有钼业企业，最早创立于1969年4月，一度亏损严重，濒临破产。

2004年1月，在洛阳市政府的主导和支持下，洛阳钼业进行第一次"混改"，引入上海鸿商产业控股集团（以下简称"鸿商集团"）作为战略投资者。鸿商集团投入近1.8亿元资金，成为第二大股东。很快公司进入良性发展阶段，到2006年公司实现销售收入38.2亿元，利润24.5亿元。

2007年4月，洛阳钼业在香港联交所成功H股IPO，股票代码03993。

2012年10月，洛阳钼业在上海证券交易所成功A股IPO，股票代码603993，开启"A+H"两地上市的资本市场发展模式。

2013年12月，洛阳钼业以8.2亿美元的价格，收购了澳大利亚北帕克斯铜金矿NPM80%的权益。

2014年是公司股权顶层设计的重要一年。该年1月，鸿商集团通过其香港全资子公司在二级市场增持洛阳钼业H股股份。完成后，鸿商集团及其一致行动人共持有上市公司36.01%股权，超过洛矿集团持有的35.00%股权，成为洛阳钼业第一大股东，上市公司实际控制人从洛阳市国资委变更为鸿商集团实际控制人于泳。此后数年上市公司股权虽经多次变动，但是截至2024年3月公司披露的《2023年年度报告》显示，上市公司第一大股东仍然为鸿商集团，持股24.69%，第二大股东仍为洛矿集团，持股24.68%。两者股权一直非常接近，相差仅为0.01%，成为中国资本市场上市公司股权结构的一个特殊存在。

公司顶层股权设计达到现实最优，股东利益达到平衡，公司控制权有了最优解决方案之后，上市公司开始充分利用各方优势，步入大发展的"快车道"。

此次重要股权变动，后来被称为"洛阳钼业第二次混合所有制改革"，洛阳钼业由此成为"政府引导、国资参股、民资控股"的混合所有制企业。

2014年12月，洛阳钼业成功发行49亿元人民币可转债。

2016年10月，洛阳钼业以15亿美元收购巴西的铌磷业务。

2016年11月，洛阳钼业以26.5亿美元收购刚果（金）铜钴业务TFM56%的股权。TFM铜钴矿是全球范围内储量最大、品位最高的铜钴矿之一，矿区面积超1 500平方公里。

2017年4月，洛阳钼业以11亿美元收购刚果（金）铜钴业务TFM24%的股权，至此对TFM的权益提升至80%。2019年4月，洛阳钼业中方管理团队全面接管该项目。2023年投产后，TFM将新增产能铜金属超过20万吨/年，钴金属超过1.7万吨/年。

2017年7月，洛阳钼业通过A股定向增发募集资金180亿元人民币，并且引入了中国国有企业产业结构调整基金、博时基金等八家国内大型长线机构投资者，大幅优化了公司的资产负债结构。

2018年10月，洛阳钼业以约5.18亿美元收购全球第三大金属贸易平台埃珂森IXM的100%股权并于次年7月完成交割。IXM前身是国际大宗商品巨头路易达孚旗下的金属贸易部门，这是一家标准的国际化贸易公司，在全球范围内从事铜、钴、镍、铅、锌、铝等金属的采购、出口、运输和贸易，业务遍布全球80多个国家和地区。洛阳钼业通过"纵向一体化"收购弥补了供应链短板，加强了企业在全球金属贸易领域的话语权，开始拓展"矿业+贸易"的发展之路。

2019年11月，洛阳钼业参股华越镍钴项目30%股权，布局印度尼西亚6

万吨镍钴湿法冶炼项目。

2020年7月，洛阳钼业通过NPM黄金流交易获得5.5亿美元现金预付款，开启新的融资模式。

2020年12月，洛阳钼业宣布与美国自由港集团（FCX）达成股份购买协议，以5.5亿美元获得刚果（金）Kisanfu铜钴矿（后正式命名为KFM）95%的权益。KFM铜钴矿是世界上最大、最高品位的未开发的铜钴矿项目之一，矿石资源量达3.65亿吨，铜品位为1.72%，含铜金属量约628万吨；钴品位为0.85%，含钴金属量约310万吨。达产后预计年平均新增9万吨铜金属和3万吨钴金属。此次收购进一步巩固了洛阳钼业在钴和电动汽车（EV）原材料领域的地位，也有助于提升中国对全球钴资源的话语权。

2021年4月，洛阳钼业与全球动力电池巨头宁德时代宣布战略合作。宁德时代通过旗下邦普时代的全资子公司香港时代新能源获得洛钼控股全资子公司香港KFM控股25%的股权。交易完成后，洛钼控股与邦普时代在KFM控股的持股比例分别为75%和25%，双方共同投资开发刚果（金）KFM铜钴矿。

2022年10月，洛阳钼业与宁德时代这两大行业巨头从业务合作走向深度股权合作。洛阳钼业的间接股东国宏集团以其持有的100%洛矿集团股权评估作价，增资宁德时代控股子公司四川时代。增资完成后，四川时代通过洛矿集团间接持有洛阳钼业24.68%的股份，成为洛阳钼业间接第二大股东。另外公司特意披露"宁德时代无意谋求公司的控股权，未来36个月内无进一步增持公司股份的计划"，公司现有股权结构继续保持平衡。

鉴于万亿巨头公司"宁王"的品牌影响力，"宁德时代成为洛阳钼业二股东"的新闻事件经过各种媒体持续发酵，低调的国际矿业巨头公司洛阳钼业走入了普通大众的视野。

2023年1月，洛阳钼业又联手宁德时代获取了玻利维亚Uyuni和Oruro两座巨型盐湖的开发权，计划建设两座锂提取工厂，预计碳酸锂年产能达到5万吨。

2012—2022年，公司营业收入从57.11亿元增长到1 729.91亿元，增长30.29倍；净利润从10.50亿元增长到60.67亿元，增长5.77倍；总资产从157.49亿元增长到1 650.19亿元，增长10.48倍。

至此，通过一次次资本运作和海外并购，洛阳钼业已经从河南栾川这个小县城一步步走向全世界，逐渐成长为全球矿业巨头（见图1-3）。

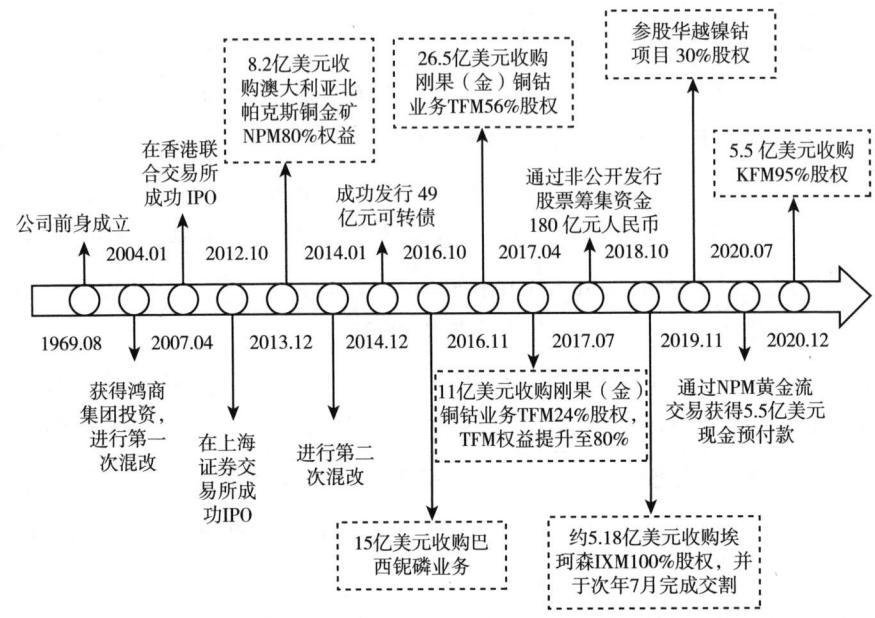

图1-3 洛阳钼业快速成长的资本路线图

（二）洛阳钼业的发展理念和公司战略

深入了解一个公司的发展理念，对于理解企业家的哲学观、观察公司的发展走向会起到意想不到的作用。洛阳钼业不同寻常的发展战略和企业文化奠定了其发展成为全球矿业巨头的"基础软实力"。

公司愿景：成为受人尊敬的、现代化、世界级资源公司。

企业文化：精英管理、成本控制、持续改善、成果分享。

公司使命：我们首要确保我们的员工合作伙伴及地方社区的安康和福祉，并竭力为当代人及子孙后代维护良好生存环境。

公司价值观：我们倡导企业家精神，探究事物的本质，卓有成效、坚忍不拔、勇于担当。

发展战略：巩固和保持现有业务极具竞争力的成本优势；持续管理和优化资产负债表；确保境内外业务平稳运营的同时，发掘并发挥业务协同效应；

以价值创造为导向，以结构调整和增长方式转变为主线，积极推进资源投资开发与整合收购。

发展模式："矿山＋贸易"的发展模式。

两轮驱动：坚持内涵式增长和外延式扩张。内部挖潜，降本增效；对外利用资本市场杠杆，并购优质资源。

（三）洛阳钼业快速发展的原因分析

洛阳钼业的成功发展有目共睹。即使笔者曾经参与过它的A股上市，对其有一些了解，也十分惊讶其十多年来的突飞猛进，有兴趣探究其成功的要素。

1. 平衡、有动力的顶层架构设计

笔者认为，洛阳钼业的成功首先是企业顶层架构设计的成功，是"自然资源＋资本思维"模式的有效匹配。正是因为2004年上海鸿商集团成为二股东，才有动力、有能力、有资源主导洛阳钼业的资本运作，洛阳钼业才可能在那么短的时间内"H股+A股"接连上市，奠定了未来十年发展的最重要基础。

也正是因为2014年国资和民企双方股东又一次达到股权和利益的平衡，双方取长补短，民企股东主动发挥金融资本优势、行业研究优势和国际化运营优势，在具有国际视野和强大人脉资源的优秀企业家带领下，不断通过资源整合和跨国并购，将洛阳钼业从一个国内领先的上市公司发展成为国际性矿业巨头公司。

正如河南省人民政府发展研究中心、河南省社会科学院嵩山智库《国有企业混合所有制改革对策研究》课题组所言："洛阳钼业不断跨越发展的动力来自两次混合所有制改革，混改优化了资本结构，扩张了资本实力，使国有背景、民营机制和市场效率等多重优势得到施展，国有资产保值增值的改革目标完美实现。"

栾川有钼，是大自然神奇的安排，但如果仅仅满足于此，最多是一个有资源的地方矿业公司而已。当然对于擅长金融和资本运作的民企股东而言，也要感谢洛阳栾川具备产业发展那个最重要的"1"，才可能帮助他们带来后面那一串串耀眼的"0"。从本质上讲，这是一个互相成就的"产业＋资本"的"世纪佳缘"。

2.合理的人才结构

栾川矿区本一直就有基础的踏实的生产运营人才,鸿商内部也有非常优秀的资本人才和产业专家。在一个长袖善舞、运筹帷幄的领导者带领下,这些优秀的"基础人才库"是推动洛阳钼业当初成功上市的重要原因之一,这是笔者最切身的感受。后来依托一个又一个具体的项目,洛阳钼业不断地和国内国际顶尖的金融机构、产业集团及各类机构合作,又"借力"一大批顶尖的金融和行业专家;在全球成功扩张之后,招募和培养了一批具有国际视野的经营管理人才,形成良好的人才循环模式。

"生产运营人才+金融资本人才+顶级行业专家+国际化人才"形成了合理的人才结构,这是未来洛阳钼业进一步国际化发展的重要底气。

推崇"精英管理"的人才观已经被写入了洛阳钼业的企业文化:拒绝平庸、追求卓越、享受变化、拥抱竞争、忠于使命、富有定见、百折不挠、敢于承担……

3.对产业逻辑的深刻理解

通过十多年的持续观察,笔者认为洛阳钼业对于产业逻辑的理解是超越大多数矿业公司的,是非常深刻和透彻的,值得参考。

洛阳钼业认为:"矿业是资本密集型的周期性行业,受到政治和政策的影响大。经营矿业需要耐心和坚持,需要有长期眼光。矿业是一个传统行业,产品具有同质化特点,商业逻辑很简单:成本决定竞争力。成本竞争优势的关键要素是资源禀赋和卓越管理。资源禀赋是老天给的,往往与'时机'和'运气'关联,可以通过成功勘探和收购来获得;卓越管理要依靠企业自身长期的内功,是一个持续过程。矿业公司只有持续获取优质资源,才能在激烈的竞争中不掉队;只有不断提高管理水平,才能穿越大宗商品的周期。"

4.对资本运作的深刻理解

(1)对资金流动性和资产负债表的高度重视。洛阳钼业内部一直强调"敬畏周期,做好流动性管理",保持健康的资产负债表被称为"永恒的主题"。认知并做好这一关键要点对于频繁并购的洛阳钼业而言极其关键。

保持足够的现金流动性是洛阳钼业一直坚守的底线。洛阳钼业在财务上经常会做资金流流动性压力测试,假设前提不仅是各项产品价格不同程度的下跌,还包括全球商业活动停摆一段时间等极端情况下的防御假设,可见公司在资金流动性方面的高度警觉和提前防御。

公司非常注重资产负债表的管理和优化。健康的资产负债表是获得融资的关键。为了按时完成并购交割，洛阳钼业一般先在银行贷款，并购交割后再在资本市场进行股本融资，修复资产负债表，降低杠杆率。

2013年底8.2亿美元完成澳大利亚北帕克斯铜金矿NPM项目跨境收购的同时，2014年公司迅速发行49亿元可转债。

2016年，公司做了几单重大境外并购业务，15亿美元收购巴西的铌磷业务以及37.5亿美元连续两次收购刚果（金）铜钴业务TFM项目80%股权。几乎同时，公司迅速推出180亿元的超大规模A股定增预案，并于2017年顺利完成发行。

2018年以约5.18亿美元收购埃珂森IXM之后，2019年公司完成境外债券和银团总计10亿美元融资、境内超短融和公司债总计40亿元人民币的融资。通过进一步优化负债结构降低财务费用，以2019年为例，公司透露平均融资成本为4%，处于行业较优水平。

（2）对企业并购和行业周期的清醒认识。洛阳钼业认为："一部世界矿业史就是一部并购史，不断获取优质资源是保持公司竞争力的根本保障。"他们很早就制定了"双轮驱动发展战略"，即"依靠高效低成本管理实现内生增长，依靠境内外高质量并购实现外延发展"。

对于并购标的，洛阳钼业有自己的选择标准：第一，收购成熟在产又有稳定现金流且被验证过的项目；第二，尽可能选择大的矿业公司作为交易对手；第三，看成本是否具有竞争优势；第四，要具有一定的体量；第五，选择与未来经济发展趋势紧密相关且发展空间大的矿业品种。

有能力判断行业发展周期极其重要。若能够在行业发展的底部逆周期扩张，往往会获得更优质、性价比更高的基础资产。

纵观洛阳钼业上市之后这十多年快速发展的历程，如公司董事长所坦言："正是依托长期深入的产业研究和借助资本市场的力量，精准地抓住几个行业波动的周期，拿到几个世界级的矿山资源，才为国际化矿业公司打下基础。"

2012年登陆A股之初，面对栾川钼矿资源品位不断下降的紧迫感，洛阳钼业认为要持续发展，就必须去拿高品质资源，而海外并购则成了必然选择。

近年来，因成功实施多起重大海外并购，交易对手也是国际知名矿企，洛阳钼业客观上积累了丰富的海外并购经验。其中，一个重要原则就是"逆周期收购"。

2015—2016年，全球大宗商品包括石油价格全线下跌，矿业整体进入严冬期。全球最大的铜生产商美国自由港公司于2014年和2015年连续两年亏损。2016年初"最寒冷"的时刻，其市值最低跌至44亿美元。为改善财务状况，自由港公开表示将通过出售资产以偿还债务。

洛阳钼业对新能源汽车行业早有提前布局和深入研究，判断这个产业未来会迅速崛起。锂、钴等矿种被誉为"白色石油"。三元电池供应链中最脆弱的就是钴，由此拥有全世界最好钴资源的TFM拥有巨大的投资价值。

洛阳钼业抓住机会，从自由港手中获得了刚果（金）TFM铜钴矿这一世界级资源。收购完成后不久，钴、铜价格迅速上涨。2017年钴价翻了一番，铜价涨了30%。随着2023年KFM、TFM混合矿的陆续投产，洛阳钼业将形成年产7万吨钴的产能，成为全球最大的钴供应商。

以新能源电池另一重要金属锂为例，有一段时间锂价快速持续上涨，全球范围内频繁发生"抢锂大战"。面对高涨的市场热情，洛阳钼业反而认为："随波逐流易，独立判断难，公司一直看好新能源赛道，对与全球能源转型大趋势相关的金属都密切关注。但不会盲目扎堆。我们在众声喧哗中始终保持冷静，坚守并购准则，没有机会的时候耐心等待，机会出现的时候果断出手。"最终，洛阳钼业以与行业巨头宁德时代的业务合作和股权合作等深度捆绑方式，切入这一重要赛道。

（3）股东及时获得回报，实现正向循环。2012—2022年，洛阳钼业累计实现净利润326.78亿元，累计现金分红高达128.06亿元，分红率为39.19%。以2022年公司利润分配方案为例，"公司基于长远和可持续发展，在综合分析行业经营环境、公司经营状况、境内外股东要求、社会资金成本和监管政策等因素的基础上，充分考虑盈利规模、投资资金需求、公司偿付能力及资本充足率状况等情况，平衡业务持续发展与股东综合回报之间的关系，制定了2022年度的利润分配方案"。2022年度，公司向全体股东每10股派发现金红利0.8508元（含税），即2022年股息派发总额18.20亿元（含税），现金分红比例约为30%。

这十年间公司市值也从200多亿元增至1 000多亿元。公司各股东及时享受高比例分红回报的同时,也享受了4—5倍增长的股权价值溢价,实现了股东回报与公司发展的正向循环。

5. 对公司成本的极致控制

很少见到像洛阳钼业这样把成本控制白纸黑字地写进企业文化的公司。洛阳钼业认为:"矿业竞争仰赖自然资源和成本优势。自然资源可遇而不可求,成本优势源于企业管理。因此,必须牢固树立成本意识,把账算到每一分钱;成本优势的取得源于技术革新、管理优化和有效的监督机制;开放思维,对标业界最优秀的企业,力争更胜一筹,成为行业标杆;聚焦专业优势。只有专注、专业,才能建立话语权,掌握成本控制的门道。"

6. 对产品组合的深刻理解

洛阳钼业认为,矿业的周期性显示出产品组合的作用,公司构建的独特稀缺的产品组合能产生健康持续的现金流,有利于帮助公司穿越市场周期的"牛熊"。以2017年为例,公司经历了动荡的市场。铜价和钴价分别从年初3.26美元/磅和36美元/磅,一路走高至年内最高点3.33美元/磅和44.45美元/磅,但从第二季度开始急跌并持续低迷。铜价最低跌破2.71美元/磅,钴价更是一蹶不振,持续走低。与此相反,钼价和铌价下半年与上半年相比则先抑后扬。总体而言,公司主要品种铜、钴、钼、钨和铌的全年平均市场价格与2017年度相比分别上涨了5.42%、35.55%、41.80%、18.21%和23%。

7. 对现代化矿业公司的发展模式探索

并购海外矿产资源的同时,洛阳钼业逐步探索现代化矿业公司的新型发展方向,构建"矿山+贸易"的模式,向产业链下游继续延伸。洛阳钼业认为:"贸易公司与矿业生产的结合可以充分释放矿业的价值;同时,贸易公司可以及时提供市场信息,反过来帮助公司在品种并购以及矿山扩建的节奏方面做得更好。通过贸易公司,可以跟下游终端应用客户以及上游矿山企业进行无缝对接,可以对全世界的供需情况有更深的了解。"

洛阳钼业2019年顺利完成收购交割的埃珂森IXM,总部位于瑞士日内瓦,是全球第三大基本金属贸易商。IXM及其成员单位构成全球金属贸易网络,业务覆盖全球80多个国家,同时构建了全球化的物流和仓储体系,多年来在矿产贸易行业构建了一定的行业壁垒。通过纵向一体化收购策略,洛阳钼业打通了国际矿业贸易的"最后一公里"。2022年,埃珂森为上市公司贡献收入1 609亿元,净利润1.28亿元。

8.管理水平的不断提升

公司推行精细化管理理念,坚信成本的降低来自点点滴滴;通过优化产品结构和提升产品质量进一步提高盈利水平。同时,作为一家年轻的、快速成长的国际矿业公司,随着国际化团队的急速扩增,公司面临国际政治、经济、政策、制度、地域及文化等差异,对其管理能力提出了更高挑战。随着公司总部"5233"管理架构落地、组织升级和文化重塑基本完成,公司总部职能逐步完善、管理流程再造、全球一体化管理体系基本形成,全面开启信息化系统建设,搭建全球数字化管控平台。

洛阳钼业详细解释了其在2020年将公司愿景正式更新为"受人尊敬的、现代化、世界级资源公司"的深度思考,值得有梦想的企业家们进行研究。

"受人尊敬"是初心和追求。包括三层含义:一是商业上取得成功,二是促进人的全面发展,三是可持续发展的最高标准。

"现代化"是做事的方法和路径。一是要实现矿山生产的现代化,不但提升矿山的精益生产水平和资源的利用效率,更要实现资源开发与社区、自然环境的和谐发展。二是要紧贴金融市场,管理好资产负债表,善用金融工具来规避风险、获取利润。矿业本身具有准金融的属性,善用金融工具是矿业企业的核心能力,也是公司的特点和优势。要使金融更好为产业服务,高度关注资产负债表,充分认识矿业的周期性特征,始终保持清醒,把流动性管理放在至关重要的位置。三是坚定不移探索"矿业+贸易"的融合之路,充分发挥埃珂森全球布局的优势,进一步促进上游矿山与埃珂森金属贸易的协同。

"世界级"是目标,也是正确做事的自然结果。公司不但要有世界级的资源、行业领先的盈利能力、掌握重要资源的定价权,还要拥有国际水平的人才队伍、管理架构、运营效率、企业文化和企业品牌。目前,公司基本完成全球化布局,拥有世界级资源,正一步一步向梦想靠近。

洛阳钼业未来发展的路还很长。但该案例具有一定的代表性,综合性强,涉及企业发展的各方面,曾经参与的亲身经历也让笔者在复盘之后,更加深刻地理解了资本战略的重要性和资本助力实业的强大魅力,同时也值得大家深入研究。

【深度案例1-2】易见股份：上市公司虚假繁荣的覆灭

这也是一个上市10周年的故事。

1996年，主营汽车配件业务的四川公司禾嘉股份成功上市，股票代码600093.SH。

2012年，做煤炭贸易生意的云南曲靖人冷天晴通过旗下公司斥资3.17亿元收购禾嘉股份23.57%的股份，成为上市公司实际控制人。

2015年，上市公司开始向供应链管理和商业保理业务转型。同年6月，上市公司向控股股东云南九天投资控股集团有限公司（以下简称"九天集团"）、云南省的国资企业云南省滇中产业发展集团有限责任公司（以下简称"滇中发展"）和云南省工业投资控股集团有限责任公司（以下简称"工投集团"）等7名特定对象非公开发行8亿股。定向增发完成后，九天集团直接持股上市公司股份比例为36.57%。

2016年，上市公司宣布开展区块链业务，与IBM联合开发基于区块链技术的"可溯源的供应链金融"系统，进军供应链金融科技领域。在此过程中，IBM提供基于超级账本Fabric的企业级区块链平台。

2017年，禾嘉股份更名为易见供应链管理股份有限公司（以下简称"易见股份"）。沾着IBM和区块链的光，易见股份曾被誉为"中国资本市场区块链第一股"，受到投资者追捧，市值最高涨到300多亿元。

当时"易见股份基于物联网和区块链的供应链运营及供应链金融服务"作为典型案例被列入了供应链金融领域权威教科书，多次再版，成为学习标杆。我们可以初步了解一下技术细节，对于拨开面纱，全面理解该案例有重要帮助[①]。

易见股份不断拓展资产数字化技术的落地应用，形成了以供应链管理、供应链金融、数字科技为主的三大板块业务布局。

供应链管理主要是基于区域内具有较强支付能力或信用的核心企业，为其上游供应商和下游客户提供供应链管理系统及服务。其经营模式主要是以信息技术为支撑，依托公司自主研发的管理系统，支持所服务客户的业务数据实

---

① 宋华：《供应链金融》，中国人民大学出版社2021年版。

时在线，使贸易过程透明、可视、不可篡改、可追溯，促进物流和资金流的加速流转，提高供应链各参与方的经营效率。

易见股份在2019年打造了"易见区块3.0"，构建了以可信数据池和可信仓库区块链产品为基础、以贸信云和货信云为核心业务数字化平台，支持丰富的服务场景的供应链金融科技服务体系。该体系基于区块链技术，确保多种场景的数据可信任、可追溯，为供应链金融保驾护航。

可信数据池帮助企业基于区块链技术建立权属明晰、可信、可溯源的数据共享机制，通过与企业的贸易系统、生产系统、ERP系统实时连接，将数据以区块的形式写入企业权属下的可信数据池，在对数据进行加密保护的同时也通过密钥管理建立数据授权访问机制，让数据增信并可追溯。

可信仓库通过对仓库进行智能化升级改造，基于区块链、物联网及人工智能技术，形成可信仓库管理系统，将仓储的入库、出库、物流、货权等信息上链，实时刻画管理过程中的所有权属性，提高数据安全和沟通效率，运用智能合约把交易行为按合约自动进行货权转移，实现合约的智能执行。

贸信云平台通过系统采集的方式获得贸易双方全量、原生的贸易数据，进行实时、持续的数据收集，满足贸易资产数字化的根本要求，并将所有贸易数据写入可信数据池，上链固化，真实记录贸易过程。金融机构以该平台为贸易资产管理平台，访问企业授权的贸易数据，并为贸易链条上的企业提供金融服务，有效服务实体经济。

货信云平台通过技术（电子标签、激光雷达、射频及视觉识别算法）集成方式获得货物在库及库存操作的全量信息，为客户提供实时盘库、在线货权转移认证服务，并叠加物流节点的数字控制技术，实现货物与货权的一一对应，达到仓库货品的全数字化，为金融机构提供一揽子基于货权确认问题的技术解决方案，系统实现数据共享、交叉核验及服务交易各方的风控要求。

从文字表达和技术呈现看，一切都是那么前沿、高端，高科技、新模式，也匹配"区块链第一股"的公众形象。

2020年8月，云南国资委实控的云南工投君阳投资接过易见股份的控股权。

在这之前，原大股东九天集团一路减持上市公司股票。2019年11月，九天集团转让上市公司5%股权给上海港通；2020年2月，九天集团转让上市公司18%股权给云南工投君阳投资，8%股权转让滇中发展。在2019年11月—2020年8月18日，还通过大宗交易的方式减持42 910 186股，累计减持301 073 111股，合计减持套现约37亿元。

2021年初，易见股份迟迟无法披露年报。"山雨欲来风满楼。"

2021年7月5日晚，"难产很久"的易见股份终于披露2020年年报：巨亏115亿元，净资产为-34.77亿元，即将被ST！另外前控股股东九天集团占用资金42亿元。

2022年6月23日，上交所对易见股份股票予以摘牌，公司被终止上市。

此时距离云南宣威首富冷天晴拿下该上市公司控股权正好10年。10年时间不算长但也不算短，对于大多数企业来说，可以称为一个生命周期的轮回。

2023年4月4日，易见股份公告中国证监会的《行政处罚决定书》。这份权威文件有助于我们回顾当时企业的生产、经营、技术、销售、财务、IT等场景，两相对比，更加深入地了解企业资本运作、供应链金融和经营管理之间的关系。

经查明，当事人存在以下违法事实：

（一）虚增银行存款、应收票据

2015年，易见股份通过伪造银行回单，虚构银行承兑汇票背书转让记录及开具没有真实交易背景的商业承兑汇票入账等方式，虚增应收票据29.79亿元和银行存款12.08亿元。

2017年，采用相同的手法，虚构银行承兑汇票背书转让记录，虚增应收票据7.07亿元。

（二）虚增收入及利润

2016—2020年度，易见股份利用之前开展过真实业务的核心企业以及（实际控制的）有点肥科技等21家公司，通过私刻其他企业的公章、虚构基础购销业务合同和单据、伪造代付款及保理业务合同等方式开展虚假供应链代付款业务、虚假商业保理业务和虚假供应链预付款业务，虚增收入和利润。此外，2015—2020年度，易见股份为完成业绩承诺，大量开展无商业实质的供应链贸易业务，并通过体外个人账户向贸易对手方支付贸易差、服务费、贴现息等费用，扩大收入规模，粉饰经营业绩，虚增贸易收入和利润。

1.易见股份虚构供应链代付款业务

易见股份以云南滇中供应链管理有限公司（以下简称"滇中供应链"）、深圳市榕时代科技有限公司（以下简称"榕时代"）等为主体虚构代付款业务，虚构基础购销关系，伪造合同、核心企业付款指令、银行回单和商业承兑汇票等合同单据，虚构代付款业务，2016—2018年以代付款名义持续滚动将资金转出给九天集团，并虚增代付款业务服务费收入和利润。

2.易见股份开展虚假商业保理业务

易见股份通过下属子公司深圳滇中商业保理有限公司（以下简称"滇中保理"）、霍尔果斯易见区块链商业保理有限公司（以下简称"霍尔果斯保理"）、榕时代提供商业保理服务，以保理业务名义持续滚动将资金转出给九天集团，并虚增保理业务收入和利润。

经查，易见股份与51家房地产公司、有点肥科技等21家公司以及云南跃坦矿业有限公司、上海远畅国际贸易有限公司、上海东坦国际贸易有限公司、云南远畅投资有限公司、云南鸿实供应链管理有限公司、上海今瑜国际贸易有限公司、广东钜太国际贸易有限公司、江苏筑正实业有限公司、江苏丹灿实业发展有限公司、福清耀点贸易有限公司、福州恋韵贸易有限公司、福州市鼓楼区嘉视贸易有限公司等公司的保理业务均为虚假业务。易见股份虚假保理业务的资金由九天集团统筹使用。易见股份虚构保理业务涉及的核心企业均未开展过保理相关的基础购销业务。

3.易见股份虚构供应链预付款业务

2020年，易见股份通过下属子公司滇中供应链、贵州易见供应链管理有限责任公司（以下简称"贵州供应链"）、贵州易泓供应链管理有限公司与有点肥科技等21家公司、江苏佰匡纳实业有限公司、贵州盘江电投天能焦化有限公司等发生虚假供应链预付款业务。截至2020年末，虚假供应链预付款业务形成预付账款余额42.71亿元。

4.易见股份开展无商业实质的供应链贸易业务

2015—2020年，易见股份以滇中供应链、贵州供应链为实施主体，先后建立多个贸易条线开展有色金属等大宗商品的供应链贸易业务，以销售总额确认收入，以采购总额结转生产成本，以销售收入与采购成本的差额确认利润。经查，上述供应链贸易业务中的部分大宗有色金属条线业务无商业实质，九天集团还指使易见股份通过体外账户将购销业务产生的价差返还给交易对手方，并向对方支付业务相关的服务费、贴现息等，实质上虚增了易见股份的营业收入和营业利润。

综上所述，2015—2020年，易见股份虚增收入分别为44.41亿元、119.20亿元、120.04亿元、104.70亿元、109.87亿元、64.29亿元，占各年度披露的营业总收入的比例分别为84.26%、73.68%、75.20%、72.18%、71.59%和66.16%。各年度虚增利润0.43亿元、6.84亿元、11.47亿元、11.21亿元、12.40亿元和-39.75亿元（考虑易见股份2020年自行计提的坏账准备），占各年度披露的利润总额的比例分别为9.49%、69.33%、96.46%、110.06%、142.94%和33.07%。扣除虚增利润后，2018—2020年三年连续亏损……

2021年，易见股份就部分前任高管涉嫌违法犯罪，向公安机关报案并获昆明市公安局立案侦查。2023年4月，公司获悉所报案件的相关犯罪嫌疑人已移送至检察机关审查起诉。另外，2023年3月，云南省纪委省监委、昆明市纪委监委网站发布公告，易见股份第八届董事会非独立董事、滇中集团原副总经理苏丽军因严重违法违纪被开除党籍及公职。

供应链金融本身没有对错，上市公司资本运作本身也没有对错，关键在于什么样的人怀着什么样的目的来使用这些技术和运营手段。企业家思维和价值观中深层次的"起心动念"，决定了企业和自身未来的命运。

一百多年前，马克思在《资本论》中留下了一段名言，估计大部分读者耳熟能详。但是通过易见股份这类实际案例，也许你会和我一样感受更加深刻："资本害怕没有利润或利润太少，就像自然界害怕真空一样。一旦有适当的利润，资本就胆大起来。如果有10%的利润，它就保证到处被使用；有20%的利润，它就活跃起来；有50%的利润，它就铤而走险；为了100%的利润，它就敢践踏一切人间法律；有300%的利润，它就敢犯任何罪行，甚至冒绞首的危险。"

第二章
股权、股东与企业顶层设计

一、资本运作的基础：股权和股东

（一）股权的含义

从字面上理解，股权就是股东的权利，是股东因投资而形成的各种权利和利益的集合，具体包括所有权、表决权、分红权、处分权、查阅权、选举权、知情权、诉讼权等。

非常重要的是，股东的表决权和分红权可以分开行使。这是表决权委托、一致行动人认定的理论基础，也是资本运作的常用手段之一。

（二）股权的本质

股权的本质究竟是什么呢？是财富？是责任？是工具？还是枷锁？经过二十多年资本市场的历练，笔者认为：股权是有灵魂的。股权的本质是认知，对自己的认知、对人性的认知、对企业的认知、对世界运行规则的认知。

股权其实是测试人性的"魔咒"，"欲戴王冠，必承其重"。无论是股权合伙还是股权激励，其本质都是在激发人性、考验人性。

出于对公司控制权的争夺和股东之间的股权纠纷，我们身边发生了很多活生生的案例，导致"夫妻反目、兄弟成仇、朋友纠纷、殃及子女"。比如：当当网创始人李国庆俞渝夫妇为了公司控制权"深夜互撕"、恶毒人身攻击；大亚圣象控股股东家族矛盾难解，兄弟俩"隔空交战"；硅宝科技总裁"弹劾"董事长，同宿舍好友上演现实版"中国合伙人"；蓝翔技校老板夫妻反目、母女成仇，一家人誓死都要把对方送进监狱里去。如此种种，不禁令人唏嘘。

案例2-1　当当网创始人夫妻的股权争夺战

1.事件背景。当当网由李国庆和俞渝夫妇于1999年共同创立，是中国早期的网上书店，后发展成为综合性电商平台。2010年，当当网在美国纽约证券交易所上市。2016年当当网完成私有化，从美股退市。2019年，李国庆和俞渝的离婚案公开化，股权分配成为争议焦点。

2. 激烈争斗。这对夫妻在离婚后对公司的控制权和管理权产生了激烈争夺，采取了包括公开互怼、互相指责、人身攻击、揭露对方隐私、抢夺公章、法律诉讼等多种手段。2019年4月，李国庆带领多名壮汉突然闯入当当网办公室，抢走数十枚公司公章，并发布"将公司公章别在自己裤腰带上宣誓控制权"的照片，极大影响了公司形象。而他们互相恶毒揭露对方隐私的做法也彻底撕下了夫妻之间最后一块遮羞布，沦为笑柄。

3. 和解与进展。双方在争夺过程中曾有过和解的迹象，但随后又出现反复，争夺战时而缓和时而激烈。2020年4月，北京市朝阳区人民法院作出裁定，禁止李国庆接触、使用公司的公章、财务章和人事章。在一系列法律诉讼和公众舆论风波后，双方似乎有所缓和。2020年7月，李国庆发表声明，称双方已经达成了和解，他退出当当网管理层，但保留一些股份。

这场夫妻股权争夺战对当当网的正常运营产生了负面影响，员工士气、公司形象和业务发展均受到波及。整个事件引起了广泛的舆论关注，并引发关于夫妻共同创业、股权分配、公司治理等话题的讨论。

（三）股东的选择原则

很多中小企业的股东在短时间内会走向"四同"的悲剧结局："第一年同舟共济，第二年同床异梦，第三年同室操戈，第四年同归于尽。"现实中大多数企业还活不到4年。

由此产生一个非常重要的问题：什么样的人才能成为股东？

股权设置和股东搭配的合理性，是公司未来发展最重要的基石。我们不妨把有意合作的人分为三类：利益共同体、事业共同体和命运共同体。

不是所有希望合作的人都可以吸纳成为股东。如果只是初识或者没有一起经历事情，不妨把对方先当成利益共同体，大家一起做项目一起分利润就好了，不一定一开始就合伙新设公司。中国的古话"请神容易送神难"，在选择股东阶段草率行事，非常能让当事人记忆深刻或者形成痛苦的回忆。如果大家价值观相同，通过交往有着共同的事业理想，可以考虑在股东层面新设立一个有限公司或者有限合伙企业间接持股，当然通过深思熟虑让一部分人直接持股也无不可；至于命运共同体，大家曾经一起同甘共苦，患难见过真情，经受过考验，这样的人当然有资格成为直接股东，大家一起继续成就事业。

二、企业股权的顶层设计

顶层股权架构是企业发展的原动力和长治久安的基础。每一个企业都要结合自身的实际情况，设计出一套适合自己的顶层股权架构。

解决问题，往往不是在发生问题的层面，何况绝大多数企业诞生的初衷不是为了去解决麻烦。

好的顶层股权架构设计需要强大的综合能力，包括要懂投行、投资、法律、财务、税务、经营管理、产业，甚至人性。一笔款算错了，你可能很快就能发现，但是如果顶层股权架构搭建不合理，你可能需要花几年或者十几年，在股东之间出现问题或者上市之前的改制规范甚至是被其他企业并购时才会突然觉醒、悔不当初。专业的事情，要让专业的人去做。

只有以终为始，方能百战不殆！

（一）顶层股权设计的六种模式

企业的顶层股权架构设计至少有六种模式：控股公司、有限合伙企业、自然人持股、AB股结构、VIE控制以及混合架构等。

1.控股公司架构

（1）控股公司常见形态架构见图2-1。

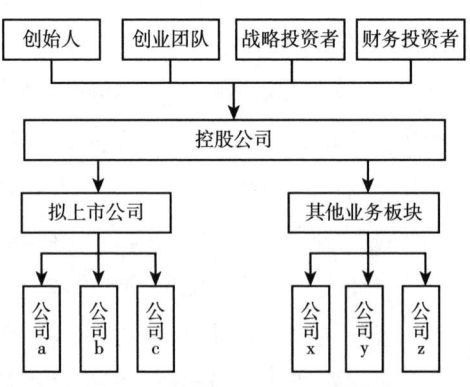

图2-1 控股公司常见形态架构

（2）控股公司架构形态具有如下特点：

①股权杠杆以小博大。股权结构顶端的控股股东可以用少量的自有资金控制大量的资产规模，实现以小博大。

②纳税筹划效应。控股公司如同一个资金池，可以把旗下被投资公司的分红很方便地调配用于再投资，而无须承担税负。

③便利债务融资。控股公司可以在达到一定资产规模之后，以发行可交债等方式获得资金，开展一些不宜在上市公司（拟上市公司）内部经营的业务。

④方便人事安排。将冲劲不足、甘愿躺在功劳簿上的老管理层升至控股公司担任相应的虚职，腾出相应的职位空间给下面的中层干部，保证新管理层的活力。

⑤控股公司单独上市。如果控股公司实力发展到一定程度，也可以单独在香港等地上市。当然，现在A股上市公司控股A股上市公司（即：A控A）也逐渐多了起来。

⑥上市后的资本运作。一方面，设立控股公司可以随时准备承接上市公司暂时在培育期的项目，待时机成熟后单独上市或以定向增发方式注入上市公司。另一方面，可以安排不宜在上市公司层面安排的布局和事项。

2. 有限合伙企业

对于很多没有投行或者投资背景的创业者而言，会觉得有限合伙企业很有魔力，但是又搞不清楚所以然。其实很简单，《中华人民共和国合伙企业法》就是有限合伙企业、基金、事业合伙人设计、"分红不分权"等顶层设计的法律源头。

《中华人民共和国合伙企业法》[①]重要内容节选：

第2条 本法所称合伙企业，是指自然人、法人和其他组织依照本法在中国境内设立的普通合伙企业和有限合伙企业。

普通合伙企业由普通合伙人组成，合伙人对合伙企业债务承担无限连带责任。本法对普通合伙人承担责任的形式有特别规定的，从其规定。

---

① 1997年2月23日第八届全国人民代表大会常务委员会第二十四次会议通过，2006年8月27日第十届全国人民代表大会常务委员会第二十三次会议修订。

有限合伙企业由普通合伙人和有限合伙人组成，普通合伙人对合伙企业债务承担无限连带责任，有限合伙人以其认缴的出资额为限对合伙企业债务承担责任。

第3条　国有独资公司、国有企业、上市公司以及公益性的事业单位、社会团体不得成为普通合伙人。

第61条　有限合伙企业由二个以上五十个以下合伙人设立；但是，法律另有规定的除外。有限合伙企业至少应当有一个普通合伙人。

第63条　合伙协议除符合本法第十八条的规定外，还应当载明下列事项：

（一）普通合伙人和有限合伙人的姓名或者名称、住所；

（二）执行事务合伙人应具备的条件和选择程序；

（三）执行事务合伙人权限与违约处理办法；

（四）执行事务合伙人的除名条件和更换程序；

（五）有限合伙人入伙、退伙的条件、程序以及相关责任；

（六）有限合伙人和普通合伙人相互转变程序。

第65条　有限合伙企业由普通合伙人执行合伙事务。执行事务合伙人可以要求在合伙协议中确定执行事务的报酬及报酬提取方式。

第68条　有限合伙人不执行合伙事务，不得对外代表有限合伙企业。

第79条　作为有限合伙人的自然人在有限合伙企业存续期间丧失民事行为能力的，其他合伙人不得因此要求其退伙。

第80条　作为有限合伙人的自然人死亡、被依法宣告死亡或者作为有限合伙人的法人及其他组织终止时，其继承人或者权利承受人可以依法取得该有限合伙人在有限合伙企业中的资格。

第81条　有限合伙人退伙后，对基于其退伙前的原因发生的有限合伙企业债务，以其退伙时从有限合伙企业中取回的财产承担责任。

可以简单地理解，有限合伙企业就是让有钱的出钱（LP），有力的出力（GP）（见图2-2）。

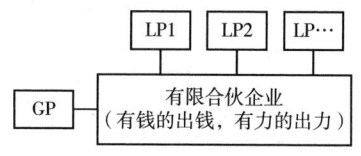

图 2-2　有限合伙企业的基本结构

有限合伙企业的 GP（General Partner，普通合伙人，"管钱的"）可以是自然人、有限公司、有限合伙企业；LP（Limited Partner，有限合伙人，"出钱的"）也可以是自然人、有限公司、有限合伙企业[①]。

与股份公司相比，有限合伙企业具有同股不同权、节税效应、钱权分离等优点。

①同股不同权。有限合伙企业是天然的同股不同权的工具。LP不负责具体经营，GP有权管理、决定合伙事务，负责带领团队运营，对合伙债务承担无限责任。

②节税效应。合伙企业属于税收透明体，该层面并不征收所得税，仅由合伙人缴纳一次所得税，部分地区之前有税收返还政策[②]。

③钱权分离。合伙人设计机制更具灵活性，无论是利益分配机制还是合伙人的权力分配机制，都可以在合伙协议中自由约定。创始人股东可以成为普通合伙人，享有全部表决权，但不享有表决权对应的分配财产权。

案例2-2　英诺激光拟上市时的股权结构及有限合伙企业结构解析

　　全面了解一个公司和行业最好的参考资料是其IPO申报材料中的《招股说明书》。同样，创业者学习企业股权结构搭建最好的资料也是不同公司披露的《招股说明书》，因为拟IPO的企业都是经过证券公司辅导过的企业，他们的股权结构大多接受过专业意见指导。图2-3至图2-6，以英诺激光为例进行对公司的股权结构以及有限合伙企业的GP、LP等构成进行实际案例展示。

---

①　参见案例2-2。

②　党的二十届三中全会明确提出"构建全国统一大市场"。国务院发布的《公平竞争审查条例》已于2024年8月1日起正式施行，要求各地不得给予特定经营者税收优惠，选择性、差异化的财政奖励或者补贴，要素获取、行政事业性收费、政府性基金、社会保险费等方面的优惠，以及其他影响生产经营成本的内容。

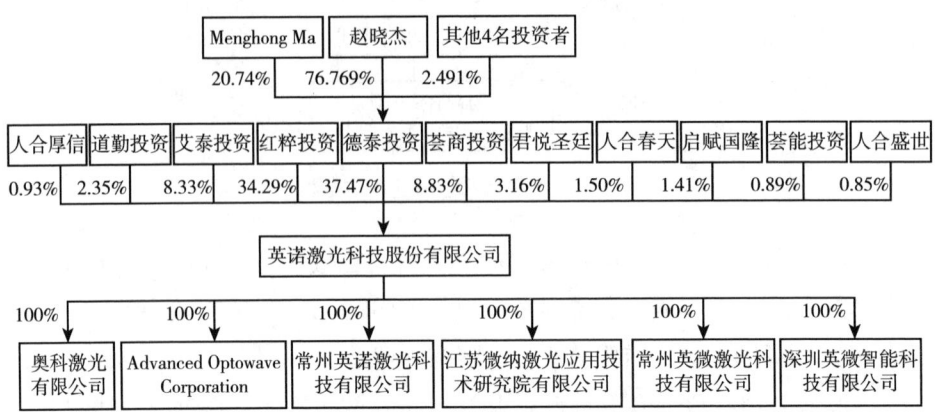

图2-3 英诺激光拟IPO时的股权结构

艾泰投资持有发行人股份947.00万股,占总股本的8.33%。截至本招股说明书签署日,艾泰投资的所有合伙人构成情况如下。

序号	姓名	合伙人类别	在发行人所任职务	出资额(万元)	出资比例(%)
1	陆文革	普通合伙人	子公司董事、总经理	481.00	50.79
2	邹逸琴	有限合伙人	—	361.00	38.12
3	深圳市高新投创业投资有限公司	有限合伙人	—	84.00	8.87
4	史玉洁	有限合伙人	—	21.00	2.22
	合计			947.00	100.00

图2-4 英诺激光的股东艾泰投资有限合伙企业结构

(GP是自然人,LP有自然人和有限公司)

人合厚信持有发行人股份105.66万股,占总股本的0.93%。截至本招股说明书签署日,人合厚信的所有合伙人构成情况如下。

序号	合伙人名称	合伙人类别	出资额(万元)	出资比例(%)
1	深圳人合资本管理有限公司	普通合伙人	100.00	1.23
2	罗建华	有限合伙人	1 000.00	12.26
3	伍瑞玲	有限合伙人	1 000.00	12.26
4	宁瑞鹏	有限合伙人	800.00	9.81
5	樊珊	有限合伙人	500.00	6.13
6	范杰	有限合伙人	350.00	4.29

图2-5 英诺激光的股东人合厚信有限合伙企业结构

(GP是有限公司,LP全部是自然人)

人合盛世持有发行人股份96.0381万股,占总股本的0.85%。截至本招股说明书签署日,人合盛世的所有合伙人构成情况如下。

序号	名称	合伙人类别	出资额(万元)	出资比例(%)
1	深圳东方人合股权投资基金管理有限公司	普通合伙人	500.00	4.76
2	Nomura Asset Management Co., Ltd	有限合伙人	4 950.00	47.14
3	华夏财富创新投资管理有限公司	有限合伙人	2 000.00	19.05
4	深圳人合资本管理有限公司	有限合伙人	1 250.00	11.90
5	谢冠斌	有限合伙人	800.00	7.62
6	赵建东	有限合伙人	500.00	4.76
7	郑建宏	有限合伙人	500.00	4.76
	合计		10 500.00	100.00

图2-6 英诺激光的股东人合盛世有限合伙企业结构

(GP是有限公司,LP有自然人和有限公司)

案例2-3 汇源通信:GP出资100万元拿下35亿元市值上市公司控制权

2009年,明君集团接盘并控股上市公司汇源通信,承诺注入优质资产,但3次重组均未成功。2015年11月,广州蕙富骐骥投资合伙企业(有限合伙)(以下简称"蕙富骐骥")斥资6亿元从明君集团手中受让汇源通信20.68%股权,成为汇源通信的控股股东,并承诺继续履行资产重组义务,但2次资产重组也宣告失败。蕙富骐骥是有限合伙企业,其GP为广州汇垠澳丰股权投资基金管理有限公司(以下简称"汇垠澳丰")。

屡次失败使得大股东蕙富骐骥着急了,决定更换"实际操盘手"。随后北京鸿晓投资管理有限公司(以下简称"北京鸿晓")以100万元受让汇垠澳丰持有的公司控股股东蕙富骐骥0.1664%的合伙份额,并通过担任后者的执行事务合伙人(GP),代表蕙富骐骥对外执行一切合伙事务,从而间接获取汇源通信股份20.68%的股权。协议受让完成后,上市公司汇源通信的实控人将变更为北京鸿晓的实控人李红星。据披露,李红星先后任职于安徽省信托、国元证券、平安证券及银河证券等金融机构,旗下拥有多家资产管理公司。具体股权结构见图2-7。

根据当时公告的权益变动报告书,之前汇垠澳丰担任蕙富骐骥的GP,出资额仅100万元,占出资总额的0.17%。蕙富骐骥的LP为中国平安集团旗下的深圳平安大华汇通财富管理有限公司(以下简称"平安大华"),即基金专户子公司。其代表平安-汇垠澳丰6号资管计划出资6亿元,占出资总额的99.83%。再往上穿透,资管计划的实际出资人包括B级委托人珠海泓沛(劣后级)和A级委托人农银国际

（优先级）出资份额分别是2.035亿元和4亿元，杠杆比例约1∶2。平安－汇垠澳丰6号资管计划和蕙富骐骥有限合伙企业均涉及股权层层嵌套，杠杆叠加。

通过分析可以发现，蕙富骐骥的操作非常精妙。拟收购上市公司的幕后资金方通过参与资管计划或信托计划，借道基金子公司平安大华，将资金通过有限合伙人（LP）身份，最终投向为收购上市公司而成立的专项基金。

由于劣后级出资人不满上市公司的重组进度，欲将原来的操盘手汇垠澳丰踢出局并有意更换为北京鸿晓。鉴于有限合伙企业的特点，实现控股权转让的程序比较简单，只需要在GP层面进行份额转让，所以"GP出资100万拿下35亿市值上市公司控制权"的视觉冲击，让人印象深刻。

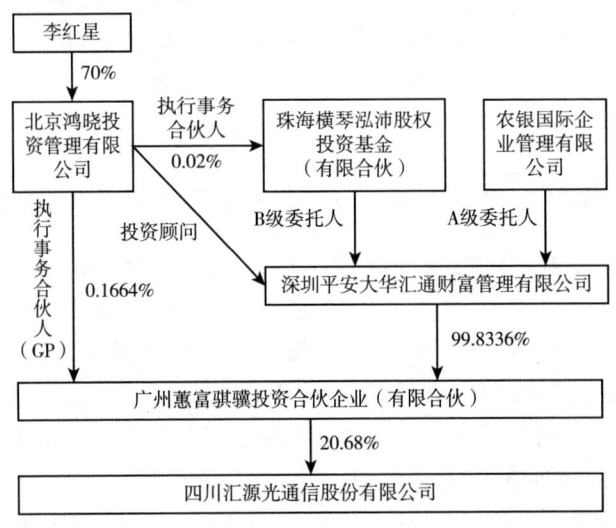

图2-7 蕙富骐骥有限合伙企业股权结构图

3.自然人持股

自然人持股的优势包括：转让股权免增值税；之前可利用地方税收优惠和返还政策合理避税[①]。

自然人持股的劣势包括：自然人股东过多，可能会纠缠不清，不利于公司决策；未利用股权杠杆；长期持有税负较高（股息红利、以未分配利润、盈余公积、资本公积转增股本都需要缴纳个人所得税）等。

---

① 在全国统一大市场背景下，该优势会逐渐消失。

以上市公司立高食品为例，其IPO时的股权结构见图2-8。

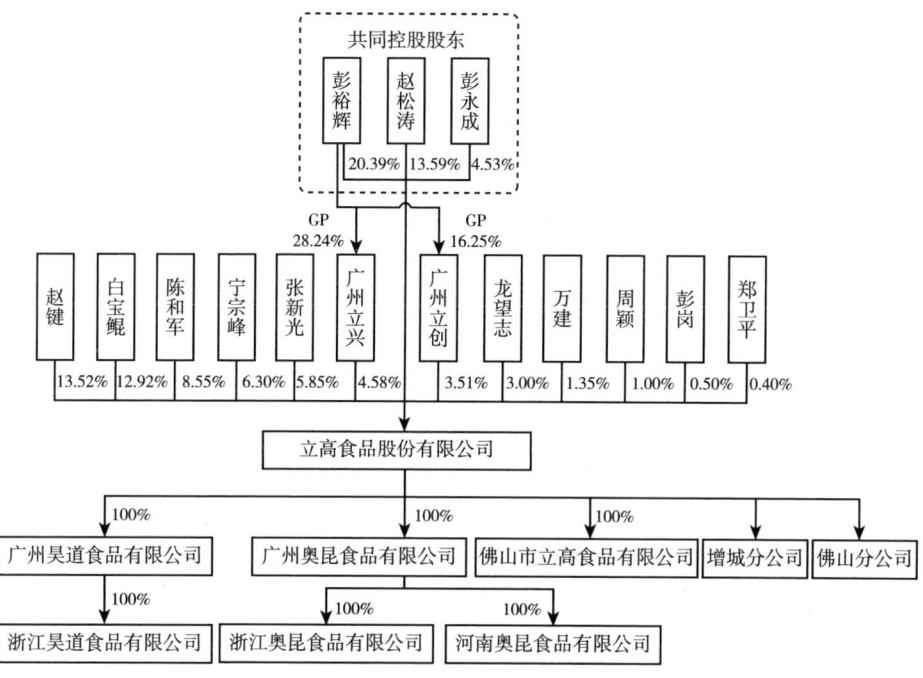

图2-8 立高食品股权结构图

4. AB股模式

AB股即同股不同权。管理层试图以少量资本控制整个公司，所以将公司股票分为高、低两种投票权，高投票权的股票（B类股）每股具有N票（多为10票）的投票权，低投票权的股票（A类股）每股1票。

AB股结构的公司可以在新三板挂牌，在科创板和创业板上市，但是要符合一定的条件。科创板和创业板关于AB股的主要规定有：（1）发行人在首次公开发行上市前不具有表决权差异安排的，不得在首次公开发行上市后以任何方式设置此类安排；（2）每份特别表决权股份的表决权数量应当相同，且不得超过每份普通股份的表决权数量10倍[①]。

---

① AB股公司上市标准的具体规定可以查阅《上海证券交易所股票上市规则》(2024年修订)、《上海证券交易所科创板股票上市规则》(2024年修订)、《深圳证券交易所股票上市规则》(2024年修订)、《深圳证券交易所创业板股票上市规则》(2024年修订)、《北京证券交易所股票上市规则（试行）》(2024年修订)。

案例2-4 首家在港上市的同股不同权的企业：小米

2018年7月9日，小米集团正式在香港证券交易所上市。小米集团对于香港股市具有里程碑意义，因为这是首家在香港上市的"同股不同权"（AB股）的公司。小米集团的创始人雷军持有小米集团31.4124%的股份，但投票权为57.9%。

上市前小米集团的公司章程约定了不同的投票权架构。雷军和林斌持有公司A类普通股。根据其股东大会表决权规则：除涉及极少数保留事项有关的决议案外，对于提呈公司股东大会的任何决议案，A类股份持有人每股可投10票，而B类股份持有人每股可投1票。对于保留事项的议案，A类股份、B类股份每股股份均只有1票投票权。

对于创业者而言，很容易在一轮又一轮融资中稀释自己的股权，话语权不断被降低甚至可能被踢出局。雷军在小米股权结构中设计的AB股，为广大创业者保持公司控股地位开拓了新的思路。

5. 海外股权架构VIE协议控制模式

海外股权架构是指境内个人或公司在境外搭建离岸公司，通过离岸公司来控制中国境内或者境外业务的架构。

（1）搭建海外股权架构具有如下一般目的：

①筹备境外上市；

②便于海外资本运作，如融资、并购等；

③为了享受中国某些地区对外资企业的招商引资政策；

④便利海外资产配置的财富管理，利用海外架构避税；

⑤为了开拓境外市场，拓展境外业务。

（2）VIE协议控制。VIE协议，即Variable Interest Entity（可变利益实体）协议，也称为"协议控制"，是指境外上市实体与境内运营实体相分离，境外上市实体通过协议而无须直接收购这些实体股权的方式控制境内运营实体，使该运营实体成为上市实体的可变利益实体。VIE协议一般是WFOE（Wholly Foreign-Owned Enterprise，外商独资企业）向境内公司提供管理咨询或者技术服务，达到控制该公司全部经营活动的目的，并获取境内公司的主要收入和利润。VIE架构主要用于外国投资者投资中国限制或禁止外商直接投资的领域。

（3）红筹架构上市。"红筹"本身并不是一个法律概念，更多的是一种形象的、对在境外上市的中概股的相关统称。红筹架构是指为了实现红筹上市目的搭建的股权架构。红筹上市是指境内公司或个人将境内资产或权益通过股权、资产收购或VIE协议控制等形式转移至在境外注册的离岸公司，然后通过境外离岸公司持有境内资产或股权，最后以离岸公司名义申请在境外交易所挂牌交易的上市模式。这里指的境外离岸公司通常设置在开曼、百慕大、英属维尔京群岛、萨摩亚等地；境外交易所主要是香港联交所、纽约证券交易所、伦敦证券交易所、法兰克福证券交易所、纳斯达克证券交易所、新加坡证券交易所等。

目前常见的红筹架构是"BVI+Cayman+BVI+香港公司"的架构，其架构层级（见图2-9）及设立目的如下：

①第一层BVI公司（维京群岛）

◇ 方便、快捷、保密性高；

◇ 合理避税；

◇ 宽松的外汇管制；

◇ 转让时可直接处理BVI股权，而无须交易上市公司股票。

②第二层境外上市主体（开曼群岛）

◇ 更加规范，完备的法律制度，境外资本市场接受度高。

③第三层BVI公司（维京群岛）

◇ 便于资产重组和交易；

◇ BVI离岸公司的资产注入和抽离可以不受上市地区的法律法规约束；

◇ 不同业务相互独立；

◇ 出售BVI公司比出售香港公司更方便且合理避税。

④第四层香港公司

◇ 在香港外商独资企业股东分红可享受5%的所得税优惠。

⑤第五层WFOE公司（外商投资企业）

◇ 为达到完全控制境内运营实体（OPCO）的目的，与其签订一系列协议，该系列协议包括《独家咨询与服务协议》《独家购买权协议》《股权质押协议》《股东表决权委托协议》及《配偶同意函》等，通过这些协议达到对境内运营实体的完全控制。

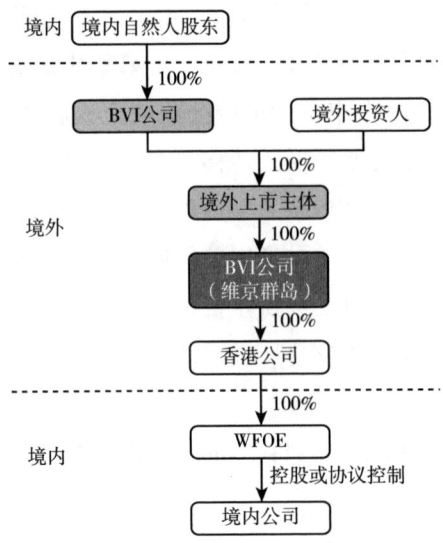

图2-9 常见的BVI红筹海外股权架构

6.混合型股权结构

这种模式比较常见，尤其是在（拟）上市公司股权结构中。下文以蚂蚁科技集团（原名"蚂蚁金服"）为例①，通过其股权结构同时可以了解马云是如何通过2个合伙企业控制估值高达1 500亿美元的蚂蚁科技（见图2-10）。

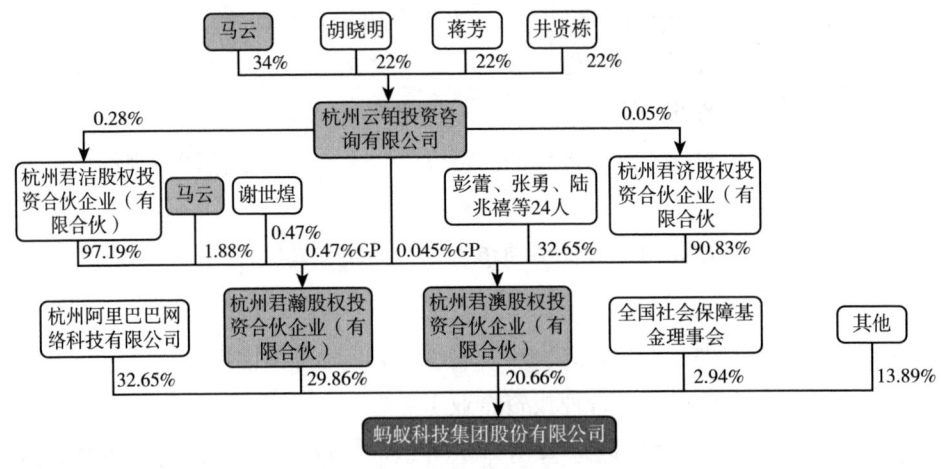

图2-10 蚂蚁科技集团股权结构图

---

① 原定于2020年11月5日在科创板上市的蚂蚁集团在11月3日晚间被紧急叫停，暂缓A+H股上市。该项目原本是人类历史上最大金额的IPO，打新股冻结资金高达20万亿元。

（二）特殊顶层股权设计之无实际控制人

案例2-5　瑞能半导体：无实际控制人的股权结构导致上市失败

在资本市场中，不管有意为之还是历史遗留问题，无实际控制人是一个比较特殊的现象。一般而言，无实际控制人将导致企业在面临重大抉择时，没有对最后结果负责的掌舵人，会对企业的长远发展产生不利影响。

瑞能半导体是一家拥有芯片设计、晶圆制造、封装设计的半导体企业，从事功率半导体器件的研发、生产和销售。公司主要产品包括晶闸管和功率二极管，广泛应用于以家电为代表的消费电子领域和以通信电源为代表的工业制造、新能源及汽车等领域。终端用户包括惠而浦、伊莱克斯、惠普、海尔、美的、格力、海信、三星、LG、索尼、日立、佳能、飞利浦、松下、戴尔以及台达、ABB、施耐德、霍尼韦尔、通用电气、博世等众多知名企业。该公司2017—2019年度的营业收入分别为6.19亿元、6.67亿元和5.88亿元，同期归属于母公司股东的净利润分别为8 775.98万元、9 493.04万元和8 610.88万元。从数据上看，这是一家资质非常不错的企业，上市可能性应该较大。

但是，通过分析公司内部的股权结构（见图2-11），我们会发现这家企业无实际控制人且控制权存在不稳定因素。

瑞能半导体的重要股东南昌建恩、北京广盟、天津瑞芯直接持有公司71.44%的股份，建广资产是上述三家有限合伙企业的GP且有权以这前三大股东名义在公司股东会层面行使71.44%的股东表决权，所以建广资产是公司的间接控股股东。

建广资产这个公司的股权结构和决策机制很有特点，其股东是中建投资本（占51%）和天津建平（占49%）。若继续往上追溯，会发现天津建平的实控人是自然人李滨，但中建投资本是中央汇金旗下企业，其实控人竟然是国务院。但即使这样，由于建广资产"其任一股东对其董事会及日常经营管理均无单独决策权"，因此建广资产被认定为"无实际控制人"，所以瑞能半导体也被认定为"无实际控制人"。

另外，瑞能半导体的重要股东为股权投资基金，且均为有限合伙形式。基金的管理机制和存续期限会受到基金协议约定的限制。虽然基金存续期内不影响公司股东履行股份锁定及减持意向相关承诺，但锁定期满后基金股东减持可能导致公司控制权发生变更。而一旦公司控制权发生变化，且取得控制权的股东有意改变公司目前的治理结构以及经营模式，则可能对公司业务发展方向和经营管理产生不利影响。

2020年8月，公司向上交所递交了IPO申请文件，随后历经三轮问询。尤其在第三轮问询中，上交所依旧重点关注了公司股权架构、控制权等九大事项，最终该公司于2021年6月撤回IPO申报材料，最终冲击上市失败。

虽然IPO失败的原因是多种因素的综合，但公司没有实际控制人以及控股股东为有限合伙类型投资基金并可能导致控制权不稳定肯定是重要原因之一。

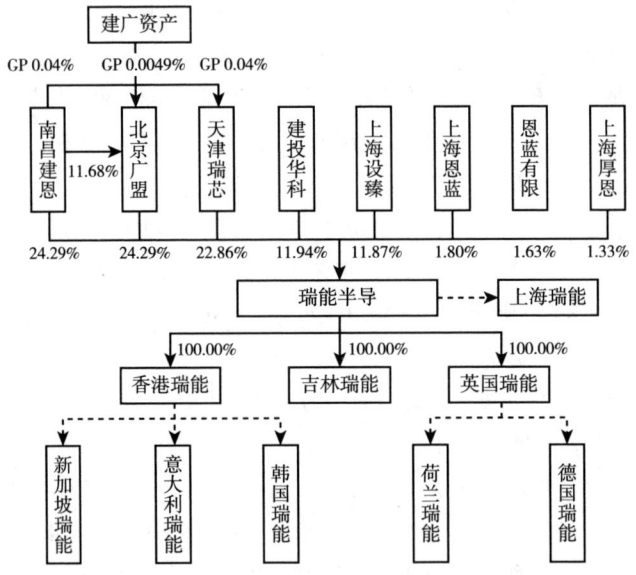

图2-11 瑞能半导体的股权结构图（无实际控制人）

（三）特殊顶层股权设计之管理层控制

案例2-6 管理层控制经典案例：中证信用

行业大佬出来创业，一般都是大手笔、大平台。他们既需要有强大实力的股东出资并信用背书，又不希望被束缚手脚，回到当初高级职业经理人的阶段。于是他们会通过深厚的专业知识和强大的人脉资源，在顶层架构上设计出管理层控制的创新模式。该类型经典案例有中证信用增进股份有限公司（以下简称"中证信用"）。

（1）公司简介

中证信用成立于2015年5月，是一家全国性的综合信用服务机构，致力于通过科技驱动打造服务于信用资产全生命周期管理的基础设施，以信用增进为基点，通过科技手段和专业化服务，为机构客户提供包括信用风险管理、信用增进、信用资产交易管理在内的全信用价值链服务。

（2）创始人简介

牛冠兴先生，1955年出生，曾先后担任武汉市人民银行信贷员，武汉市工商银行办事处主任、书记、支行行长、党委书记、分行副行长、党委委员；后转入招商局系统，先后出任过招商银行总行信贷部总经理，招商证券总裁、党委书记，招商基金董事长，南方证券行政接管组组长，广东证券托管组组长，中国证券业协会副会长。2006年牛冠兴出任新成立的安信证券（后更名为"国投证券"）第一任董事长，2015年卸任之后参与创立了中证信用，并担任董事长、首席执行官、执行委员会主任。从简历上看，牛冠兴先生属于标准的证券业大佬。

（3）公司股权结构及股东持股比例（见表2-1）

中证信用由35家国内证券公司、保险公司、互联网公司及政府投资平台等机构共同出资设立，注册地在深圳前海，注册资本为45.8598亿元。中证信用的股权高度分散，没有股东一家独大甚至没有一家股权比例超过5%。该公司无实控人，此时管理层的话语权在公司治理中就变得非常重要。强大的股东背景，使得这家公司被称为证券行业的"御用增信公司"。

2020年11月，中证信用申报创业板IPO，因其股权结构特殊，受到市场广泛关注[1]。

2024年4月，已经69岁的牛冠兴宣布从中证信用退休。中证信用的财报显示，2023年其营业收入17.65亿元，净利润6.9亿元，业绩亮眼。

表2-1　　　　中证信用公司的股权结构及股东持股比例

股权结构			
名称	持股比例	名称	持股比例
东吴证券	4.42%	恒生电子	1.96%
新洹资本	4.37%	兴业证券	1.96%
国元证券	3.92%	永强集团	1.96%
中泰证券	3.92%	帕拉丁一期	1.57%
安信证券	3.92%	天图兴鹏	1.57%

---

[1] 截至本书截稿日，中证信用尚未上市成功。

续表

股权结构			
名称	持股比例	名称	持股比例
国泰君安	3.92%	鸿博股份	1.28%
光大证券	3.92%	横琴零壹沃土	1.18%
东方证券	3.92%	东方财富	0.98%
新碧贸易	3.92%	国信证券	0.98%
太平洋人寿	3.92%	海通证券	0.98%
人保资产	3.92%	平海投资	0.98%
前海金控	3.92%	普路通	0.98%
横琴中科	3.92%	万通新发展	0.98%
广发证券	3.92%	承信管理	0.80%
中国人保	3.92%	金领域	0.78%
天图创业	3.92%	康乐安	0.69%
洹禾资本	3.28%	君达瑞	0.20%
嘉兴华憧	3.14%	公众持股	10.01%

（四）顶层股权设计十大考虑因素

1.股权合理性

（1）股权设计不合理的具体表现包括：

◇ 大股东股权过于集中

◇ 公司股权过于分散

◇ 股东之间持股比例比较接近

◇ 自然人股东过多

◇ 公司无实际控制人

（2）进行股权设计需要考虑以下几个方面：

◇ 股东持股的形式

◇ 股东股份的分配

◇ 预留股份的设计

◇ 实际控制人的确定

2. 加强控制权

股权架构要提前设计，防止"把自己孩子养大，最后管别人叫爹"的现象。可以充分利用股权权利中表决权和分红权可以分开的特性，加强控制权。以下是加强控制权的几种核心方法：

- ◇ 采取控股公司架构
- ◇ 充分利用有限合伙企业GP"少出钱控大局"的特点
- ◇ 采取投票权委托和一致行动人方式
- ◇ 利用AB股方式
- ◇ 采用优先股方式
- ◇ 通过回购股票
- ◇ 通过定向增发股票
- ◇ 公司章程明确约定权利

3. 税收筹划

选择何种股权架构，税负会更优？可以参考表2-2。

表2-2 不同持股方式下的税负比较

持股方式	股权转让收入的税负		股息分红的税负		说明
	股东最终税率	备注	股东最终税率	备注	
个人直接持股	20%	按"财产转让所得"应税项目计税	20%	按"利息、股息、红利所得"应税项目计税	税率低，适合财务投资者
通过有限公司间接持股	双重征税，综合税率40%	持股公司所得税25%，股东个人所得税20%，综合税率25%+（1-25%）×20%=40%	20%	居民企业直接投资于其他居民企业取得的股息、红利等权益性投资收益为免税收入，但公司持股平台将得到的股息红利分配给个人股东时，需按20%税率缴纳个人所得税	税收立法明确，适合战略投资者
通过有限合伙企业间接持股	5%—35%超额累进税率，可享受一定的税收优惠政策	合伙企业以每个合伙人的纳税义务人，合伙人为自然人的，征收个人所得税	20%	合伙企业对外投资分回的股息红利，不并入合伙企业的收入，而是单独作为有限合伙企业个人所得的利息、股息、红利所得应税项目计税	合伙企业的税收立法对纳税时点、税基计算、纳税地点等规定存在模糊性

4.资本战略规划及IPO对股权架构的要求

国内IPO法规规定:"发行人的股权清晰,控股股东和受控股股东、实际控制人支配的股东持有的发行人股份不存在重大权属纠纷。"

如果涉及股份代持,涉及股权的争议或诉讼、离婚、继承等股权争议,股权质押,工会持股和职工持股会持股,涉及股份补偿的业绩对赌,涉及三类股东(资产管理计划、契约型基金和信托计划)的问题都将可能造成股权不清晰,未来存在重大权属纠纷的可能性,有必要在上市之前进行整改。

如果是在中国香港或者美国等地上市,则股权结构会和中国内地上市存在较大差异。如果企业设立的目的就是被并购,那么与初衷是IPO的顶层设计又有较大差异。

5.不同的发展阶段

企业在不同的发展阶段,围绕着不同的发展目标,需要不同的股权架构设计并及时进行调整。图2-12至图2-19举例展示了一般情况下公司股权结构的演变过程[①]。

第一阶段:公司创立,一般是自己和家人直接持股。

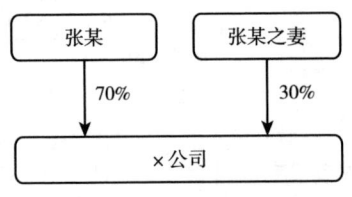

图2-12 公司创立阶段

第二阶段:引入创业伙伴。

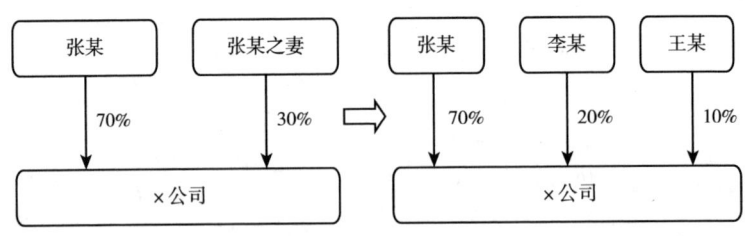

图2-13 引入创业伙伴阶段

---

① 李利威:《一本书看透股权架构》,机械工业出版社,2021年版。

第三阶段：创业伙伴退出。

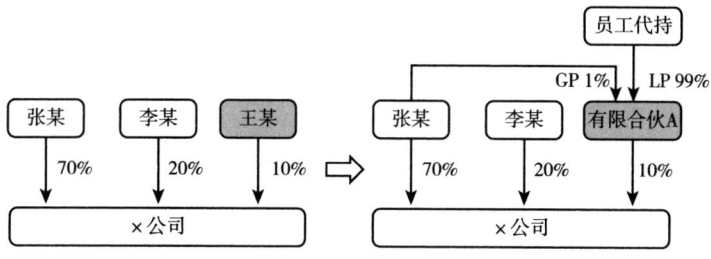

图2-14　创业伙伴退出阶段

第四阶段：直接架构变混合架构。

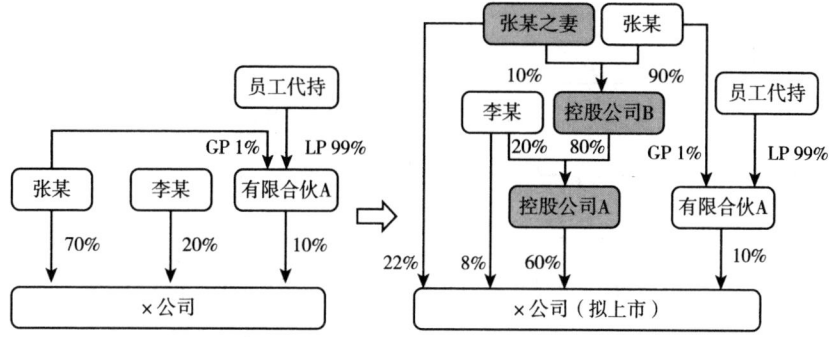

图2-15　直接架构变混合架构阶段

第五阶段：员工股权激励。

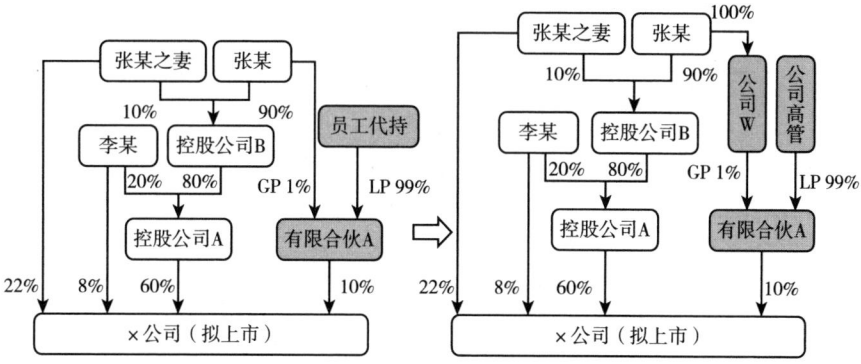

图2-16　员工股权激励阶段

第六阶段：吸收产业链上下游持股。

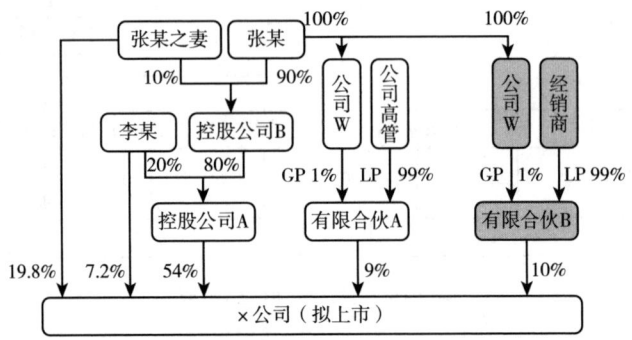

图2-17　吸收产业链上下游持股阶段

第七阶段：引入第一轮PE。

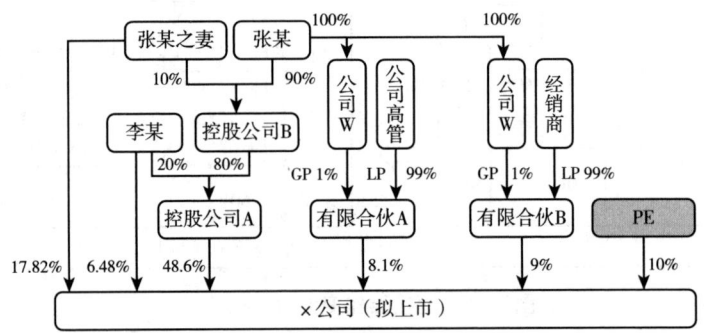

图2-18　引入第一轮PE阶段

第八阶段：股份制改造或IPO。

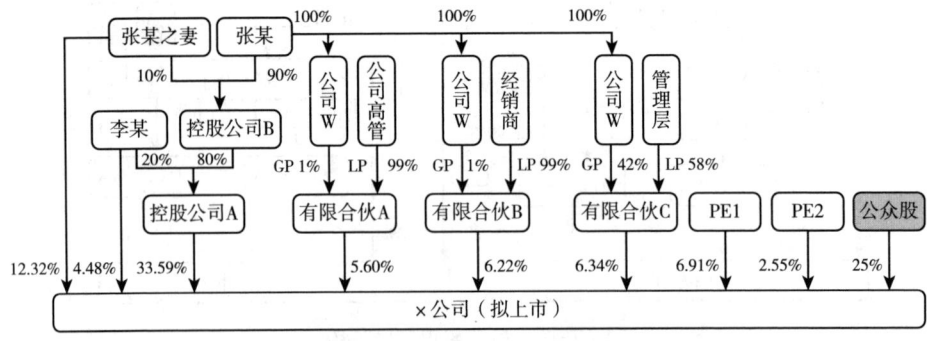

图2-19　股份制改造或IPO阶段

6.内部激励及外部扩张

企业的内部激励和外部扩张本质上涉及事业合伙人机制。"事业合伙人是基于增量分配的、多层次的、动态的、分利不分权的机制,致力于打造持续奋斗的合伙人队伍。"事业合伙人机制有32字方针,即:"志同道合、利他取势、相互赋能、自动协同、共担共创、增量分享、价值核算、动态进退。"[1]

从股权架构设计而言,对外其实就是考虑生态链的上游伙伴(原料商、供应商、制造商等)、下游伙伴(经销商、客户、项目资源方、城市资源方等)中有资源、有资金、有意愿的人;对内就是考虑需要激励且深度捆绑的员工。将这些内外部人员,通过各种股权方式,纳入合伙人机制,共担、共创、共进退。

案例2-7 爱尔眼科:通过PE基金+城市合伙人制度设计成为行业第一

爱尔眼科是知名全球连锁眼科上市医疗机构。2009—2020年,爱尔眼科的营收从6.06亿元增长到119.1亿元,复合增长率高达31.09%。这种增长速度主要是通过不断并购及实行城市合伙人制度实现的。

(1)通过并购加速企业的扩张,在体外形成生态链

2014年,爱尔眼科成立并购基金,并通过并购基金来收购市盈率较低的医院。

(2)发展核心人员,设立城市合伙人计划

由爱尔眼科集团或其下属子公司做GP,城市发展核心人员募资做LP,成立有限合伙企业,与公司或爱尔并购基金共同设立新医院(见图2-20)。

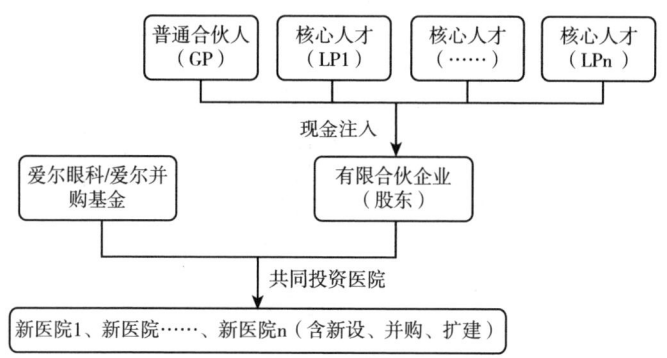

图2-20 爱尔眼科城市合伙人扩张计划示意图

---

[1] 华夏基石管理咨询公司提炼总结。

（3）新医院经过一段时间经营并达到一定的利润后，由上市公司爱尔眼科进行收购，实现资产的证券化增值。

7.方便公司未来迁址

在设计股权结构之初即提前充分考虑借助不同政府政策的差异，设计方便未来注册地迁址的顶层股权架构。

案例2-8　卫信康：山西药企迁址西藏借"绿色通道"216天成功过会

卫信康公司虽然名为"西藏药企"，但前身为山西药企。卫信康当时借助证监会的"IPO扶贫绿色通道"，于2013年将上市主体注册地迁至西藏拉萨，从而享受"即报即审、审过即发"的优惠政策。该项目从排队受理到IPO过会，全部时长仅为216天，不到8个月。几乎可以断定，背后有熟悉资本市场的高人指点。至少在上市公司主体层面，事先就设计出了比较容易迁出的空壳控股主体。

卫信康IPO时的股权结构见图2-21。

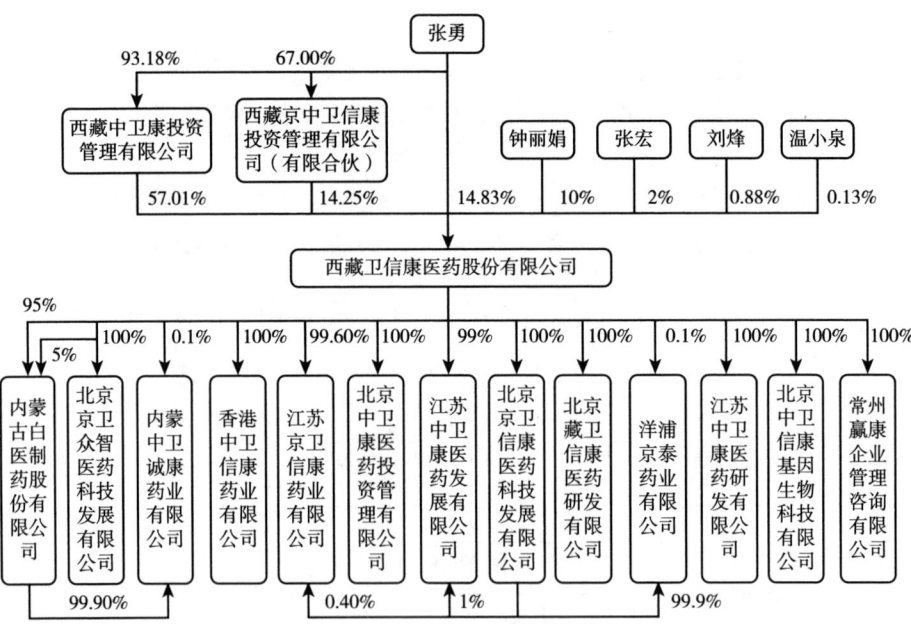

图2-21　卫信康IPO时的股权结构

8.减持

如果能提前了解公司上市之后关于减持股份的规定,有助于创业者和投资者在顶层设计之初就做到心中有数,最简单但重要的一点就是要提前筹划:"是不是一定要成为上市公司持股5%以上的股东?有必要成为上市公司董事、监事或者高管吗?"

2017年,中国证监会修订发布了《上市公司股东、董监高减持股份的若干规定》,俗称"减持新规",对上市公司股东和董事、监事和高管的减持行为作出了约定。各交易所随即公布了实施细则,主要内容包括如下几个方面。

(1)针对大股东或特定股东减持的:

①大股东或特定股东减持采取集中竞价交易方式,在任意连续90日内,减持股份的总数不得超过公司股份总数的1%;

②大股东或特定股东减持采取大宗交易方式,在任意连续90日内,减持股份的总数不得超过公司股份总数的2%;

③大股东或特定股东减持采取协议转让方式的,单个受让方的受让比例不得低于公司股份总数的5%。

释义:上市公司大股东是指上市公司控股股东、持股5%以上的股东;上市公司特定股东是指大股东之外持有IPO前股份、上市公司定增股份的股东。

(2)针对上市公司董事、监事、高管减持的:

上市公司董监高,在任期届满前离职的,应当在其就任时确定的任期内和任期届满后6个月内,继续遵守下列限制性规定:

①每年转让的股份不得超过其所持有本公司股份总数的25%;

②离职后半年内,不得转让其所持本公司股份。

2024年新"国九条"颁布后,为了落实"1+N"政策体系在股份减持方面的要求,证监会陆续发布《上市公司股东减持股份管理暂行办法》《上市公司董事、监事和高级管理人员所持本公司股份及其变动管理规则》,严格规范大股东减持,明确控股股东、实际控制人在破发、破净、分红不达标等情形下不得通过集中竞价交易或者大宗交易减持股份;要求协议转让的受让方锁定6个月;明确因离婚、解散、分立等分割股票后各方持续共同遵守减持限制等[1]。

---

[1] 详细规定也可以参考本书第五章内容。

若想在股权上获益并进退自如，必须搭建完备的知识结构和以终为始的视野。

9.防止野蛮人敲门

公司股权过于分散，容易造成控制权不稳定。尤其是上市公司，很容易被资本大鳄盯上，"野蛮人敲门"并强取控制权。

著名的"宝能万科之争"，起因之一就是上市公司万科股权分散，被资本大佬宝能系的姚振华盯上，不断增持。同样的案例还有股权分散的上市公司中炬高新。中炬高新IPO时，第一大股东中山火炬集团的比例仅16.67%，随后比例进一步稀释至14.08%。宝能盯上该公司后一路增持直至成为第一大股东。

目前，国际资本市场上有8种主流的反收购策略，虽然有些在国内实施起来会受到各种限制，但其底层逻辑值得借鉴。

（1）白衣骑士。目标公司主动寻找第三方，以更高的价格来对付敌意收购，造成第三方与敌意收购者竞价并购目标企业的局面。

（2）焦土战略。焦土战略是一种目标公司"自残"的策略，包括加速还款、高价购买不必要的资产、大量举债等。

（3）降落伞计划。企业被并购后，如果裁员或更换管理层，收购方需要支付巨额的解聘费用，该措施通过加大收购成本或增加目标公司现金支出阻碍并购。

（4）毒丸计划。正式名称为"股权摊薄反收购措施"，是指目标公司通过采取一系列措施，使收购方在收购后面临重大困难或高额成本，从而阻止敌意收购。即当一个公司遇到恶意收购，尤其是当收购方占有的股份已经达到10%到20%的时候，公司为了保住自己的控股权，就会大量低价增发新股。目的就是让收购方手中的股票占比下降，也就是摊薄股权，同时也增大了收购成本，让收购方无法达到控股的目标。

（5）驱鲨剂条款。在公司章程中设计一些条款，如董事会轮选制度、限制董事任职资格等，增大收购者获得公司控制权的难度。

（6）牛卡计划。牛卡计划是相对于"毒丸计划"提出的，即通过设定不同表决权结构，将公司股票分为A、B两类，B类股票投票权10倍于A类股票，同股不同权，从而保障创始人利益，又称AB股。

（7）诉讼。目标公司以违反相关证券法律法规为由起诉收购方，目的是拖延收购交易完成的时间，鼓励其他竞争者参与收购，迫使收购者提高其收购价格，或者迫使收购企业为了避免法律诉讼而放弃收购。

（8）帕克曼防御术。反收购策略之一，即当目标公司遭到收购威胁时，以进为退，通过反收购对方股权来威胁收购方退却，以达到保卫自己的目的。

10.动态调整，有进有退

创业企业发展到一定阶段，就是一个"江湖"，林子大了，什么鸟都会有。所以，可以根据实际需要，对现有股权进行适度调整。股东结构优化的目的在于：稳定老股东，增加新股东，引进名股东，避免"刺"股东。

对于已经做出重要贡献的创始人或者员工，需要稳定军心甚至释放新的股权，通过"金手铐"方式深度捆绑，大家继续勠力同心；对于未来有可能产生重要贡献的伙伴，可以考虑用股权或期权的方式提前锁定；为了让公司更"值钱"，可以考虑在原有股权结构基础上，引进"有名气有实力"的战略性股东进行信用背书，即使他们的投资额度不大；对于当初"择友不慎"，可能严重妨碍公司未来发展的老股东，在"船小好调头"的阶段，考虑用合适的方式坚决让其退出，好聚好散；对于陪伴了一段路程的原始股东，若其执意离开，既可以继续保留其股权，也可以由其余创始人按照事先约定的回购价格或者净资产等定价原则进行全部或者部分回购。

由于股权结构是一个公司发展的最重要基石，所以股权调整一定要避免大的动荡和纠纷，不妨采取"动之以情、晓之以理、诱之以利"的方式，妥善、智慧地解决问题，避免走向"四同股东"[①]的悲剧宿命。这时候，实际控制人的格局、胸怀和价值观就显得特别重要。

案例2-9　高瓴资本入股，凯利泰和凯莱英股价大涨

2020年5月12日晚，医疗器械细分龙头上市公司凯利泰发布非公开发行股票预案，向淡马锡富敦投资与高瓴资本两个著名战略投资者募集不超过10.96亿元资金。5月13日上午，上市公司凯莱英也发布公告，公司已与高瓴资本签署战略合作协议。受此消息影响，5月13日凯利泰和凯莱英股价应声大涨。凯利泰开盘便迅速拉升，当天涨10%最终涨停，股价创出28.89元/股新高，总市值突破

---

① "四同"即同舟共济、同床异梦、同室操戈、同归于尽。

200亿元。同时，凯莱英也高开后震荡上行，收盘股价为199.32元/股，涨幅达6%，市值超460亿元。1天之内，涉及高瓴资本的两家上市公司市值一共涨了46亿元。其中，凯利泰市值暴涨20亿元，凯莱英市值也暴涨26亿元。

案例2-10　湖南国资混改第一单：湖南省建筑设计院

2020年11月26日，湖南省建筑设计院成为湖南省83个省属国有企业混改项目中正式落地的"第一单"。

（1）混改原因。正如企业所述："我们是轻资产企业，人才是核心，缺乏相应激励，人才大量流失，入不敷出。"

（2）混改过程。2016年立项，2020年底完成，在如何设置持股比例、引进战略投资者、员工持股等细节上一再打磨。

①引入战略投资者。该企业前后接触了约30家意向投资者，进行了多轮洽谈，最后引入对象既有与公司业务板块相符的产业型投资者，也有能够"补短板"的财务型投资者。

②企业员工持股。先后召开7场专题研讨会，采用"技术骨干＋经营管理骨干"原则，制定了员工持股范围认定办法，明确持股比例、股权价格、出资方式以及如何流转和退出等内容。最终，这份细致的员工持股方案在职代会上全票通过。2020年12月，近300名骨干员工与战略投资者一起全部完成入股缴款。

③股权比例。最终形成国有控股股东占比45%、战略投资者股东占比40%（共5家，其中2家上市公司、1家投资有限公司、1家有限合伙投资公司、1家券商直投有限公司）、员工持股平台占比15%（共7家员工持股的有限合伙企业）的多元化股权结构。

45%：40%：15%是一个很巧妙的股权结构，既保证了第一大股东是国有身份，又没有任何一家股东超过50%形成绝对控制。同时还应该看到，员工持股平台作为第三大股东虽然只有15%股权，但是在公司的治理结构中非常重要，无论与第一大或者第二大股东"结盟"形成一致行动人，都将帮其一跃形成绝对控制。这是一个三足鼎立的制衡结构，既能发挥各自股东的优势和积极性，又能互相制约，或许这就是混改的意义所在。

（3）混改结果。2021年是混改第一年，签订合同金额同比增长31.56%、营业收入同比增长16.56%、利润总额同比增长21.62%、省外市场占有率同比增长271%，实现了国有资本49.26%的增值。骨干员工与公司成为利益共同体，大家干事创业的热情明显提升，管理权责和激励机制更清晰，决策机制更高效，人才回流势头逐步显现。

这个典型案例有力地说明了合理的顶层股权结构设计对企业发展的重要作用。

三、以股权为核心的公司治理结构

（一）公司治理结构概览

公司治理结构是企业顶层设计中非常重要的一部分。如果把股权结构比喻成公司的"大脑"，那么治理结构就是公司的"躯体"。所谓治理结构就是充分利用股东会、董事会和监事会的不同权责，在公司顶层设计上进行制衡。

公司治理结构和治理机制的逻辑和主要内容见图2-22。

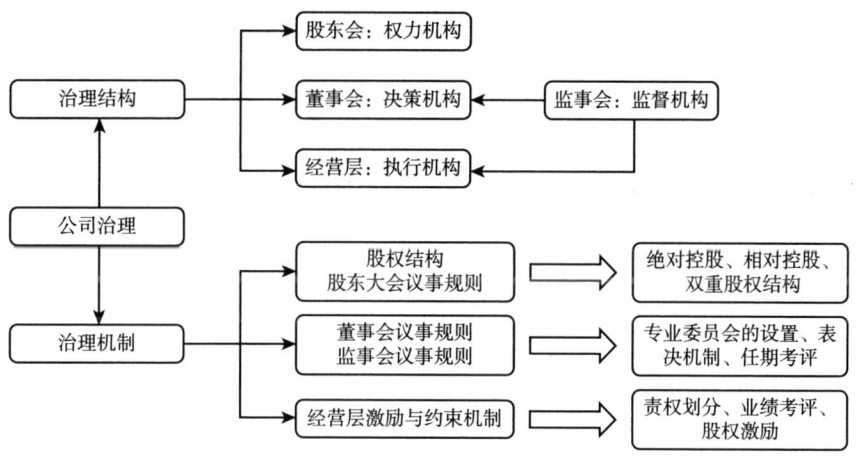

图2-22 公司治理结构和治理机制

公司在顶层治理结构设计上，需要关注四个方面的内容：

（1）公司章程；

（2）三会议事规则；

（3）股权比例的深层含义；

（4）影响控制权的注意事项。

（二）公司章程

公司章程被称为"公司宪法"，对公司的经营宗旨、范围，股份，股东和股东大会，董事会，高级管理人员，监事会，财务会计制度、利润分配和审计，合并、分立、增资、减资、解散和清算等事项进行了规定。

很多企业家存在认知误区，认为公司章程是"咬文嚼字""秀才功夫"，没有给予充分的重视，从而为公司未来发展埋下了隐患。而更多的初创企业对公司章程的初步理解就是市场监督管理局提供的章程范本。其实对公司的很多事项股东是可以在章程中事先约定的。

1.有限公司的章程

有限公司体现了"资合+人合"的特点。按照《公司法》的规定，有限公司以下事项可以在公司章程中体现意思自治（即自主约定）：

（1）分红、利润分配、增资；

（2）股东会通知时间；

（3）表决权；

（4）优先购买权；

（5）股份对外转让；

（6）股东资格继承。

2.股份公司的章程

股份公司主要体现"资合"的特点。按照《公司法》的规定，股份公司在章程中能够体现意思自治的事项较少，目前只有"利润分配"。

与有限公司相比，股份公司的公司章程自治性更弱，但是股权的流动性和包容性更强。所以，如同一枚硬币的两面，该特点也就意味着公司控制权失控的可能性更大。目前，国内的上市公司都是股份公司的形式。从有限公司变更为股份公司的形式，被称为狭义的"股改"。广义的"股改"更多地是指公司上市前的规范运作及公司治理过程。

（三）三会议事规则

公司的董事会、监事会和股东（大）会简称"三会"。其中，有限公司称股东会，股份公司称股东大会。制定三会议事规则的重点如下。

1.董事会议事规则

（1）董事人数；

（2）董事会职权；

（3）内控部门的建立健全；

（4）对外投资、收购出售资产、资产抵押、对外担保事项、委托理财、关联交易的权限；

（5）董事长职权；

（6）董事会决议表决及决议规则；

（7）董事会特殊表决事项；

（8）董事承担的职责；

（9）审计委员会、薪酬与考核委员会、提名委员会、战略委员会等委员会的设立。

2.监事会议事规则

（1）监事人选；

（2）监事会权利与义务；

（3）监事会的举行方式；

（4）监事会的定期会议与临时会议；

（5）监事会的议事范围；

（6）监事表决权委托等。

3.股东大会议事规则

（1）股东大会类型及召开次数、时间；

（2）召开股东大会的事项；

（3）股东大会的召集程序及相关事项；

（4）股东大会的提案与通知；

（5）股东大会的召开等。

（四）股权比例的深层含义

在公司运作中会出现很多特殊意义的数字和比例，理解并记住这些数字和比例对公司治理与资本运作都会起到重要作用（见表2-3、表2-4）。

表 2-3　　公司治理中的重要数字和比例

事项	持股比例	规定	法规名称
普通决议	50%以上	股东大会作出决议，必须经出席会议的股东（包括股东代理人）所持表决权过半数通过。有限公司股东会表决程序可由章程约定	《公司法》《上市公司章程指引》
特别决议	2/3以上	以下事项由出席股东大会的股东（包括股东代理人）所持表决权的2/3以上通过：公司增加或减少注册资本；公司分立、合并、解散和清算；修改章程；公司在一年内购买、出售重大资产或者担保金额超过公司最近一期经审计总资产30%；股权激励计划；法律、行政法规、章程规定的，以及股东大会以普通决议认定会对公司产生重大影响的、需要以特别决议通过的其他事项	《公司法》《上市公司章程指引》
临时股东大会召开请求权	10%	股东大会应当每年召开一次年会，单独或者合计持有公司百分之十以上股份的股东请求时应当在两个月内召开临时股东大会	《公司法》
股东大会召集主持权	10%以上	董事会不能履行或者不履行召集股东大会会议职责的，监事会应当及时召集和主持；监事会不召集和主持的，连续九十日以上单独或者合计持有公司百分之十以上股份的股东可以自行召集和主持	《公司法》
股东临时提案权	3%以上	单独或者合计持有公司百分之三以上股份的股东，可以在股东大会召开十日前提出临时提案并书面提交董事会	《公司法》
股东代表诉讼	1%以上	董事、监事、高级管理人员执行公司职务时违反法律、行政法规或者公司章程的规定，给公司造成损失的，有限责任公司的股东、股份有限公司连续一百八十日以上单独或者合计持有公司百分之一以上股份的股东，可以书面请求监事会或者不设监事会的有限责任公司的监事向人民法院提起诉讼。监事会、不设监事会的有限责任公司的监事，或者董事会、执行董事收到前款规定的股东书面请求后拒绝提起诉讼，或者自收到请求之日起三十日内未提起诉讼，或者情况紧急、不立即提起诉讼将会使公司利益受到难以弥补的损害的，前款规定的股东有权为了公司的利益以自己的名义直接向人民法院提起诉讼	《公司法》
公司解散请求权	10%以上	公司经营管理发生严重困难，继续存续会使股东利益受到重大损失，通过其他途径不能解决的，持有公司全部股东表决权百分之十以上的股东，可以请求人民法院解散公司	《公司法》

续表

事项	持股比例	规定	法规名称
控股股东认定	50%以上或表决权足以对股东会/股东大会决议产生重大影响	控股股东,是指其出资额占有限责任公司资本总额百分之五十以上或者其持有的股份占股份有限公司股本总额百分之五十以上的股东;出资额或者持有股份的比例虽然不足百分之五十,但依其出资额或者持有的股份所享有的表决权已足以对股东会、股东大会的决议产生重大影响的股东	《公司法》

表2-4　　公司收购中的重要数字和比例

事项	比例	规定	法规名称
1.举牌线 2.披露《简式权益变动报告书》	5%	通过协议转让方式,投资者及其一致行动人在一个上市公司中拥有权益的股份拟达到或者超过一个上市公司已发行股份的5%时,应当在该事实发生之日起3日内编制权益变动报告书,向中国证监会、证券交易所提交书面报告,通知该上市公司,并予公告。在该事实发生之日起至公告后三日内,不得再行买卖该上市公司的股票,但国务院证券监督管理机构规定的情形除外	《证券法》 《上市公司收购管理办法》
通知公告义务	1%	投资者持有或者通过协议、其他安排与他人共同持有一个上市公司已发行的有表决权股份达到百分之五后,其所持该上市公司已发行的有表决权股份比例每增加或者减少百分之一,应当在该事实发生的次日通知该上市公司,并予公告	《证券法》 《上市公司收购管理办法》
1.权益变动持续披露 2.披露《简式权益变动报告书》	5%; 5%<×<20%	前述投资者及其一致行动人拥有权益的股份达到一个上市公司已发行股份的5%后,其拥有权益的股份占该上市公司已发行股份的比例每增加或者减少达到或者超5%的,应当依照前款规定履行报告、公告义务。投资者及其一致行动人不是上市公司的第一大股东或者实际控制人,其拥有权益的股份达到或者超过该公司已发行股份的5%,但未达到20%的,应当编制简式权益变动报告书	《证券法》 《上市公司收购管理办法》
1.权益变动持续披露 2.披露《详式权益变动报告书》	5%; 20%<×<30%	投资者及其一致行动人拥有权益的股份达到或者超过一个上市公司已发行股份的20%但未超过30%的,应当编制详式权益变动报告书。前述投资者及其一致行动人为上市公司第一大股东或者实际控制人的,还应当聘请财务顾问对上述权益变动报告书所披露的内容出具核查意见,但国有股行政划转或者变更、股份转让在同一实际控制人控制的不同主体之间进行、因继承取得股份的除外。投资者及其一致行动人承诺至少3年放弃行使相关股份表决权的,可免于聘请财务顾问	《上市公司收购管理办法》

续表

事项	比例	规定	法规名称
要约收购	30%以上	收购人拟收购上市公司股份超过30%，须改以要约方式进行收购。符合规定者可免除发出要约	《上市公司收购管理办法》
上市公司控制权认定	30%以上	投资者可以实际支配上市公司股份表决权超过30%为拥有上市公司控制权	《上市公司收购管理办法》
重要股东	5%以上	权益变动信息披露、短线交易主体认定、关联方认定、内幕信息知情人等	《证券法》《上市公司收购管理办法》《交易所上市规则》等

（五）影响控制权的注意事项

可能影响公司控制权的因素包括但不限于以下：

（1）公司章程约定；

（2）股票质押；

（3）股票代持；

（4）表决权设计；

（5）优先购买权；

（6）优先认购权；

（7）法定代表人认定；

（8）投融资协议的某些重要条款：一票否决权、拖售权、随售权、股票回购、业绩对赌与业绩补偿、反稀释条款等。

四、案例分析

【深度案例2-1】明争暗斗：京基集团收购上市公司ST康达

上市公司康达尔（000048）被资本市场的"野蛮人"突然敲门。相较宝能集团的"明争"，京基集团"暗斗"的夺权手法则更为老练隐蔽，剧情也更加跌宕起伏，不亚于任何一部影视作品。

1. 涉及收购的各方介绍

（1）收购方：京基集团。京基集团是深圳一家土生土长的房地产公司，成立于1994年。2004年起从单一的房地产项目，逐渐形成住宅、商业、酒店为一体的公司。2015年，京基集团已经成功步入百亿元市值的房地产公司行列。京基集团实控人为陈华。

陈华是深圳地产圈的传奇人物之一，曾多年为湛江首富、吴川首富。坊间传闻，深圳地产圈有两大流派，一个是以星河地产黄楚龙、黄振达等为代表的"潮汕派"，另一个是以吴川陈华、化州黄康景等为代表的"粤西派"。陈华是草根出身，白手起家，从"建筑包工头"最终做成了深圳的"地产大佬"。

（2）防守方：华超集团。华超集团是上市公司康达尔的大股东，成立于1996年，注册资本金6 000万元，主要从事对外投资、房地产综合开发、大型商业经营开发等业务。实控人为罗爱华。

罗爱华，生于1960年，原来曾经是武汉职工大学的教师，后到深圳工作，曾任深圳口岸管理服务中心基建部长。几经辗转，成为深圳华超投资集团董事长、深圳康达尔（集团）董事长。

（3）收购标的：康达尔（并购后更名：京基智农，股票代码：000048）。1979年还在深圳特区创建之前，为满足深圳人的菜篮子和香港市场对活鸡的需求，经深圳市政府批准，深圳市养鸡公司设立，这是康达尔集团的前身。该公司1983年即成为全国最大的出口黄鸡苗生产基地，1984年成为深圳首批具有活鸡输港权的企业。1994年康达尔成功上市，成为养鸡第一股、中国首家农牧业上市公司。其实自1992年之后，康达尔即开始涉足房地产业，公司的利润后来也主要来源于房地产。

2002年，罗爱华和她丈夫陆伟民管理的华超集团，从著名的"庄家吕梁"手中接下了康达尔。2016年，康达尔总市值达到130亿元的峰值。

2.收购目的

收购上市公司的目的会各有不同。除了利于未来资本运作、产业转型升级等诉求之外，康达尔大量优质低成本的土地储备或许才是京基争夺的真正目标。

上市公司的土地储备情况：2011年，康达尔抓住新一轮土地改革的机遇，获得深圳宝安区西乡、沙井两宗商住地的自行开发权，两宗地块总建筑面积超过100万平方米，总销售面积超过90万平方米。

3. 重要背景介绍

（1）2013年之前，康达尔经营状况不佳，长达20年未分红，股民十分不满。

（2）据媒体报道，其实陈华与罗爱华相识多年。

（3）陈华长子陈家荣，生于1988年，高中、大学阶段均在加拿大读书。归国后曾在平安证券投行部历练2年。2014年，陈家荣被父亲安排为集团总裁助理，后进入集团各中心轮岗实习。京基与华超卷入康达尔股权纷争，甚至兵戎相见，但最后能够胜出，估计与京基二代投行的背景有一定的关系。

4. 收购上市公司的过程

该收购案例涉及前文提及的反收购措施，如焦土策略、诉讼策略等，整个过程也比较精彩，见图2-23的内容梳理。

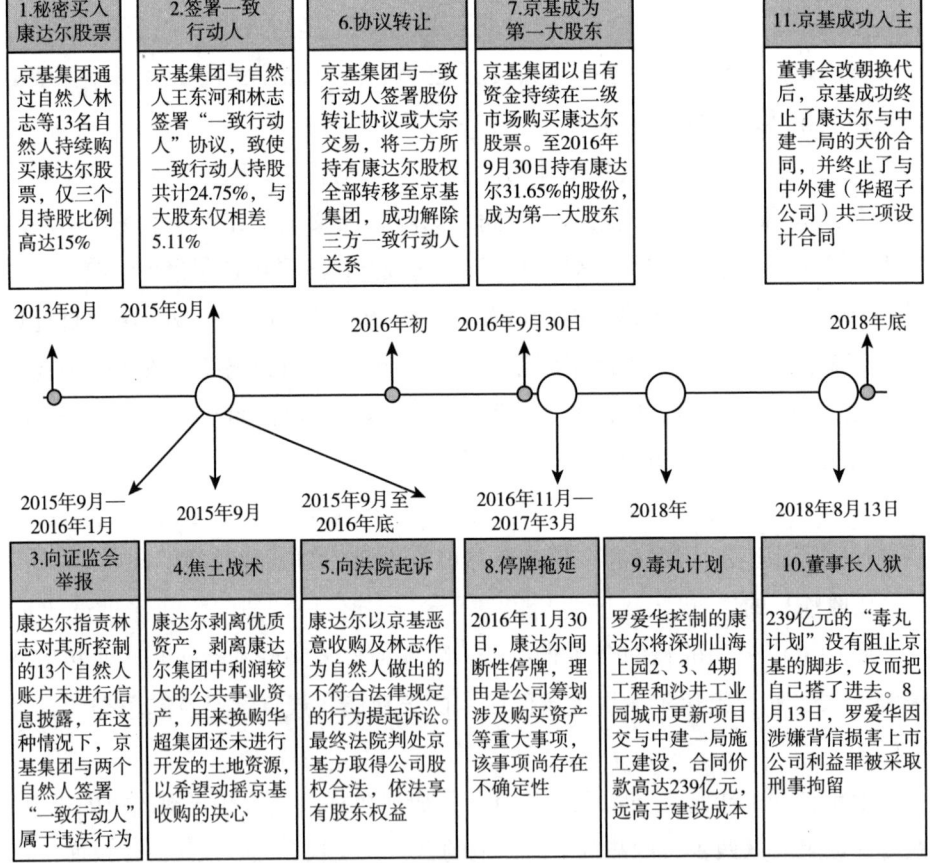

图2-23 京基集团PK华超集团收购上市公司ST康达全过程

5. 事件的后续发展

针对上市公司的收购结束了，但是整个故事还在继续发展。

（1）罗爱华的命运。2018年8月13日，罗爱华因背信损害上市公司利益嫌疑被深圳警方刑拘。同年9月14日，罗爱华因涉嫌犯挪用资金罪、背信损害上市公司利益罪被批准逮捕。但是2年后，2020年12月10日，深圳中院一审宣告罗爱华无罪。

看到这里，相信所有读者的心情都会随着当事人的命运跌宕起伏而五味杂陈。我们有必要沉下心来认真思考：资本市场到底是什么？财富到底是什么？拥有上市公司，拥有优质资源，光环绕身，就真的是拥有了幸福的人生吗？

平静岁月，祸从天降，欲戴皇冠，必承其重。

相信这个案例会让所有的创业者、企业家对企业的顶层设计有了更高层面的认知，对股权、股东、企业发展甚至企业家个人的命运有了更深刻的理解。

（2）上市公司的发展。京基集团入主上市公司后，开始布局生猪养殖产业，与文昌市、茂名市、贺州市、肇庆市等地区签署框架协议，总投资159亿元，规划年出栏量540万头。

2018年营业收入相较2017年增长一倍。2017—2020年营业收入分别为15.50亿元、34.37亿元、49.19亿元和40.72亿元。2017—2020年净利润分别为-1.56亿元、4.37亿元、11.01亿元和8.67亿元。京基智农发布的2023年财报显示：2023年京基智农实现营业收入约124.17亿元，同比增长107.10%；归属于上市公司股东的净利润约为17.46亿元，同比增长125.89%；归属于上市公司股东的扣除非经常性损益的净利润约为17.29亿元，同比增长100.68%。

很明显，京基集团入股之后的数年，上市公司的质量发生了非常大的变化，成效显著。但假如你是一个普通股民，从2016年持股至今（2024年9月），财富却会缩水约50%。上市公司2016年最高市值曾经达到130亿元左右，最新市值却仅为70亿元左右。

上市公司的质地变好了，市值却巨幅下滑。如此反差，让人不禁想起中国一句古话："时也，命也。"

第三章

中国资本市场发展概况

一、资本市场概述

（一）资本市场的含义

资本市场又称长期资金市场，是金融市场的重要组成部分。作为与货币市场相对应的概念，资本市场通常是指进行中长期（一年以上）资金或资产借贷融通活动的市场。由于在长期金融活动中，涉及资金期限长、风险大，具有长期较稳定收入，类似于资本投入，故称之为资本市场。

中国资本市场主要由股票市场和债券市场两大部分组成。就股票市场而言，根据WIND统计，截至2023年末，上市公司总数达到5 341家，总市值约77.76万亿元。其中，上交所主板1 692家、深交所主板1 511家、科创板566家、创业板1 333家、北交所239家。就债券市场而言，2023年债券市场共发行各类债券71.0万亿元，同比增长14.8%；截至2023年末，我国债券市场托管余额157.9万亿元，同比增长9.1%，成为全球第二大债券市场。

（二）资本市场的分类

总的来看，资本市场由证券市场和非证券市场构成。其中，证券市场由三个层面构成：

一是基础性证券（或称原生证券）市场，包括公司债券市场、政府债券市场和股票市场。

二是证券类衍生产品市场，即由基础性证券的某些特征组合或基础性证券与其他金融工具的某些特征组合而形成的新证券市场，如基金证券、可转换债券、资产证券化产品、信用衍生产品等市场。

三是交易类衍生产品市场，即在证券交易环节由一些新交易方式形成的交易市场，如互换市场、远期市场、期货市场和期权市场等。

非证券市场主要包括财务顾问、投资顾问、股权投资、资产管理、对冲基金、产权交易、信托计划、项目融资、融资租赁、公司并购、股权置换、资产重组和中长期信贷等金融交易活动形成的市场。

二、中国资本市场的发展历程

1990年，深交所和上交所相继成立。1992年，中国证监会成立，标志着中国资本市场开始纳入全国统一监管框架，全国性市场由此开始发展。中国资本市场走过了30多年的发展历程，我们将其中重要的标志性事件梳理如下。

1995年2月23日，以万国证券为代表的空头与以中经开为代表的多头，对327国债期货合约展开对赌。当夜，上交所宣布最后8分钟交易存在严重违规，判定无效。"327国债事件"直接导致万国证券倒闭，最终与申银证券合并，总经理管金生入狱，上交所总经理尉文渊被免职，上交所严重亏损整整40亿元。一个叫陈万宁的交易员在此事件中亏损7 000万元，黯然离开证券市场，几年后以宁财神为笔名，写出了《武林外传》。

1998年3月27日，南方基金、国泰基金发起设立了国内首批封闭式基金：基金开元、金泰，标志着中国第一批真正意义上的投资基金诞生，这一天也成了公募基金的生日。在人均年收入只有5 425元的年代，人们纷纷涌进证券公司，排起长队认购基金。认购冻结了1 616亿元资金，但中签率仅有2%。

1998年12月29日，《证券法》审议通过，并于1999年7月1日起正式实施。《证券法》的实施确立了证券市场在我国社会主义市场经济体系中的法律地位，为证券市场规范发展提供了法律基础。

1999年5月19日，"519行情"爆发。从1999年5月19日至2001年6月12日，上证指数从1 047点涨至2 245点，两年的牛市涨幅超过了一倍。"那时候，谁要跟庄家的关系铁，就立马鸡犬升天。"多数市场人士回忆"519"行情时，都会提到"庄家"这个让市场爱恨交织的名词。

2000年10月，《财经》杂志刊登了封面故事《基金黑幕》，引起轩然大波。作者是特约撰稿人"平湖"[①]及记者李箐。《基金黑幕》是对上海证券交易所监察部某监管人员的一份对基金操作进行跟踪研究的解读，指出基金业内一些公司存在操纵股价的嫌疑。该报道以大量篇幅揭示了基金在股票交易中出现的

---

① "平湖"为时任《财经》杂志副总编辑张志雄。

种种问题，文章引起市场震动。2000年底，证监会对基金公司开展全面检查，结果10家公司中有8家进行过"异常"交易操作行为。基金黑幕这颗"炸弹"的引爆，推动中国基金业走上了法制、规范和稳健发展的轨道。

2001年初，著名经济学家、国务院发展研究中心研究员吴敬琏在接受央视《经济半小时》访问时，对当时A股市场的各种不规范进行了严厉抨击，后被称为"股市赌场论"[①]，并由此引发了一场"中国股市应该何去何从"的大讨论。尽管该言论饱受争议，但因主张维护市场规则，保护草根阶层生计，吴敬琏也因此一度被誉为"中国经济学界良心"。2001年底，吴敬琏获评CCTV中国经济年度人物大奖。

2001年9月11日，第一只开放式基金华安创新证券投资基金诞生。

2003年7月9日，QFII正式登陆中国证券市场，瑞银成为首家投资于中国境内市场的QFII。此后，外资与保险、公募在A股逐渐形成"三足鼎立"的局面。

2004年5月18日，深交所设立中小企业板。6月25日中小板开板，集体上市的8只股票被称为"新八股"。中小板的成立是中国资本市场解决中小企业发展瓶颈的重要探索。

2005年5月9日，股权分置改革试点正式启动[②]。股权分置问题是当时中国证券市场最基础、最关键的问题，也是老大难问题，牵一发而动全身，被专业人士喻为悬在中国证券市场上的"达摩克利斯之剑"。解决股权分置问题，是中国证券市场自成立以来影响最为深远的改革举措，股权分置改革的破冰也开启了长达两年的制度性牛市。

2005年6月至2007年10月，上证指数从998点涨到最高6 124点，深证指数从2 590点涨到19 600点。这轮牛市也是迄今为止持续时间最长、涨幅最大的牛市。在此期间，出现全民炒股、储蓄大搬家现象。

2007年11月5日，中国石油正式登陆A股市场。上市首日股价便大涨

---

① 吴敬琏曾经在接受采访时说："中国的股市很像一个赌场，而且很不规范。赌场里面也有规矩，比如你不能看别人的牌。而我们这里呢，有些人可以看别人的牌，可以作弊，可以搞诈骗、坐庄、炒作、操纵股价，这种活动可以说是登峰造极。"

② 股权分置是指A股上市公司股东的股份按照能否在证券交易所上市交易被区分为非流通股和流通股，这是我国经济体制转轨过程中形成的特殊问题。股权分置改革就是在市场条件变化的情况下，对此两类股东的股份予以重新确认，通过各种对价形式逐步实现同股同权和股票全流通。

191%，最高涨至48.62元/股，对应市值高达8.89万亿元，一举成为全球市值最高上市公司，被广大散户亲切地称为"中国神油"。但在此后的十余年里，中国石油的股价走出了"一江春水向东流"的下跌趋势，不断刷新着投资者们的底线，截至2021年末，其市值仅有1万亿元，相比上市首日累计下跌了88.7%。截至2024年6月，其市值逐渐恢复到1.8万亿元。

2009年10月30日，创业板开市，首批28只股票齐发，刷新了中国股市多股齐发的历史纪录。创业板被称为中国版的"纳斯达克"，开启了我国多层次资本市场体系协同发展的新局面。

2010年3月31日，融资融券交易试点启动，标志着我国证券市场从此告别了"单边做市"时代，开启了新的信用交易时代，从而为投资者提供了新的交易模式和更加丰富的盈利渠道，但其杠杆效应也增大了投资风险。

2010年4月16日，股指期货上市。股指期货和做空机制、融资融券等互相联系，同时为资金规模和市场风险带来了巨大的放大效应。

2010年9月6日，原长城基金经理韩刚在任职期间，利用职权与他人共同操作其亲属开立的证券账户，先于或同步于自身管理的长城久富基金多次买入、卖出相同个股，违法获利27.7万多元，案发后被移送公安机关追究刑事责任，这也是我国证券市场首例因涉嫌违反《刑法》利用未公开信息交易罪，被移送公安机关追究刑事责任的案件，韩刚也成为基金经理涉及"老鼠仓"领刑第一人。

2013年8月16日，上证指数出现大幅拉升，大盘一分钟内涨超5%，最高涨幅5.62%。当天下午，光大证券公告称策略投资部门自营业务在使用其独立的套利系统时出现问题，有媒体将此次事件称为"光大证券乌龙指事件"。时任光大证券总裁徐浩明因此引咎辞职。此后，证监会对此事件定性为内幕交易，对时任光大证券策略投资部总经理杨剑波等四名相关决策责任人处以终身证券市场禁入，没收光大证券非法所得8721万元，并处以5倍罚款，共计5.2328亿元。

2014年11月17日，沪港通正式启动。2016年12月5日，深港通也正式"起航"。沪港通和深港通的陆续开通，进一步推进了国内证券市场的国际化。

2014年7月至2015年6月，由于证监会放宽了创业板首发条件以及建立创业板再融资制度，杠杆资金环境宽松。在将近一年时间内，上证指数累计上涨152%，深证成指累计上涨146%，创业板涨幅最高，达到177%，有媒体统计该时期平均每户可赚取67万元。此轮牛市也被广大投资者戏称为"杠杆牛"。

2015年6月15日到7月8日，上证指数在17个交易日里大幅下跌32%，造成市场恐慌。随后央行宣布降息降准，7月9日起国家资金入场救市。

2015年11月1日，被称为"私募一哥"的上海泽熙投资管理有限公司总经理徐翔因涉嫌违法犯罪，被公安机关采取刑事强制措施。2017年1月23日，因犯操纵证券市场罪，徐翔被判处有期徒刑五年六个月，并被罚110亿元。"敢死队总舵主"徐翔从3万元起家，仅通过炒股就赚到200多亿元的传奇故事也就此落下帷幕。

2016年1月4日，A股指数熔断机制开启。在1月4日和1月7日，A股在两天时间里经历了四次熔断。1月8日，指数熔断机制暂停。在此期间，A股多次上演千股跌停的景象。

2017年6月，第四次冲击MSCI新兴市场指数（明晟指数）①的A股终于闯关成功，标志着A股开启了走向全球的大门。一年后，全球第二大指数公司富时罗素宣布，将A股纳入其全球股票指数体系。

2018年7月，长生生物假疫苗事件发酵。11月16日，沪、深证券交易所发布《上市公司重大违法强制退市实施办法》，深交所宣布启动对长生生物重大违法强制退市机制，长生生物也成了A股历史上因重大违法强制退市的第一股。

2019年7月22日，科创板携注册制首次亮相，首批25只科创板股票在上海证券交易所上市交易，科创板正式开市。

2019年10月，证监会对新三板、创业板等板块进行增量改革，设立精选层，同时建立挂牌公司转板上市机制，在精选层挂牌一定期限，且符合交易所上市条件和相关规定的企业，可以直接转板上市。

2020年3月1日，修订后的《证券法》（即新《证券法》）正式实施。其亮点包括：一是引入了注册制的内容，为注册制改革保驾护航；二是大幅提高违法违规成本，改变了其惩处"过于温柔"的形象；三是加强投资者保护，引入了代表人诉讼机制。这些举措对于资本市场长期发展具有重大意义。

2020年8月24日，创业板注册制首批18只新股上市，标志着创业板改革并试点注册制这一重大改革任务正式落地。

---

① MSCI是美国著名的指数编制公司，即摩根士丹利资本国际公司（又译"明晟"）。MSCI是一家股权、固定资产、对冲基金、股票市场指数的供应商，其旗下编制了多种指数。明晟指数（MSCI指数）是全球投资组合经理最多采用的基准指数。

2020年10月31日，国务院金融稳定发展委员会会议提出全面实行股票发行注册制，建立常态化退市机制。

2021年4月，深交所主板与中小板合并，为全面注册制铺路。

2021年11月，北交所开市并实行注册制试点，是我国资本市场改革发展的又一重要标志性事件。北交所定位服务创新型中小企业，培育一批专精特新"小巨人"企业，与定位"硬科技"的科创板和定位"三创四新"的创业板形成差异化区分。

2022年10月31日，科创板做市商正式开展科创板股票做市交易业务。首批共计14家券商获批科创板做市商资格。科创板引入做市商制度，是我国注册制改革稳步推进的必要环节之一，有助于提升科创板股票流动性、释放市场活力、增强市场韧性。

2023年2月17日，全面实行股票发行注册制。证监会在当日发布全面实行股票发行注册制相关制度规则，自公布之日起施行。证券交易所、全国股转公司、中国结算、中证金融、证券业协会配套制度规则同步发布实施。全面实行注册制是涉及资本市场全局的重大改革。这次全面实行注册制制度规则的发布实施，标志着注册制的制度安排基本定型，标志着注册制推广到全市场和各类公开发行股票行为，在中国资本市场改革发展进程中具有里程碑意义。

2023年4月10日，沪市主板注册制首批10家企业上市，标志着注册制的全面落地。此前主板新股上市首日涨跌幅限制为44%，次日之后为10%，所以新股常常上演"连板"情形。全面注册制实施后，主板首次公开发行上市的股票，前五个交易日不设价格涨跌幅限制，市场从此迎来更为自由的博弈空间，为投资者带来了新的可能性，也增添了市场的变数。

2023年5月18日，国家金融监督管理总局正式揭牌，原银保监会正式退出历史舞台。除证券业务外，其他的金融活动均属于该局监管范围，从而有利于实现监管全覆盖。

2023年8月27日，财政部、证监会联合发布了"四箭齐发"政策，旨在呵护市场，涉及IPO与再融资节奏调整、进一步规范股份减持行为、降低融资保证金、印花税减半等内容。2023年10月21日，证监会修订上市公司分红规则，提高现金分红水平。

2024年4月12日，国务院发布《关于加强监管防范风险推动资本市场高质量发展的若干意见》（新"国九条"），鼓励监管"长牙带刺"、有棱有角。中国资本市场进入"强监管、防风险、促高质量发展"的新阶段。

2024年4月19日，中国证监会发布《资本市场服务科技企业高水平发展的十六项措施》（即"科创十六条"），从上市融资、并购重组、债券发行、私募投资等方面对服务科技创新、促进新质生产力发展提出全方位支持性举措。

2024年6月19日，中国证监会发布《关于深化科创板改革服务科技创新和新质生产力发展的八条措施》（即"科创板八条"），为开展关键核心技术攻关的"硬科技"企业健全发行承销、并购重组、股权激励、交易等一揽子制度机制，为科创板的改革"再出发"指明方向。

2024年9月24日，中国证监会发布《关于深化上市公司并购重组市场改革的意见》（即"并购六条"），积极支持上市公司围绕战略性新兴产业、未来产业等进行并购重组，包括开展基于转型升级等目标的跨行业并购，以及有助于补链强链、提升关键核心技术水平的未盈利资产收购，引导更多资源要素向新质生产力方向集聚。

三、中国多层次资本市场的构成

当前，中国资本市场分为主板（含合并前的深圳中小板）、创业板、科创板、北交所、新三板及区域性股权市场（四板）等若干板块，各板块的交易场所、功能定位及交易规则稍有差异，共同构成了当前我国多层次资本市场的主要框架（见图3-1）。

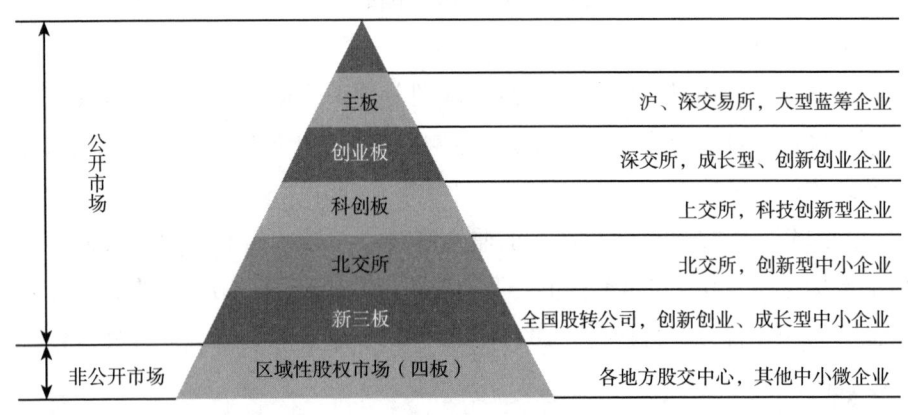

图3-1 我国多层次资本市场的构成

（一）交易场所

我国资本市场的交易场所主要包括上海证券交易所（以下简称"上交所"）、深圳证券交易所（以下简称"深交所"）、北京证券交易所（以下简称"北交所"）、全国中小企业股份转让系统及各地区股权交易中心。其中，上交所及深交所均设有主板，其他板块则分属不同的交易场所。

上海证券交易所主要交易沪市主板及科创板股票，其中沪市主板股票代码主要以600、601、603、605开头，科创板股票为688开头。

深圳证券交易所主要交易深市主板（含合并前的中小板）及创业板股票，其中深市主板股票代码以000开头，合并前的中小板股票代码以002、003开头[①]，创业板股票为300、301开头。

北京证券交易所交易的股票代码原多以43、83、87开头。2024年4月22日，北交所正式上线启用920代码号段功能，标志着北交所市场建设进入了"新时代"。2024年5月30日，北交所920代码第一股万达轴承（920002）正式敲钟上市，至此北交所上市公司数量增加至249家。

全国中小企业股份转让系统俗称"新三板"，其股票代码通常以400、430、830开头，原分为基础层、创新层和精选层三个层次，后由于北交所的成立，精选层随即平移至北交所进行交易。

值得注意的是，新三板的基础层和创新层仅属于全国性的非上市公司，其股转系统也不同于证券交易所，故在新三板交易的公司并不能称为"上市公司"，通常称为"新三板挂牌公司"。与此同时，原新三板精选层公司由于已平移至北交所交易，因此地位提高，由挂牌公司"升级"成为上市公司。

区域性股权市场是指主要为区域内的一些中小微企业提供股份转让流通的场所，如上海股权托管交易中心、深圳前海股权交易中心等，这类市场也俗称为"四板市场"。

（二）资本市场的板块定位

当前，我国多层次资本市场各板块之间具有不同的定位，旨在形成协同

---

① 中小板与深市主板合并后，其股票代码保持不变。

互补、错位发展、有机互联的多层次资本市场格局。具体来看，主板行业限制较少，上市条件集中于规模和利润指标，主要服务于成熟的大中型企业；科创板强调科创属性，聚焦"硬科技"；创业板则强调"三创四新"，实行行业负面清单制度；北交所主要服务创新型中小企业，重点支持先进制造业和现代服务业等领域的企业，推动传统产业转型升级。各板块的功能定位差别如表3-1所示。

表 3-1　　　　　　　　　上市公司各板块功能定位 ①

	创业板	科创板	北交所
总体定位	深入贯彻创新驱动发展战略，适应发展更多依靠创新、创造、创意的大趋势，主要服务成长型创新创业企业，支持传统产业与新技术、新产业、新业态、新模式深度融合	优先支持符合国家战略、拥有关键核心技术、科技创新能力突出、主要依靠核心技术开展生产经营、具有稳定的商业模式、市场认可度高、社会形象良好、具有较强成长性的企业	聚焦实体经济，主要服务创新型中小企业，重点支持先进制造业和现代服务业等领域的企业，推动传统产业转型升级，培育经济发展新动能，促进经济高质量发展
条件要求	"三创四新"，符合创新、创造、创意的大趋势，或是传统产业与新技术、新产业、新业态、新模式深度融合	"科创属性"，即在新一代信息技术领域、生物医药领域、节能环保领域、新能源领域、新材料领域、高端装备领域或符合科创板定位其他领域内的"4+5"科创属性评价指标的企业	"专精特新"，"专"是专业化，"精"是精细化，"特"是特色化，"新"是新颖化
IPO行业负面清单	（1）农林牧渔业；（2）采矿业；（3）酒、饮料和精制茶制造业；（4）纺织业；（5）黑色金属冶炼和压延加工业；（6）电力、热力、燃气及水生产和供应业；（7）建筑业；（8）交通运输、仓储和邮政业；（9）住宿和餐饮业；（10）金融业；（11）房地产业；（12）居民服务、修理和其他服务业。上述行业企业需要新技术、新产业、新业态、新模式深度融合，方可申报创业板	限制金融科技、模式创新企业在科创板上市。禁止房地产和主要从事金融、投资类业务的企业在科创板上市	金融业、房地产业、产能过剩行业、淘汰类行业、学前教育、学科类培训为负面清单

① 由于主板的上市要求主要集中于规模和利润指标，对行业限制较少，故在此不专门列示。

(三) 交易规则

主板、创业板、科创板、北交所等不同板块在交易规则上也略有差异，各板块主要交易规则的对比情况见表3-2[①]。

表 3-2　　　　　　　　各板块主要交易规则对比情况

	主板	创业板	科创板	北交所
开通条件（个人投资者）	无特别要求	资产日均不低于人民币10万元[②]；参与证券交易24个月以上；需通过风险认知和承受能力测试	资产日均不低于人民币50万元；参与证券交易24个月以上；需通过知识测评和风险承受能力测试	资产日均不低于人民币50万元；参与证券交易24个月以上；需通过知识测评和风险承受能力测试
交易机制	T+1[③]	T+1	T+1	T+1
交易方式	竞价交易、大宗交易	竞价交易、大宗交易、盘后固定价格交易	竞价交易、大宗交易、盘后固定价格交易	竞价交易、大宗交易、盘后固定价格交易
涨跌幅限制	±10%	±20%	±20%	±30%
无涨跌幅限制情况[④]	首次公开发行上市后的前五个交易日；重新上市首日；进入退市整理期的首日	首次公开发行上市后的前五个交易日；重新上市首日；进入退市整理期的首日	首次公开发行上市后的前五个交易日；重新上市首日；进入退市整理期的首日	新股上市首日（不含增发股）；退市整理期首日
申报数量	竞价交易单笔为100股或其整数倍，不超过100万股	竞价交易单笔为100股或其整数倍，不超过30万股（限价申报）或15万股（市价申报）	竞价交易单笔不低于200股，每1股递增，不高于10万股（限价申报）或5万股（市价申报）	竞价交易单笔不低于100股，每1股递增，不高于100万股

---

① 根据各证券交易所公开资料整理。除表中所列主要交易规则外，具体交易规则还包括竞价交易的具体时间、申报价格限制、停牌规则等其他规则，受篇幅所限，在此不一一列举。

② 本表格中资产日均值是指申请开通前20个交易日证券账户和资金账户内的资产日均不低于一定数量人民币（不包括该投资者通过融资融券融入的资金和证券）。

③ T+1交易是指当日买进的股票，要到下一个交易日才能卖出。

④ 无价格涨跌幅限制的股票盘中交易价格较当日开盘价格首次上涨或下跌达到或超过30%、60%的，各停牌10分钟。

其他常见的交易规则还包括：

ST股：即"特别处理"的股票。

*ST股：即"存在退市风险预警"的股票。

此外，创业板和科创板的股票名字可能带着诸如N、C、U、W、V这些字母，其具体含义是：

股票名称前加字母"N"，表示是当日新上市的股票。

股票名称前加字母"C"，表示该股票正处于上市后次日至第五日之间。

股票名称后加特殊标识"-U"，则代表该股票发行人尚未盈利，如上市后首次实现盈利的，则特别标识U取消。

股票名称后加特殊标识"-W"，则代表该股票发行人具有表决权差异安排；如上市后不再具有表决权差异安排的，则特别标识W取消。

股票名称后加特殊标识"-V"，则代表该股票发行人具有协议控制架构或者类似特殊安排；如上市后不再具有相关安排的，则特别标识V取消。

四、中国资本市场发展现状

（一）上市公司数量

目前，我国上市公司数量超过5 300家，成为全球上市公司数量靠前的场内股票市场。近10年，我国上市公司实现跨越式发展。2019年以来，注册制改革等一系列重大举措带动上市公司家数实现量的跃升，连续突破4 000家、5 000家大关，从4 000家增至5 000家仅用2年2个月，而此前每增1 000家的时间分别约为10年、10年、6年、4年。截至2023年底，A股上市公司数量达到5 341家，总市值77.76万亿元，规模稳居全球第二。

（二）投资者规模

随着我国资本市场规模扩容，聚集资金能力大幅提升，市场投资者规模在全球位居前列。根据中国证券登记结算有限责任公司发布的《中国证券登记结算统计年鉴》（2022）可知，我国2022年全年新增投资者1 472.77万，其中自然人投资者1 468.83万。2022年期末投资者数为21 213.62万，较上年增加7.46%。

根据证监会统计，截至2023年底，社保基金、公募基金、保险资金、年金基金等各类专业机构投资者合计持有A股流通市值15.9万亿元，较2019年初增幅超1倍，持股占比从17%提升至23%，已成为促进资本市场平稳健康发展的重要力量。其中，公募基金持有A股流通市值5.1万亿元，持股占比从3.8%提升至7.3%，成为A股第一大专业机构投资者。

（三）成交额及指数

在主要的指数表现方面，截至2023年末，上证指数报收2 974.93点，全年跌幅3.70%；科创50报收852.00点，全年跌幅11.24%；上证50报收2 326.17点，全年跌幅11.73%。深证成指报收9 524.69点，全年跌幅13.54%；创业板指报收1 891.37点，全年跌幅19.41%；深证100报收4 199.23点，全年跌幅17.36%。

在市场成交方面，2023年，上交所累计股票成交金额89.36万亿元，同比下降7.16%；深交所累计股票成交金额122.85万亿元，同比下降4.21%。合计来看，沪、深证券交易所2023年累计股票成交金额212.21亿元，同比下滑5.48%。

（四）市场筹资额

在总的筹资额方面，2023年上交所全年股票筹资额（含优先股筹资）为6 077亿元，比2022年减少2 401亿元，降幅28.32%。深交所累计股票筹资额4 350.87亿元，比2022年减少1 687.96亿元，降幅27.95%。

其中，2023年上交所全年IPO新上市公司103家，同比2022年减少了51家，降幅33.12%。IPO筹资额1 936亿元，同比2022年减少1 652亿元，降幅高达46.04%。具体来看，上证主板新上市公司36家，筹资额498亿元；科创板新上市公司67家，筹资额1 439亿元。

深交所全年IPO新上市公司133家，同比2022年减少了54家，降幅28.88%。IPO筹资额1 481.57亿元，同比2022年减少633.60亿元，降幅29.96%。具体来看，深证主板新上市公司23家，筹资额258.47亿元；创业板新上市公司110家，筹资额1 223.11亿元。

合计来看，沪、深证券交易所2023年IPO募资额3 417.57亿元，同比下降超40%。此外，2023年北交所新增77家上市公司，公开发行融资146.28亿元。

（五）证券化率

证券化率是指一国股市总体市值占该国国内生产总值（GDP）的比例。证券化率越高，意味着证券市场在国民经济中的地位越重要。证券化率是衡量资本市场容量及证券市场发展成熟度的重要指标。

随着资本市场规模快速扩容，我国证券化率快速提升。2021年，我国证券化率首次达到80%。2023年末，我国证券市场A股总市值77.76万亿元，GDP为126.06万亿元，由于股市下调，证券化率下降为62%。

也有证券研究人员使用广义资产证券化率指标。广义资产证券化率=（A股+香港中资股合计市值）/名义GDP。当前中国广义资产证券化率约为88%，高于德国（51%），显著低于日本（141%）和美国（173.8%）。中国当前的广义资产证券化率相当于2010年左右的美国、2015年左右的日本，但长期高于德国[①]。

资产证券化率受到股市价格波动的影响较大，对比2014年二季度、2018年四季度、2022年三季度这三轮市场阶段底部，中国广义资产证券化率分别为68%、72%和79%，显然未来我国资产的证券化仍然具有较大的提升空间。

五、中国资本市场发展的新趋势

（一）健全投资和融资相协调的资本市场功能

2024年7月，党的二十届三中全会最新提出："健全投资和融资相协调的资本市场功能。"这体现了新形势下中央对资本市场定位、功能、作用的新要求，对促进资本市场良性循环、更好发挥资本市场枢纽功能、推动资本市场规范健康发展具有关键作用。

投资功能和融资功能是资本市场功能的一体两面，资本市场的健康发展离不开投资、融资功能的相辅相成，必须树立投资和融资并重的发展理念。资本市场一方面为实体经济供给资金，提供融资服务；另一方面为投资者创造投资渠道，使投资者获取投资回报。促进资本市场投资、融资功能相协调，可以吸引社会资金入市，促进居民储蓄转换为股权投资，为资本市场提供源头活

---

① 王以：华泰证券研究报告《A股进化论：哪些生态变化正在加速？》。

水，不仅有利于推动资本市场稳步发展，改善资本市场预期，增加居民财产性收入，促进消费和扩大有效需求，也有利于实体经济获得资金支持，发挥资本市场有效配置资源的作用。投资、融资功能协调发展，能够提升直接融资比重，优化融资结构，引导资金流向国民经济重点领域、重要行业和薄弱环节，为实体经济提供优质金融服务[①]。

（二）新"国九条"为资本市场指导方向

2024年4月12日，《国务院关于加强监管防范风险推动资本市场高质量发展的若干意见》正式发布。国务院每隔10年时间就会出台一次"国九条"，为资本市场打造政策指引。此次是继2004年、2014年两个"国九条"之后，中国资本市场的第三个"国九条"。

在不同时代背景下，历次"国九条"都承载着不同的任务使命。

2004年1月31日，国务院发布A股历史上首个"国九条"——《关于推进资本市场改革开放和稳定发展的若干意见》，主要针对当时的"流通股"问题，核心直指扩大直接融资、积极稳妥解决股权分置。

2014年5月9日，第二个"国九条"——《关于进一步促进资本市场健康发展的若干意见》重磅出炉，核心是鼓励并购重组、混合所有制、放松私募发行审批，扩大市场双向开放、提出了一系列旨在完善金融架构的措施，为此后的注册制打下基础。

此次出台的第三个"国九条"名为《关于加强监管防范风险推动资本市场高质量发展的若干意见》。与前两次更侧重于"做大增量"不同，本次更多强调全面加强监管、有效防范化解风险。尤其是提到监管要"长牙带刺"、有棱有角，突出"强本强基""严监严管"，令人印象深刻。

本次新"国九条"强调资本市场工作的"政治性、人民性"方向，以强监管、防风险、促高质量发展为主线，以完善资本市场基础制度为重点，更好发挥资本市场功能作用，推进金融强国建设，服务中国式现代化大局。

新"国九条"指明了资本市场未来发展方向。5年内基本形成资本市场高

---

① 本书编写组编著：《党的二十届三中全会〈决定〉学习辅导百问》，党建读物出版社、学习出版社，2024年7月版。

质量发展的总体框架，形成以新"国九条"1个意见为核心，配套"N"项制度规则的"1+N"政策体系。

本次新"国九条"的发布，从投资者保护、上市公司质量、行业机构发展、监管能力和治理体系建设等方面出发，为加快建设安全、规范、透明、开放、有活力、有韧性的资本市场，描绘出一幅高质量发展的新路线图。

（三）资本市场赋能"新质生产力"

"新质生产力"应该是当下全国最火的词之一。资本市场具备直接融资功能，是加快培育新质生产力的重要引擎。

2024年4月30日，中共中央政治局会议提出，要因地制宜发展新质生产力。要加强国家战略科技力量布局，超前布局建设未来产业，运用先进技术赋能传统产业转型升级。要积极发展风险投资，壮大耐心资本。

何为"新质生产力"？习近平总书记指出，概括地说，新质生产力是创新起主导作用，摆脱传统经济增长方式、生产力发展路径，具有高科技、高效能、高质量特征，符合新发展理念的先进生产力质态。它由技术革命性突破、生产要素创新性配置、产业深度转型升级而催生，以劳动者、劳动资料、劳动对象及其优化组合的跃升为基本内涵，以全要素生产率大幅提升为核心标志，特点是创新，关键在质优，本质是先进生产力。

"耐心资本"这个词语很形象，是指那些不以追求短期收益为目标，而是专注长期投资活动，注重长期收益回报，并有较高风险承受力的资本。例如，保险资金、社保基金、养老金等长期资金以及上市公司企业风险投资（CVC）产业基金都属于耐心资本。

发行上市、并购重组、股权激励等资本市场制度都将与时俱进，增强包容性和适应性，进一步满足新质生产力发展的需要和特点，让真正有潜力的企业在资本市场的支持下成长壮大，让投资者能够更好分享经济高质量发展的成果。

未来很长一段时间内，在新质生产力和新"国九条"的"两新"背景下，企业如何高质量发展将成为包括企业家在内的各界人士思考的重要命题。

（四）注册制改革赋予资本市场新的活力

注册制改革是新一轮全面深化资本市场改革的"牛鼻子"工程。2023年2

月17日，中国证监会发布实施全面实行股票发行注册制相关制度规则，标志着注册制的制度安排基本定型，注册制开始推广到全市场和各类公开发行股票行为。从科创板到创业板、北交所，再到全市场，在经历了4年试点之后，股票发行注册制将在更广阔的空间发挥其制度优势，促进资本市场更好发挥服务实体经济的功能，并有望引发资本市场诸多变化。

第一，注册制改革放宽了市场入口，推动了资本市场服务下沉，特别是支持了科创企业、战略新兴产业的发展。

第二，注册制改革推动了针对科创型、新经济、新业态企业的市场化定价，有利于推进创新动态要素的市场化。

第三，注册制改革在促进监管审核高效化的同时，形成了以信息披露为核心的市场化证券发行模式，推动了以法治监管为核心的监管体系发展。

第四，注册制改革在当前复杂的国际环境下推动了资本市场制度与国际接轨，有助于系统性提升我国资本市场对优质资产的吸引力。

（五）退市加速资本市场吐故纳新

长期以来，A股市场退市公司数量极低。有统计显示，2001—2018年，我国A股市场仅有110家上市公司退市。2018年注册制改革启动后，退市公司数量呈现上升趋势。2021年，退市新规全面落地，对退市指标、流程等进一步完善优化，资本市场发生了翻天覆地的变化，打破了早前"只进不出"的市场环境。从2019年开始，退市速度明显加快。WIND数据显示，2021年，A股强制退市17家公司；2022年，A股强制退市41家；2023年，A股退市公司数量达45家，其中43家公司触及强制退市，强制退市数量创历史新高。与此同时，退市后重新上市的企业寥寥无几，例如汇绿生态（001267.SZ）退市16年后才重新登陆深交所。

2024年4月12日出台的新"国九条"鼓励"应退尽退、及时出清"，预计退市公司数量将会大规模增加。仅4月12日至5月27日短短40多天时间内，就有97家上市公司被ST；其中，有58家被实施ST叠加退市风险警示*ST。

上市标准越来越高，退市企业加速出清，资本市场通过吐故纳新，既不断吸收最优秀的企业，又会在相当长的时期内维持上市公司数量的大体平衡，这个趋势越来越明显。

（六）上市首日破发现象有望改善

2022年9月29日，由于发行价定价虚高，有2022年最贵新股之称的万润新能挂牌当天开盘即破发近16%，尾盘更是暴跌27.59%，中一签亏损超过4万元，为A股历史所罕见。WIND数据显示，2022年A股破发情况频发，全年共有122家企业发行首日即跌破发行价，A股首日破发比例为28.50%。2023年，共有313只新股首发上市，其中52只新股首日破发，破发比例约为16.6%。

注册制下新股实行市场化发行，新股破发已经成为常态。究其原因，一方面是报价机构未能及时适应询价新规，上市企业及股东对新股估值预期过高，导致一级市场长期存在估值泡沫，层层传导进一步推高了IPO定价；另一方面，上市公司的价值正在被二级市场重新认知，特别部分热点行业的高估值企业在盈利能力、成长性等方面都将遭遇投资者更加挑剔的检视。总体来看，以往"上市即暴富"的惯性预期将被打破，这也将倒逼一级市场定价机制的改革，使其回归理性估值的轨道。

2024年新"国九条"提出："要加大发行承销监管力度，强化新股发行询价定价配售各环节监管，整治高价超募、抱团压价等市场乱象。"2024年5月，新的《上市公司股东减持股份管理暂行办法》也明确规定"控股股东、实际控制人在破发、破净、分红不达标等情形下不得通过集中竞价交易或者大宗交易减持股份"。这些措施都有助于改善"上市首日破发"的局面。

第四章

投资与投资基金

一、资产管理与投资基金概述

（一）资产管理的内涵

资产管理（Asset Management）一般是指金融机构受投资者委托，为实现投资者的特定目标和利益，进行证券和其他金融产品的投资并提供金融资产管理服务、收取费用的行为。

资产管理的范围比较广泛，涉及银行、证券、保险、基金、信托、期货等行业。资产管理的本质是"受人之托、代人理财"，即基于信任而履行受托职责，实现委托人利益最大化。作为管理人，必须坚持"卖者有责""受人之托、忠人之事，投资人利益至上"；而投资人则要明白"买者自负"，自己承担最终的收益和风险，不存在保底、保收益等刚性兑付。

资产管理提供的是代客理财服务，与银行储蓄有着本质区别：储蓄的存款人与银行是债权债务关系，银行必须按照约定到期偿还本金，支付利息；而资产管理的投资人与管理人是委托与受托关系，管理人作为受托顾问收取一定比例的管理费，投资人自担风险、自享收益。

（二）投资基金的含义

投资基金是资产管理的主要方式之一，是一种"组合投资、专业管理、利益共享、风险共担"的集合投资方式。

投资基金与股票和债券具有较大区别。股票是所有权关系，投资者购买股票后就成为公司的股东；债券是债权债务关系，投资者购买债券后就成为公司的债权人；而基金是信托关系，投资者购买基金份额后就成为基金的受益人。

（三）投资基金的分类

1.按照资金募集方式分类，可分为公募基金和私募基金

（1）公募基金。公募基金是向不特定投资者公开发行受益凭证进行资金募集的基金。公募基金监管比较严格，在信息披露、利润分配、投资限制等方面有规范要求。公募基金又划分为公募证券投资基金和公募股权投资基金。

公募证券投资基金又分为股票基金、债券基金、货币市场基金、混合基金以及基金中基金（FOF）等类别。基金资产80%以上投资于股票的为股票基金。基金资产80%以上投资于债券的为债券基金。仅投资于货币市场工具的为货币市场基金。投资于股票、债券和货币市场工具，但股票投资和债券投资的比例不符合股票基金、债券基金规定的为混合基金。混合基金的资产配置比例比较灵活，风格差异较大。基金中基金（FOF）是指80%以上的基金资产投资于其他基金份额的证券投资基金。

公募股权投资基金比较少见。2014年9月29日，证监会特批嘉实基金管理公司发行了嘉实元和封闭式混合型发起式基金参与国企混合所有制改革，首次募集规模100亿元，成为国内首只投资非上市公司股权的公募基金。这只基金在当时实现了很多创新：一是投资范围上的突破，公募基金首次大量持有非上市公司股权；二是突破了以往公募基金投资单一证券资产不得超过基金资产净值10%的限制，其基金资产的50%用于投资中石化销售公司股权，其余50%投资固定收益产品。嘉实元和基金当时被称为"国企混改第一基"，发行时遭到投资者争抢，一日售罄。然而5年后，2019年8月27日嘉实元和发布了"清算报告"及"清算资金发放公告"，最终将以1.00552元的单位净值实施清算。清盘时其持有股权仍未上市。这是国内公募基金对股权投资的一次重要探索。

（2）私募基金。私募基金是私下或直接向特定投资者募集的基金。私募基金只能向少数特定投资者采用非公开方式募集，对投资者的投资能力有一定的要求，同时在信息披露、投资限制等方面监管要求较低，方式较为灵活。私募基金也分为两种，即用非公开方式募集资金投资公开交易证券（股票或债券等）的私募证券投资基金，用非公开方式募集资金投资未上市公司股权的私募股权投资基金。

2. 按照投资对象不同分类，可以分为传统投资基金和另类投资基金

传统投资基金主要投资于传统金融资产，包括在证券交易所或银行间市场公开交易的证券，包括股票、债券、货币、金融衍生工具等。

另类投资基金则是投资于传统对象以外的基金，主要有以下几种类别。

（1）私募股权投资基金。股权投资基金，又称"私人股权投资基金"或"私募股权投资基金"，是指对非上市企业进行的权益性投资。

（2）风险投资基金。风险投资基金（Venture Capital，VC），又称创业基金，是私募股权投资基金的一种，主要投资于初创期或者新型企业尤其是高新技术企业的股权。

（3）对冲基金。对冲基金（Hedge Fund），即"风险对冲过的基金"，它通过复杂的金融市场操作工具，利用金融衍生产品的杠杆效用，承担高风险、追求高收益。对冲基金一般采用私募方式，主要用于投资金融衍生产品。

（4）不动产投资基金。不动产投资基金（Real Estates Investment Trusts，REITs）是一种以发行权益凭证的方式汇集投资者的资金，由专门投资机构进行不动产投资经营管理，并将投资综合收益按比例分配给投资者的一种基金。不动产投资基金可以采用私募方式，也可以采用公募方式。REITs投资的领域主要包括住宅房地产、写字楼、零售物业、基础设施、仓储、工业地产、酒店、数据中心等。目前在美国、澳大利亚、日本、新加坡、中国香港发展得比较成熟。

（5）其他另类投资基金。其他另类投资基金主要投资于黄金、大宗商品、红酒、艺术品、农产品等领域，一般采用私募方式，种类比较广泛。

二、股权投资基金特点及现状

（一）股权投资基金的定义

股权投资基金一般是"私募股权投资基金"或"私人股权投资基金"（Private Equity Fund）的简称，是指主要投资于"私人股权"（Private Equity）的基金。私人股权是指非公开发行和交易的股权，包括未上市企业和上市企业非公开发行和交易的普通股、可转换为普通股的优先股和可转换债券。

股权投资基金具有以下特点：涉及业务领域广，对专业性要求强；风险高、期望收益高，收益波动性大；投资期限长、流动性差，一般需要3—7年才能完成投资的退出；属于长期价值增值型投资，对投资机构的投后管理和赋能能力要求高。

（二）股权投资基金的运作流程

私募股权投资基金的业务可以总结为融资（募集）、投资、管理、退出四个阶段（简称"融、投、管、退"或者"募、投、管、退"）。

1. 募资业务阶段，指基金管理机构向投资者募集资金并发起设立基金。整个阶段包括基金产品设计、基金产品销售与发行、基金注册、基金缴款、基金收费、信息披露等环节。

2. 投资业务阶段，指基金管理机构将资金投向被投资企业。包括项目开发、项目立项、尽职调查、项目评审、投资决策等环节。

3. 投后管理阶段，指基金管理机构对被投资企业开展跟踪监控等风险管理措施并提供增值赋能服务。主要包括常规事项跟进、例外事项处理、重大事项决策等流程。

4. 退出业务阶段，指股权投资基金将其在被投资企业中的股权以上市、挂牌转让、协议转让、清算等形式变现退出，然后根据约定将退出所得分配给基金的投资者和管理人。主要包括确定退出方案、交易实施、资金划付、收益分成等环节。

（三）股权投资基金的组织形式

私募股权投资基金有三种组织形式，包括公司型基金、合伙型基金及信托（契约）型基金三种。

公司型基金采用公司的组织形式。投资者通过购买基金公司的股份后成为股东，依法享有股东权利，并以其投资额为限对公司债务承担有限责任。公司型基金具有独立的法人主体资格，依据公司章程运营基金，并可以通过公司借款来筹集资金。

合伙型基金采用有限合伙企业的组织形式。投资者通过购买有限合伙企业的财产份额后成为合伙人，依法享有合伙企业财产权，由普通合伙人对合伙债务承担无限连带责任，由基金管理人具体负责投资运作。合伙型基金不具有独立的法人地位。按照我国税法，有限合伙企业不是企业所得税的纳税主体，而是由合伙人承担纳税义务，从而避免了双重征税。

信托（契约）型基金通过订立信托契约的形式设立，本质上是一种信托关系。投资者通过购买基金份额，享有基金投资收益。基金管理人依据基金合同负责基金的经营管理；基金托管人负责保管基金资产，执行管理人的有关指令。信托（契约）型基金不具有独立的法人地位，不是企业所得税的纳税主体，不需要缴纳所得税。只有基金投资者需要对取得的投资收益缴纳所得税，从而避免了双重纳税。

（四）我国股权投资基金及管理人现状

根据清科研究中心《2023年中国股权投资市场研究报告》披露：

截至2023年底，存续登记私募基金管理人共21 761家。其中私募股权、创业投资基金管理人12 887家，私募证券投资基金管理人8 471家，证券公司私募基金子公司140家，私募资产配置类基金管理人9家。

截至2023年底，存续登记的私募基金管理人在从业人员管理平台完成注册的全职员工总人数共18.72万人。5—15人的中小型私募基金管理人占据主导地位。

据统计，2023年股权投资基金管理人注销数量达1 726家，同比上升22.1%；其中，超七成由协会依规注销，另有22.2%由管理人主动注销。

很明显，随着监管层再度明确"扶优限劣"导向，股权投资基金管理人正在加速出清。

三、最新私募基金监管体系重要内容

（一）最新私募基金监管的法规体系

在我国境内开展各类非公开募集的基金管理业务，均需在中国证券投资基金业协会登记为基金管理人，登记完成后才能进行后续基金的募集。基金设立后，基金管理人应当对基金进行备案。

2023年9月1日起，国务院颁布的《私募投资基金监督管理条例》（以下简称《基金条例》）正式施行，这是我国私募投资基金行业首部行政法规。几乎同时，中国证监会颁布的《私募投资基金登记备案办法》（以下简称《备案办法》）、中国证券投资基金业协会发布的登记指引《私募基金管理人登记指引第1号——基本经营要求》《私募基金管理人登记指引第2号——股东、合伙人、实际控制人》《私募基金管理人登记指引第3号——法定代表人、高级管理人员、执行事务合伙人或其委派代表》（以下简称《登记指引》）已于2023年5月1日起实施。

至此，我国私募基金行业监管体系进一步完善，监管力度进一步加大，行业迈向规范化、差异化发展之路。

（二）最新私募基金登记备案的重要内容

总体而言，当前国家对私募基金行业的政策导向是：鼓励私募基金行业"发挥服务实体经济、促进科技创新等功能作用"，鼓励"投早、投小、投长期、投科技"，明确对创业投资基金实施分类监管。同时明确指出：除另有规定外，未经登记，任何单位或者个人不得使用"基金"或者"基金管理"字样或者近似名称进行投资活动。需要关注的重点内容如下：

1. 出资架构

《登记指引》明确要求："私募基金管理人的出资架构应当简明、清晰、稳定，不存在层级过多、结构复杂等情形，无合理理由不得通过特殊目的载体设立两层以上的嵌套架构。"《基金条例》在已有规则基础上豁免了一层嵌套限制，即"符合国务院证券监督管理机构规定条件，将主要基金财产投资于其他私募基金的私募基金不计入投资层级"，此举有利于培育母基金、政府引导基金等长期机构投资者，吸引"耐心资本"。

2. 募集规模

私募基金初始实缴募集资金规模除另有规定外，应当符合下列要求：

（1）私募证券基金不低于1 000万元人民币；

（2）私募股权基金不低于1 000万元人民币，其中创业投资基金备案时首期实缴资金不低于500万元人民币，但应当在基金合同中约定备案后6个月内完成符合前述初始募集规模最低要求的实缴出资；

（3）投向单一标的的私募基金不低于2 000万元人民币。

3. 投资范围

私募证券基金的投资范围主要包括：股票、债券、存托凭证、资产支持证券、期货合约、期权合约、互换合约、远期合约、证券投资基金份额，以及中国证监会认可的其他资产。

私募股权基金的投资范围包括：未上市企业股权，非上市公众公司股票，上市公司向特定对象发行的股票，大宗交易、协议转让等方式交易的上市公司股票，非公开发行或者交易的可转换债券、可交换债券，市场化和法治化债转股，股权投资基金份额，以及中国证监会认可的其他资产。

4.基金存续期

私募股权基金约定的存续期除另有规定外，不得少于5年。鼓励私募基金管理人设立存续期不少于7年的私募股权基金。

5.基金管理人

《备案办法》明确规定，私募基金管理人应当是在中华人民共和国境内依法设立的公司或者合伙企业，并持续符合下列要求：

（一）财务状况良好，实缴货币资本不低于1 000万元人民币或者等值可自由兑换货币，对专门管理创业投资基金的私募基金管理人另有规定的，从其规定；

（二）出资架构清晰、稳定，股东、合伙人和实际控制人具有良好的信用记录，控股股东、实际控制人、普通合伙人具有符合要求的相关经验；

（三）法定代表人、执行事务合伙人或其委派代表、负责投资管理的高级管理人员直接或者间接合计持有私募基金管理人一定比例的股权或者财产份额。

备注：关于本条款不适用的情形包括商业银行、证券公司、基金管理公司、期货公司、信托公司、保险公司等金融机构控制的私募基金管理人，政府及其授权机构控制的私募基金管理人，受境外金融监管部门监管的机构控制的私募基金管理人以及其他符合规定的私募基金管理人。

《私募基金管理人登记指引第1号——基本经营要求》对此规定进行了细化：

法定代表人、执行事务合伙人或其委派代表、负责投资管理的高级管理人员均直接或者间接持有私募基金管理人一定比例的股权或者财产份额，且合计实缴出资不低于私募基金管理人实缴资本的20%，或者不低于《登记备案办法》第八条第一款第一项规定的私募基金管理人最低实缴资本（备注：即实缴货币资本不低于1 000万元人民币）的20%；

高级管理人员具有良好的信用记录，具备与所任职务相适应的专业胜任能力和符合要求的相关工作经验；专职员工不少于5人（另有规定的从其规定）；

内部治理结构健全、风控合规制度和利益冲突防范机制等完善；

有符合要求的名称、经营范围、经营场所和基金管理业务相关设施。

此外，《备案办法》对私募基金管理人的法定代表人、执行事务合伙人或其委派代表、经营管理主要负责人以及负责投资管理的高级管理人员、合规风控负责人等任职资格做了细化规定：

私募证券基金管理人法定代表人、执行事务合伙人或其委派代表、经营管理主要负责人以及负责投资管理的高级管理人员应当具有5年以上证券、基金、期货投资管理等相关工作经验。

私募股权基金管理人法定代表人、执行事务合伙人或其委派代表、经营管理主要负责人以及负责投资管理的高级管理人员应当具有5年以上股权投资管理或者相关产业管理等工作经验。

私募基金管理人合规风控负责人应当具有3年以上投资相关的法律、会计、审计、监察、稽核，或者资产管理行业合规、风控、监管和自律管理等相关工作经验。

私募基金管理人负责投资管理的高级管理人员还应当具有符合要求的投资管理业绩。

《私募基金管理人登记指引第3号——法定代表人、高级管理人员、执行事务合伙人或其委派代表》则对"投资管理业绩"做了进一步细化的要求：

私募股权基金管理人负责投资管理的高级管理人员的投资管理业绩，是指最近10年内至少2起主导投资于未上市企业股权的项目经验，投资金额合计不低于3 000万元人民币，且至少应有1起项目通过首次公开发行股票并上市、股权并购或者股权转让等方式退出，或者其他符合要求的投资管理业绩。其中主导投资是指相关人员主持尽职调查、投资决策等工作。上述业绩要求应当提供尽职调查、投资决策、工商确权、项目退出等相关材料。

在实践中，对私募基金管理人的实缴出资、团队工作经验、高管投资业绩等基本要求，挡住了一大批有想法但实力不够的普通创业投资者，导致无法进行基金管理人备案。

6.基金管理人与GP的关系

很多人对基金管理人和有限合伙企业的GP之间的关系一直模糊不清,本次出台的《备案办法》给出了清晰的答案:"私募基金管理人设立合伙型基金,应当担任执行事务合伙人,或者与执行事务合伙人存在控制关系或者受同一控股股东、实际控制人控制,不得通过委托其他私募基金管理人等方式规避本办法关于私募基金管理人的相关规定。"[①]

《合伙企业法》(2006年修订)规定:"可以委托一个或者数个合伙人对外代表合伙企业,执行合伙事务。"所以,有限合伙企业的GP可能有2家(即"双GP")甚至3家(但监管态度不鼓励多GP)。至于基金的管理人(无论基金是否采取有限合伙形式),《备案办法》已经明文规定"私募基金的管理人不得超过1家"[②]。

所以结论很清楚:无论有几个GP,基金管理人只能有1个,且必须是GP之一或者与GP存在控制关系或者受同一控股股东、实际控制人控制。

四、企业投融资实务

(一)投资十问

设立基金只是有了投资的载体和工具,投资的核心最终还是要回归项目质地和投资逻辑。一个好的投资,既要有战略能力站在"山顶"上俯瞰整个产业格局,又要有专业能力深入企业内部判断资产的真实质量;既要有贯通一级市场和二级市场的思维方式和技术手段,又要建立良好的内部投研体系、投决机制和员工激励制度。

业内人士常说:这个世界上最"贵"的书是上市公司的招股说明书;研究一个行业最直接的方法,就是多看上市公司年报和行业研究报告;如果你对企业样本接触得不够多,就会觉得每一个项目都是好项目。

企业在不同发展阶段,投资人关注的重点也不太一样。一般而言:"天使轮看人,A轮看产品,B轮看数据,C轮看收入,D轮看利润。"

---

① 《备案办法》第34条。
② 《备案办法》第30条。

至于投资的底层逻辑,笔者根据多年实践总结了"投资十问"。投资人在准备投资之前,都会自问类似的问题。而对于需要融资的被投企业,其实可以参考下面的问题,反向思考、反向筛选,最终找到适合自己的投资人。

1. What:什么才是好的投资?(参考:闭环、赋能、共赢、长期价值主义)

2. Where:好项目在哪里?(参考:圈层、信任、信息、行业洞察力)

3. When:何时才是好的投资时机?(参考:穿越周期、顺势而为、机缘)

4. Who:谁才是好的投资人?(参考:维度高、阅历广、平常心、不着急、不越位、有利他之心和真正的赋能能力)

5. Why:为什么投资是高风险行为?(参考:反人性的博弈)

6. How(1):如何理顺投资逻辑?(参考:国家大势、经济大势、行业、公司、战略、企业家、核心团队、组织能力、项目估值、投资条款)

7. How(2):怎样才能投得进去?(参考:尊重、赋能、估值、历史业绩)

8. How(3):怎样才能退得出来?(参考:上市退出、并购退出、回购退出、诉讼退出、清算退出等)

9. How(4):如何对项目进行估值?(参考:估值更重要还是条款更重要?)

10. How(5):如何准备投资协议?(参考:投资目的、投资理念、投资经验最真实的反映)

案例4-1　论一个投资人的自我修养[①]

国内顶尖投资人高瓴资本的张磊与高毅资产的邱国鹭曾经有一场关于投资的巅峰对话,非常精彩并值得深思。

首先他们都提到了大卫·史文森,机构投资的教父级人物,"耶鲁模式"的创立者。前摩根史丹利投资的董事长巴顿·毕格斯曾高度评价:"世界上只有两位真正伟大的投资者,他们是史文森和巴菲特。"大卫·史文森先生认为投资是世界上最具魅力的活动之一,并提出优秀的投资人需要具备6种特质:好奇心、自信心、谦逊、敬业、判断力和热忱。

当问及"优秀的投资人需具备的最重要的特质"时,张磊的答案是"能

---

① 邱国鹭:《投资中最简单的事》,中国人民大学出版社,2014年版。

否做到理性的诚实,能否诚实地面对自己,客观地衡量自己,尤其是诚实地面对自己的失败。"张磊认为:"到最后,投资人比的是品质和心性,企业家比的是品质和格局观。每个微小的判断背后都反映出你的格局观、价值观、世界观。"

当回答"聪明的投资人最容易犯的错误"时,邱国鹭认为:"聪明的投资人容易过度自信,高估了自己的聪明程度,低估市场的'傻'。投资本身是一件很孤独的事情,有时候一旦形成了一个见解、看法,就总觉得自己特别有道理。如果市场出现偏差,我们要自省并分清哪些是事实(Facts),哪些只是论点(Opinions)。所有的论点都需要事实和数据的支持。没有事实和数据支持的论点是站不住脚的,还是需要经过客观论证的过程。投资人更多地需要批判性思维。"所以他主张投资人之间要"共同研究,独立投资",以达到"自我纠偏"的目的。

(二)衡量基金业绩的主要指标

在私募股权投资基金行业,有3个衡量业绩的重要指标:MOIC、DPI、IRR。

1. MOIC:基金投资回报倍数(Multiple on Invested Capital)。MOIC其实是一个非常简单的倍数计算。计算公式如下:

MOIC=基金所投资的项目公允价值(包括已实现的和账面的)/实缴本金

2. DPI:投入资本分红率(Distributed over Paid-in),指基金出资人(LP)在基金里的投资,回收/分红了多少。DPI是对真正的退出收益真金白银的统计。计算公式如下:

$$DPI = \frac{\sum_{t=0}^{T} D_t}{\sum_{t=0}^{T} TD_t}$$

计算公式说明:在时间t内支付给投资组合的资金是TD_t,而D_t是投资组合返还的现金。一开始DPI为0,随着现金回收而增加,一旦现金收入超过支出,DPI就会超过1。

DPI指标的缺点是没有考虑货币的时间价值,所以股权投资行业经常用IRR和DPI的组合指标来确定基金的表现。

3. IRR：内部收益率（Internal Rate of Return）。IRR就是现金流入现值总额与现金流出现值总额相等、净现值等于零时的折现率。IRR最大的优点是考虑了时间维度，本质是一个复利收益指标。计算公式如下：

$$\sum_{t=0}^{T} \frac{CF_t}{(1+IRR)^t} = 0$$

计算公式说明：T为投资期限，CF（Cash Flow）代表t期的净现金流。它考虑了资本的时间价值（time value），现金流出为负数，反之现金流入为正数。在计算IRR时，要使净现值为0，必须有现金流出和现金流入，而且第一笔肯定是现金流出，否则便不能得出结果。

在计算IRR时，基金运营费用、基金管理费是否计算成投资成本，基金后端carry、所得税如何统计口径，GP与LP立场角度不同，计算结果相差较大。LP计算出的IRR通常比GP计算出的IRR要低。

IRR是判断基金业绩重要的指标，其核心任务是反映GP对基金的投资使用效率。从基金历史的IRR数据，可以帮助LP对基金历史业绩有所判断，更可以从时间的维度上一定程度反映出基金的投资节奏和退出节奏，从而反映出基金的管理策略。假设回报倍数一定，不同的投资节奏和退出节奏，对应的IRR数据截然不同。

（三）企业估值常用方法

估值是投资最重要的环节之一。估值方法通常包括相对估值法、创业投资估值法、现金流折现估值法、成本法、清算价值法等。作为股权投资，关注的是股权价值，所以最后的交易价格以股权价值为基础来确定。但是有些估值方法直接用的是企业价值，而非股权价值。企业价值是指包括股东和债权人在内的公司所有出资人，共同拥有的公司运营所产生的价值。企业价值与股权价值转换公式：**企业价值+现金=股权价值+债务**。

1. 相对估值法

相对估值法使用可比价值对目标公司进行价值评估，简单实用，在投资和并购中使用广泛。其关键点在于选取与目标公司所处的行业、业务、产品、规模、市场环境等方面相同或相近的可比公司，目的是得到一个较为可比、可信的倍数，如P/E倍数、P/B倍数、P/S倍数等。

（1）市盈率倍数法

市盈率（P/E）倍数法又称为P/E估值法，简单易用，使用广泛。

股权估值＝净利润 × 市盈率倍数

使用公式时，先确定可比公司的市盈率作为目标公司估值市盈率。公式中的净利润，可用最近一个完整会计年度的历史数据或者最近十二个月的数据或者是预测的盈利数据。投资实践中，较多采用预测的盈利数据进行估值。

但若卖方（企业方）过分乐观，盈利预测过高导致估值过高时，买方（投资方）就会采取类似对赌的方式进行调节，这对于卖方是"一把非常锋利的双刃剑"。实践中已经有无数的创业者跌倒在投资对赌上，结局惨淡；若买方过分强势导致估值过低，卖方利益受到伤害，则一定会在未来的合作中通过各种方式"拿回去"，最终导致双输。估值过高或过低都会遭受"反噬"，这是人性的自然体现，类似的案例在资本市场不断循环发生。所以估值合理、买卖双方利益达到平衡非常重要。

（2）市净率倍数法

市净率（P/B）倍数法又称为P/B估值法。

股权价值＝净资产 × 市净率倍数

市净率倍数法比较适用于净资产的账面价值接近市场价值，资产流动性较高的企业，比如银行等。

（3）市销率倍数法

市销率（P/S）倍数法又称为P/S估值法。

股权价值＝销售收入 × 市销率倍数

市销率倍数法比较适合一些净利润为负，经营性现金流也为负且账面净资产值较低的创业企业。这时，P/E法、P/B法都无法使用，只能用销售收入进行相对估值。

市销率倍数法比较适合于互联网、电子商务、制药、商业服务等销售成本率稳定的收入驱动型企业。

（4）EBIT倍数法

息税前利润（EBIT）＝净利润＋所得税＋利息

企业价值EV＝EBIT × EBIT倍数

EBIT指息税前利润（Earnings Before Interest and Tax），是在扣除债权人利

息之前的利润。EBIT倍数法剔除了资本结构的影响。考虑到市盈率倍数法是以净利润指标作为估值基础,而净利润归属于股东,无法反映债权人的求偿权,当目标公司与可比公司的资本结构存在较大差异时可能导致结果错误。而EBIT是向所有股东和债权人分配前的利润,因此不受股权和债务的比例即资本结构的影响。

(5) EBITDA倍数法

息税折旧摊销前利润(EBITDA)=息税前利润(EBIT)+折旧+摊销

企业价值EV=EBITDA×EBITDA倍数

EBITDA指息税折旧摊销前利润(Earnings Before Interest, Tax, Depreciation and Amortization),是指扣除利息费用、税、折旧和摊销之前的利润。不同企业的折旧摊销政策以及不同发展阶段的折旧摊销水平,都会影响到企业的净利润和息税前利润,但息税折旧摊销前利润则不受此影响。EBITDA倍数法不但考虑了资本结构的影响,还考虑了折旧摊销。因此,对于折旧摊销影响比较大的企业,例如重资产企业,比较适合EBITDA倍数法。

2.创业投资估值法

创业投资估值法主要应用于创业早期的企业,投资是基于对该企业未来回报有较高期望,但此时利润和现金流均为负数,所以其他的估值方式不太合适。

创业投资估值法通过评估目标公司退出时的股权价值,再基于目标回报倍数或投资收益率,倒推出目标公司的当前价值。

当前股权价值=退出时的股权价值/目标回报倍数=退出时的股权价值/$(1+$目标收益率$)^n$

3.现金流折现估值法

现金流折现估值法,即DCF(Discounted Cash Flow)法,是将估值时点之后目标公司的未来现金流以合适的折现率进行折现,加总后即得出企业当前的价值。DCF法计算公式为:

$$V=\sum_{t=1}^{n}\frac{CF_t}{(1+r)^t}+\frac{TV}{(1+r)^n}$$

其中,V为价值,t为时期,CF_t指第t期的现金流,r为未来所有时期的平均折现率,n为详细预测期数,TV为终值。

现金流折现估值法主要适用于企业现金流稳定、未来可预测性较高的情形。但是计算比较复杂，受主观因素影响较大。对于同一家公司，不同的假设前提得出的结果可能差异较大。

4.成本法

（1）账面价值法。公司的账面价值为总资产减去总负债后的净值。买卖双方在对目标公司的资产和负债各项目进行逐项调整和评估后，经过协商得出的双方都可以接受的公司价值。

（2）重置成本法。重置成本法是用待评估资产的完全重置成本（重置全价）减去其各种贬值损耗后的差额作为该项资产价值的评估方法，完全重置成本是指在现时条件下重新购置一项全新状态的资产所需的全部成本。

计算公式：**待评估资产价值 = 重置全价 – 综合贬值 = 重置全价 × 综合成新率**

重置成本法受主观因素影响较大，且历史成本与未来价值并无必然联系，因此，重置成本法主要是作为一种辅助方法。

（四）投资框架协议

通常，投资方在与被投企业初步沟通、现场考察以及初步判断之后，在签署正式投资协议之前，会签订一份TS（Term Sheet）协议。由于该协议汇集了双方就本次投融资所涉及的主要条款（Terms），且以前经常采用类似表格（Sheet）或列表清单形式表述，所以称为Term Sheet。TS协议的原文翻译是"投资条款清单"，但国内一般称为"投资意向书"或者"投资框架协议"。当融资项目通过投资方内部审核后，投资双方开始启动实质性谈判，并就有关交易的具体条款进行协商，达成一致后写入投资协议，构成投资协议的核心条款。

不同的投资方风格不同。有一些投资方的TS协议相对简单、随意性强，也有一些投资方的TS协议写得比较复杂且非常正式。一般来说，前期TS协议简单，那么正式投资协议的谈判通常会复杂一些；如果前期TS协议比较复杂，那么后期正式投资协议的谈判通常会简单一些。

TS协议不具有法律效力，签署TS协议也并不代表投资方就一定会进行投资。有些投资方包括一些所谓有名气的投资机构，为了锁住项目源，在基金的资金并没有实际到位的情况下，也会签署TS协议。所以被投企业对此要有清楚的认识，并尽可能地对投资方进行反向尽职调查，了解投资方的风格和实力。

投资入股通常有三种方式：增资扩股、老股转让、老股转让+增资扩股。核心区别在于增资扩股的资金是进入企业内部增强资金实力；而老股转让是新旧股东之间的交易，资金并没有进入企业，而是出让股权的老股东实现套现。相应的就存在《股权增资协议》《股权转让协议》等不同协议类型。

（五）投资协议主要条款

投资协议条款是投资机构的投资逻辑、投资风格、投资目的最全面、最真实的结果呈现。对于投资协议条款，无论是TS协议还是正式投资协议，被投企业都需要逐一研读，确保对该协议所有条款充分理解，若有疑惑一定要和投资人及时沟通，避免误解。

"这个世界没有必须要做的生意"，同样"也没有必须要签的投资条款"。企业要以平常心面对投资机构，不着急，不盲从，不唯一。另外，建议不要迷信大牌投资机构，"合适的就是最好的"这一理念在投资领域同样适用。如果觉得和该投资机构交流不畅，或者认为投资条款极度不公平，有可能引起严重后果，宁愿缓一缓，多谈几次，多选几家，也不要委曲求全，否则你担心的事情极有可能发生。双方通过投资条款保护各自的利益都没有错，但是投资机构出发点更多的是当成一个项目，然而创业者可能会把这个公司当成全部身家甚至生命的一切，双方的出发点未必完全一致。关注"起心动念"在投资和资本运作中也特别重要，未来双方合作是否愉快，基本都可以追溯至当时投资的初心。同样，企业创始人要对自己和企业的能力边界有清醒的认知，不要盲目自信、过分膨胀，因为很多企业失败就是折戟于此。

资本市场关于投融资那么多精彩的案例，无论是大打出手的矛盾纠纷，还是互相扶持的相濡以沫，源头都在合作的初心以及是否同频。

1.估值条款

估值条款是投资协议的重要内容，包括本轮融资公司的估值、拟投/融资金额、投资后投资机构所获得的股权比例等。信息不对称使得卖方会设法提高自己的估值，而买方为了保护自己总是尽可能降低估值或者增加保护条款。前面已经进入的机构在后续融资中会帮助企业提高估值，以免稀释自己的权益。

估值的方法有很多种，但是没有一种完美的方法。最后的交易价格一定是双方综合考虑各种因素之后达成的平衡。

估值分为投前估值和投后估值两种。投前估值不包括本轮投资基金新投入的资金。投后估值=投前估值+本轮新投资额。

例如：假设某企业经审计净利润1 000万元，按照投前市盈率10倍估值，即投前估值1亿元，本轮投资方拟投入3 000万元（0.3亿元），则投资方投资之后所占的股份=0.3/（1+0.3）×100%=23.08%；若假设某企业投后估值1亿元，本轮投资方拟投入3 000万元（0.3亿元），即投前估值7 000万元，则投资方投资之后所占的股份=0.3/1×100%=30%。

所以，在投资协议中要明确是投前估值还是投资后估值，两者差别较大。

2.估值调整条款

在实际投融资中，被投企业对自身财务、经营信息处于优势地位且对盈利预测一般较为乐观，估值偏高。而为了保护自己，投资方往往利用其在资金方面的强势地位要求被投企业签署估值调整条款也称"对赌条款"来对冲风险。资本市场中很多的纠纷和案例都是来自企业创始人对自身、企业以及资本的认知不够，高估自己的能力，低估对赌条款的威力，从而触发一系列连锁反应，结果"净身出户""负债累累"。所以，被投企业对本条款要格外慎重。

对赌条款是指被投企业的实际业绩未达到事先约定的业绩目标，或发生约定的特定事件后，由被投企业创始股东或其他利益方按照协议约定向投资方以现金或股权方式提供补偿。其中，现金补偿方式一般通过行使回售权实现，股份补偿则可以通过股东之间以较低的名义价格进行股份转让或调整优先股与普通股之间的转换系数来实现。

举例：某股权投资基金2024年投资A公司5 000万元，根据估值调整条款约定，未来3年每一年度业绩赔偿公式为：T年度现金补偿款金额=投资方投资总额×（1−公司T年度实际净利润/公司T年度承诺净利润），并承诺2025—2027年归属于母公司所有者的净利润指标分别为5 000万元、6 000万元和7 000万元。现2025年实际归属于母公司所有者的净利润为3 500万元，则2025年度现金补偿款金额=5 000×（1−3 500/5 000）=1 500万元。

特别提醒的是，为了避免对赌陷入"无底洞"，建议被投企业大股东在对赌条款设计中，对回购义务设置一定的上限，比如"创始股东以其持有目标公司股权（或者股权价值）为限承担回购义务"等。这些本质都是商务条款，都是可以商谈的，关键就在于双方的博弈能力了。

3.回售权条款

回售权条款又称回购条款，是指发生投资协议约定的触发条件时，投资方有权要求被投企业创始股东或其指定的相关利益方按协议约定的价格或条件回购投资人的全部或部分股份。回售权条款一方面可以达到估值调整的目的，另一方面也是投资方退出投资的重要手段。

常见的"回售权"触发条件，一般分为经营业绩和非经营业绩两类。比如：

（1）经营业绩不达标。常见的考核指标为净利润。

（2）未按时申报上市材料或者实现上市。

（3）创始股东丧失了控股权。

（4）企业高管出现重大不当行为。

4.随售权条款

随售权又称共同出售权，是指被投企业原股东向第三方出售股权时，投资方有权以其持股比例为基础，以同等条件向第三方出售股权。

5.领售权条款

领售权又称拖售权、强卖权，是指投资方向第三方（潜在并购方）卖出其持有股权时，有权要求被投企业原股东一同按照相同的条件和价格转让股权。领售权条款可以保护处于小股东地位的投资方通过被并购方式顺利退出。因为无论大股东认可或者不认可该并购方，都必须按照该投资方和并购方达成的时间、条件和价格与投资方一起向该并购方出售股权，不得拒绝出售。对于大股东而言，却可能是个灾难，导致企业控股权轻易丧失。所以被投企业对领售权条款尤其要警惕。

若处于强势的投资方必须写上领售权条款才会进行投资，被投企业必须高度重视，或者拒绝，或者设置一定的条件，比如：

（1）投资方欲行使领售权时，公司原股东有权按照同等交易条件优先受让该投资方的股权；若公司原股东拒绝受让，领售权才能被行使；

（2）投资方欲行使领售权时，必须获得所有投资人权益的×%以上通过；

(3)第三方机构收购公司的估值必须高于×元,投资方才能行使领售权。

6.反稀释条款

反稀释条款又称反摊薄条款,是指被投企业本轮完成融资后,若后续再融资时后轮投资者认购价格低于本轮融资价格,本轮投资者认为自己的权益被稀释了,所以要求被投企业原股东向本轮投资者进行补偿。反稀释条款的本质是对投资者利益的价格保护。

反稀释条款分为两种:完全棘轮条款和加权平均条款。

(1)完全棘轮条款。完全棘轮条款是境外基金以及谈判处于优势的国内基金常用的一种保护性条款。即若被投企业后续融资价格低于本轮价格,则本轮投资者投入的资金全部按照最新的最低价格折算成股份,新增部分的股份由原股东(通常是大股东)无偿或以象征性的价格转让。

该条款虽然最大限度地保护了本轮投资者,但是风险全部转嫁给了大股东,影响较大。

(2)加权平均条款。加权平均条款考虑到了新增出资额数量的权重,比完全棘轮条款温和,也更容易被各方接受。普遍的加权平均条款计算公式如下:

反稀释调整后本轮新适用每股价格=本轮原每股价格×(后轮发行前公司原总股数+未降价时后轮投资者按本轮原价格能购买股数)/(后轮发行前公司原总股数+降价后后轮投资者实际能购买股数)

举例:某公司在本轮融资前大股东持股数量为1 000万股。本轮投资者以每股3元的价格购买了100万股,后轮投资者以每股2元的价格购买了50万股。

(1)在完全棘轮条款下,大股东需向本轮投资者补偿的股票数量:=100×3/2-100=50(万股)。

(2)在加权平均条款下,经过反稀释调整后本轮投资者新适用每股价格=3×[(1 000+100)+2×50/3]/[(1 000+100)+50]=2.96(元)。

大股东需向本轮投资者补偿的股票数量=100×3/2.96-100=1.35(万股)。

通过比较,可以看到完全棘轮条款和加权平均条款结果相差还是较大的。

7.优先认购权条款

优先认购权,是指被投公司未来发行新的股份(即增资)或者可转换债券时,投资人有权按其持股比例在同等条件下优先认购。

8.优先购买权条款

优先购买权,是指被投企业股东对外出售股权时,投资方有权在同等条件下优先购买。优先购买权也被称为第一拒绝权。

9.优先分红权条款

优先分红权,是指投资方在被投企业分红时,有权优先于普通股东取得一定比例股息的分配。

10.优先清算权条款

优先清算权,是指投资人在被投企业清算过程中,有权优先于普通股股东获得资产的分配。

11.投资人权利和保障条款

投资人权利和保障条款,是指被投企业在涉及投资者经济利益、公司治理、公司控制权等重大事项时,投资人为保护自身权利和利益而设置的条款,如董事会席位条款、需要投资人同意才能行使的决议等。对此条款,需要掌握利益平衡,既需要保障投资人作为小股东的合法诉求,又不能因为小股东仅出于保护自身利益的"小"视角阻碍了公司进一步发展的"大"格局。

12.竞业禁止条款

竞业禁止条款,是指被投企业创始人、重要股东、董事、高管、核心技术人员等主要人员在职期间以及离职一段时间内,不得从事与公司相同或者相近业务的限制性条款。竞业禁止条款属于标准条款。

13.保密条款

保密条款,是指投融资双方对在交易过程中知悉的对方商业秘密需要承担保密义务,未经允许不得向第三方泄露,否则必须承担相应的违约责任。保密条款属于标准条款。

14.排他性条款

排他性条款,是指投资方签订投资框架协议后一段时间内,有权与被投企业进行独家谈判,而在此期间被投企业不得接触除投资方以外的潜在投资者。对企业发展而言,时间也是一种稀缺资源。所以是不是每个机构都需要签署排他条款,排他期限多长,被投企业可以根据博弈情况自行确定。

不同的投资机构都有不同类型、不同表达的投资条款,大部分被投企业经验和专业都不足,且处于需要融资的相对弱势的地位,建议在谈判中抓大放小，把重点放在可能影响公司命运和发展的重要条款上，如估值条款、对赌条款、回售权条款、领售权条款、反稀释条款、投资人权利和保障条款等。

（六）基金的投后管理

投后管理，是指投资机构完成投资交易之后，对被投企业实施项目监控并参与企业管理、提供增值服务的行为。在整个股权投资过程中，投后管理工作持续时间长、花费精力多。目前"重投前轻投后"现象较为普遍，大多数机构将主要精力投入项目筛选、尽职调查和投资交易，对投后管理和增值服务重视程度不够。在"募资难，投资贵"的实际形势下，投后管理将会越来越重要。好的项目是投出来的，好的基金是"管"出来的。

投后管理不应该只是常规地按期收集资料，看看数据，也不只是委派董事、参加会议和简单回访。投后管理主要包括两个内容：风控监管和赋能增值。风控监管的核心是建流程、抓重点，按照风险等级分类管理。赋能增值的核心是摒弃财务投资的短视思维，加强产业赋能的长期思维。对于投资机构而言，好的投后管理有利于持续复投、未来退出和基金募资；同样，好的投后管理也需要把握分寸和界限，充分尊重和信任创业者，"帮忙不添乱、到位不越位"，不把赋能变成"负能"，不把补药变成"毒药"。

💰 案例4-2　高瓴资本的投后管理

在投后管理方面，高瓴资本做得比较出色。不同于一般投资机构简单的投后服务，高瓴资本独创了一套投后服务模式，即深度价值创造（Deep Value Creation，DVC）模式。该模式包括人才服务、数字化升级、管家服务、终身学习平台、创新生态资源等内容，通过科技重构价值链体系，形成新的生产力、生产效率、组织方式，重建企业的"动态护城河"，打造企业的长期发展价值。

比如，高瓴资本在投资公牛电器之后，利用自身在精益管理领域的优势，帮助被投企业重构运营效率：在营销端帮助客户引入客户声音（VOC）、问题解决流程（PSP）、市场细分、价值销售等管理工具；在制造端协助改善实施现场，提升生产效率和产品品质，降低产品的返修率；在研发端导入爆款设计工具（BPD）。以产品数码立式插座为例，高瓴的精益管理团队与公牛研发团队一起工作，最终每个插座减少16个零件，降低成本7元。2019年，整个公牛集团一共有430项改善，精益管理的收益总额约1.1亿元。

高瓴资本DVC模式背后是一支超过200人，包括数字化、精益管理、组织人才等多个专业序列的团队。

（七）股权投资基金经营现状及面临困难

1. 服务科技创新

资本市场在分担创新风险、促进创新资本形成、优化创新资源配置等方面具有天然优势。创业投资、股权投资在挖掘、培育、支持未来产业和新兴产业方面还是起到了重要作用。

据统计，注册制改革以来，近九成的科创板上市公司和六成的创业板上市公司获得过私募基金支持。私募股权创投基金投资半导体、生物医药等重点科技创新领域项目约10万个，在投本金约4.3万亿元。

2. 基金分化明显

2022年清科研究中心调研的2011年起成立的400多家机构、1 500只基金中，只有2011年、2012年（部分）股权基金的DPI超过1，十年期的基金中位数到目前为止才回本。即2013年及之后成立的多数股权基金，DPI都不足1，这也就意味着大多数LP没有回本。

国内情况与欧美GP统计数据日益趋同：前20%基金赚钱，中间50%基金基本持平，剩余30%基金亏损。除非私募基金选择公开披露，否则外人很难知道其真实运营数据。

2015年，九鼎、同创伟业、硅谷天堂等一批头部私募基金纷纷挂牌新三板，依法披露的《公开转让说明书》对基金运作的全过程进行了详细的披露，当时IRR都高达30%—40%。2022年9月，国内著名的弘毅私募股权投资基金发起的特殊目的收购公司（SPAC）上市向港交所递表。其依法披露的资料显示，自2005年完成首项投资至截至2021年底共17年时间，该基金投资资本倍数（MOIC）为1.94倍、分派对实缴资本（DPI）为1.45倍、内部收益率（IRR）约为26%。敢于申报上市的股权基金应该是业内比较优秀的翘楚了，他们披露的数据可以作为评价基金的参考。

3. 投资人日趋理性

国内资本市场走向全面注册制，一二级市场逐渐走向理性。国内外市场

IPO频频破发，一二级市场估值倒挂。有些公司虽然成功上市，但是二级市场交易量很少。投资基金为了尽快兑现收益，强行在二级市场集中退出，形成股价踩踏砸盘现象。以前新股破发亏钱的是PE阶段的投资机构，现在连相对较早的B轮投资都出现了账面浮亏。

有些基金所投项目在不上市时IRR很好，但项目上市之后，基金退出带来的现金回报比较差，甚至连本金都收不回来。而只有DPI才能真正计算出LP到底能够从一只基金拿回来多少真金白银。在某种程度上说，IRR只是纸面富贵。

在全资产配置中，一级股权投资市场的流动性较差，交易成本较高。很多基金的账面IRR很高，但很多年过去了，没有给LP分过一次红，钱也拿不回来。一些一线基金的最终收益率已经跑不赢大型信托，所以基金募资越来越困难。现在有些LP已经不看IRR了，而是一边看DPI，一边看底层资产。当LP过于追求DPI时，便走向了另一个极端——"唯DPI论"。"唯IRR论""唯DPI论"其实都是片面的，客观理性的态度才能促进行业健康发展。

4.募资难，退出难

最近几年，整个股权投资行业"募资难"的现象越来越明显。很多基金募不到钱，基金管理人面临较大的生存压力。另外的最新趋势是国资资金成为人民币基金LP的主力，出资规模占比接近八成，产业返投成为投资的核心指标之一。

同时，"退出难"的问题也日益凸显。国内股权基金高度依赖IPO退出，但是随着IPO标准提高、监管明显趋严、审核节奏放缓，大批存量已投项目面临退出压力，市场焦虑和投资纠纷越来越多。

"退"是基金"募投管退"过程中最后一个环节，也是核心环节。无论基金管理人的募资能力多强、项目来源多丰富、投后管理多完善，在退出这一环节为投资人带来真正的回报，才能算是成功。

现在有些基金GP迫于LP对DPI的压力，开始"隔轮退"，就是投进去后隔一轮或者隔两轮就退出。这种方式在一定程度上有违长期价值投资理念，却可能是实践中最现实的选择。

股权基金在投资项目时就应该以终为始，提前规划未来如何退出，这是一级市场股权投资的大趋势。投资环节做得不好，退出时基金的压力将会很大。基金管理流程中的募、投、管、退都不是孤立的环节，需要真正全链条的联动。

案例4-3 对赌回购：我只是创业失败了，就那么该死吗？

最近几年由于经济下行，创业失败率上升，投资人与创业者之间的矛盾日益公开化，由于对赌和回购的纠纷导致双方对簿公堂的事件越来越多。

2023年11月6日，纽诺教育创始人王荣辉女士在其个人公众号上发出悲怆长啸："我只是创业失败了，我就那么该死吗？"王女士称，因为创业失败背负了几千万元投资款的回购债务，而且医保卡也被投资机构申请执行划扣并冻结，交了十几年医保攒下来的几万元救命钱也被一并执行。她还得知，这家投资机构除了申请冻结医保卡，还申请了拘留，不过法院没有同意执行。之前一年，她曾因一篇题为《卖了4套房，创业12年，如今负债1亿，无家可归》的反映创业失败现状的长文获得关注和同情。

2024年7月底，国内最著名的创投机构深圳市创新投资集团有限公司（以下简称"深创投"）因密集发起回购诉讼成为资本市场的热议焦点。统计显示，自2019年至今，深创投一共发布了51份诉讼法律服务采购招标邀请函，其中仅2023年一年就达29份，2024年1—7月即高达19份。诉讼原因大多类似如下案例："2020年向某公司投资2 300万元，因该公司2020年和2021年合并净利润大幅低于业绩承诺导致触发回购条款，同时于2023年底触发关于上市的回购条款……"

作为国内创投行业的风向标，深创投准备批量起诉被投企业只是创投现状的一个缩影。早在2015年前后，国内掀起了一波创业高潮，大量基金涌入创投行业。但现在很多基金到了退出期，都在忙着投后管理和项目退出。根据汉坤律师事务所发布的《2023年度VC/PE项目数据分析报告》统计结果，有91%的境内架构（境外架构数据为76.92%）投资协议约定了创始团队的回购条款。

2024年8月29日，最高人民法院就"对赌协议中股权回购权性质及其行权期限"给出了最新指导性意见，明确："双方有约定投资方请求对方回购期间的，应在约定期限内及时请求对方回购，并在请求之次日开始计算诉讼时效；未约定具体期间的，也应在合理期限（6个月为宜）内请求对方回购，并在请求之次日开始计算诉讼时效。"

创投的市场环境变差，特别是上市和并购退出的渠道受阻，创投机构过往的投资面临不确定性风险。为了给基金出资人LP一个交代，投资机构往往根据"对赌、回购条款"进行法律诉讼。

但现实情况是，失败的创业企业本身就无力偿债，所以即使投资机构胜诉也大概率无法变现。

创业者因为盲目乐观和对赌协议最终变成了失败的"老赖"，投资机构也在为自己曾经真金白银的付出"喊冤"，问题的破解之道究竟在哪里？

五、案例分析

【深度案例5-1】俏江南与投资公司股东的"孽缘"

导语：辛苦创业二十多年，最终由于对自我和资本的认知不足，创始人最终出局，并长时间陷入与顶级投资机构的诉讼纠纷，俏江南的案例颇具典型参考性。过分自信、误判形势、盲目扩张导致资金链紧张，一家普通的民营企业引入顶级国际资本，本以为是强强联合，最终却因为行业动荡、管理不善以及上市不利，导致在与资本的博弈中接连触发对赌回购、领售权、优先清算权等投资协议条款，结果被"扫地出门"。同时，在这起案例中我们也可以见识成熟的私募股权基金利用投资条款对自身利益形成的层层保护以及其强大的法律诉讼能力。

为完整分析俏江南案例始末，现按照时间脉络呈现如下[①]：

2000年4月，在加拿大起家的张兰，将创业近10年攒下的6 000万元投资进军中高端餐饮业，第一家"俏江南"餐厅在高档的北京国贸正式开张。

2006年，张兰创建了兰会所。不久俏江南中标了2008年北京奥运会唯一中餐服务商，在奥运期间负责为8个竞赛场馆提供餐饮服务。

2008年7月，兰·上海正式创建，目标指向2010年上海世博会。之后，俏江南旗下4家分店成功进驻世博会场馆。不久张兰也登上了著名餐饮富豪榜，身价20多亿元，更是豪言要让俏江南遍布全国，开设500家分店并IPO上市。一时间，俏江南风光无限。

[①] 免责声明：本案例分析综合了《新财富》等文章、网络媒体报道及查阅最新公开文件。俏江南为非上市公司，未有法定披露义务。本书无法确保所有数据的真实完整性，仅供读者学习投资知识所用。

2008年正值全球金融危机爆发，急速扩张的俏江南面临巨大资金压力。

2008年下半年，鼎晖以等值于2亿元人民币的美元，获得俏江南10.53%的股权。据此计算，俏江南的投后估值约为19亿元。

2011年3月，俏江南向中国证监会提交了A股上市的申请。

2012年1月30日，中国证监会例行披露的IPO申请终止审查名单中包括了俏江南。上市的不顺利，令张兰对投资方颇有微词："引进他们（鼎晖）是俏江南最大的失误，毫无意义。民营企业家交学费呗。他们什么也没给我们带来，那么少的钱稀释了那么大股份。"张兰还抱怨道，她早就想清退这笔投资，但鼎晖要求翻倍回报，双方没有谈拢。

2012年4月，来自瑞银证券的消息称，俏江南将于第二季度赴港IPO，融资规模预计为3亿—4亿美元。看来，投资协议中"2012年底之前完成IPO"的"紧箍咒"让俏江南在A股上市无望情形下不得不转战港股。

2012年12月初，俏江南赴港IPO通过聆讯。此前，俏江南在投行的带领下拜会了香港市场的各路机构投资者，但在市场寒流面前，潜在投资人与原始股东在估值预期方面相差过于悬殊，张兰只能等待更合适的股票发行时间窗口。

据当时财经权威媒体报道，俏江南与鼎晖签署的投资协议中有类似对赌回购条款："如果非鼎晖方面原因，造成俏江南无法在2012年年底之前上市，鼎晖有权以回购方式退出俏江南。"而俏江南最终未能实现2012年底之前IPO，导致其触发"股份回购条款"。这就意味着，俏江南（大股东）必须用现金回购鼎晖所持股份，同时保证鼎晖投资数年的合理回报。

一般情况下，典型的股份回购条款如下：如果大多数A类优先股股东（投资者）同意，公司应该从第【5】年开始，分【3】年回购已经发行在外的A类优先股，回购价格等于原始发行价格加上已宣布但尚未支付的红利。当然，股份回购的触发方式，也可以不是优先股股东投票表决，而是由条款规定具体的某一时间性事件触发，比如【5】年之内企业未能实现IPO，则触发股份回购条款。（备注：【】里面内容为双方协商确定，下同。）

据媒体报道，在当时俏江南处于经营非常困难的情况，门店已经从70个缩减到50个，根本无力回购。此时，作为老牌投资公司的鼎晖当初在协议中设置的"领售权条款"开始发挥作用。

领售权，即"领衔出售公司的权利"。典型的领售权条款如下：如果多数

A类优先股股东（或者投资机构）同意出售或者清算公司，则其余的股东都必须同意此交易，并且以相同的价格和条件出售他们的股份。在俏江南案例中，A类优先股股东只有鼎晖一家，因此只要鼎晖决定出售公司，张兰这个大股东必须无条件跟随。

2013年10月30日，路透社爆出欧洲最大的私募股权基金CVC计划收购俏江南的消息。当时的CVC董事合伙人及大中华区主席是梁伯韬。媒体分析："假如接盘的CVC愿意出高价收购俏江南，那么鼎晖或许只需出售自己那部分股权就能获得预期回报，也就未必会强迫张兰跟随其一块出售股份。但是如果收购方执意要控股企业，那么张兰只能跟随出售其股权，或者同意收购方额外增资进来稀释张兰的股权比例。假如CVC出价不高，则鼎晖只卖自己那部分股权不够，势必要求张兰跟着一起卖股权。根据投资条款约定，只要两者合计出售股权的比例超过50%，则可以视作是清算事件。一旦清算事件发生，鼎晖则可以启动'清算优先权条款'。"

一般情况下，典型的清算优先权条款如下："如公司触发清算事件，则A类优先股股东（即投资人）有权优先于普通股股东（即创始股东）每股获得初始购买价格【2】倍的回报（注：【】内双方自行约定）。"此处的"清算"，并不单指我们通常所理解的、因资不抵债而无法继续经营下去的破产清算。更进一步，如果公司因合并、被收购、出售控股权，以及出售主要资产，从而导致公司现有股东占有存续公司的股权比例低于50%，同样也被视作清算事件。这意味着，假如张兰和鼎晖一并出售公司的股权，所收到的出售股权款中，要优先保证鼎晖初始投资额2倍的回报，有余额才能分给张兰，没有余额则张兰颗粒无收。

2013年8月，张兰和CVC双方第一次签订收购协议。后因各种原因暂停。

2013年9月，双方签订俏江南商标转让协议。

2013年12月9日，双方重启谈判，签订《经修订和重述的股份买卖协议》。不久，双方股权交割。

2014年1月，张兰退出俏江南董事会。

2014年4月，CVC发布公告宣布完成对俏江南的收购。CVC最终以2.86亿美元的价格收购了俏江南82.7%的股权，剩余股权张兰持有13.8%，员工持股3.5%。

按照当时的汇率折算，这笔交易中俏江南的整体估值约为22.1亿元人民币，仅略高于鼎晖2008年入股时的19亿元人民币估值。可以推测，鼎晖出售自己那部分股权仅能保本，假如鼎晖按照协议要求获得至少2倍甚至更高的回报，则差额部分需要张兰出售股份的所得款项来补偿。这一切，都是投资协议条款连锁反应的结果：俏江南上市夭折触发了股份回购条款，大股东没钱回购导致鼎晖启动领售权条款，股东大比例股权出售成为清算事件又触发了清算优先权条款。由此可见，VC/PE在投资中利用条款对自身利益形成一环扣一环的保护。

但是故事远没有结束，精彩的还在后面……

根据公开信源了解，为了降低自身的风险，CVC对俏江南采取的是"杠杆收购"的方式。这种方式最大的特点就是，自己只需支付少量的现金，即可撬动一个大的并购，因而被称为杠杆收购。CVC收购俏江南的2.86亿美元对价中，1.25亿美元是银行贷款融资，1.61亿美元是CVC以亚洲三号基金方式向公众募集，按照惯例推算CVC自己出资10%即1 610万美元，本次收购杠杆率为18倍左右。

CVC对俏江南的杠杆收购按如下步骤进行：首先，CVC用少量资金出资设立一家专门用于并购的壳公司"甜蜜生活美食控股"；之后，以该壳公司为平台向银行等债权方融资，并将股权抵押；接着，壳公司向张兰收购俏江南的大部分股权；最后，壳公司将俏江南吸收合并。合并之后俏江南注销，壳公司更名为俏江南，张兰持有的原俏江南少量股权转变为新俏江南的少量股权。这样，原壳公司为收购而欠下的债务就由新俏江南承接，俏江南的股权也相应质押给了银行等债权方。

显然，CVC只付出很小比例的现金就完成了对俏江南的杠杆收购。如果未来俏江南的经营状况理想，依靠自身运营产生的现金流能完成债务偿还，则CVC所持有的大比例股权，无论是IPO还是协议转让，皆可获得高额回报。假如收购之后俏江南的经营不理想，无法偿还收购时发生的债务，则俏江南的股权会被债权方（银行）收走，CVC至多损失自己出资部分1 610万美元。

但是受当时种种条件所限，高端餐饮复苏遥遥无期，CVC所期望的依靠俏江南的现金流来偿还并购贷款的设想根本无法实现。

CVC对俏江南的估值是按照2013年净利润1.85亿元人民币乘以13倍市盈

率计算的，这个估值其实不算低。据后来新加坡高院在2022年11月公开的文件显示，2013年12月—2014年6月CVC陆续向张兰在香港的瑞士私人银行转账2.54亿美元（备注：这笔交易是CVC和张兰等股东之间的股权转让交易，资金并不会进入被收购企业。）

估计CVC在入局俏江南数月后，对公司的财务状况、经营数据感觉情形不对，同时对过往的盈利情况产生怀疑，所以随即进行了1 500万美元的股东特别分红。该数字与推算的CVC之前自身出资额1 610万美元比较接近。这一次分红导致俏江南现金流更加紧张。除此之外，CVC不再支付收购余款、不再支付银行利息，更不再向俏江南注资。

这一点在张兰方面得到了证实。他们表示："CVC收购俏江南是为了形成一个国际性大型餐饮集团，也承诺会在收购后派国际管理团队来经营公司。但最后他们既没有按照承诺派来国际管理团队，也没有按照承诺开新店。CVC只派来了三四个人，都不是餐饮行业专业人士，其中一个管财务。""CVC与银行签订杠杆收购计划后，俏江南作为质押标的，其现金流就处于银行监管之中。因此，银行于2014年12月向CVC提出，因现金流没有达到要求，CVC需要向俏江南增加投入资金6 750万美元以弥补资金不足，但是CVC也一直没有投入这部分资金。"

2015年2月，CVC率先以"欺诈和违约"为由，在香港法院起诉，追查股权转让款的下落，并要求冻结张兰在中国香港的全部个人资产且提起仲裁。3月，CVC在新加坡、中国内地等地采取类似措施。

2015年3月6日，香港法院根据CVC旗下的甜蜜生活美食发展有限公司申请，发出资产冻结命令的决定书，冻结包括张兰、俏江南发展有限公司以及一家名为GRAND LANHOLDINGS GROUP的英属维京群岛公司的相关资产。

2015年6月，迫于银团贷款压力，银行聘请的债权托管专业公司香港保华介入并托管俏江南。俏江南发布声明称："保华有限公司代表已于2015年6月被委任成为俏江南集团董事会成员。CVC的委派代表和张兰不再担任俏江南董事会成员，且不再处理或参与俏江南的任何事务。"有媒体报道："张兰已彻底失去了对俏江南的控制权，净身出局。"但张兰在接受采访时声称：CVC未经她同意而抵押了她那部分股权，她将起诉CVC。这一点很令人疑惑。按照专业做法，股权质押给债权方应该是当时获得并购贷款的必要条件之一，没有股东的签字同意肯定办不成股权质押手续。数年之后，从披露的文件才得知，原来质押的是甜蜜生活美食集团有限公司的股权，所以只需其100%股东甜蜜生活美食集团控股有限公司同意即可，并非质押张兰个人股权，自然无须张兰同意。

2016年1月，《新财富》杂志刊登题为《俏江南：资本之殇》的文章，提及对赌条款、领售权条款、清算优先权条款以及"净身出户"等内容。张兰随后起诉《新财富》杂志社，经法院调解结案，《新财富》杂志发表道歉声明。

2017年3月15日，CVC在香港原诉法庭提起诉讼。根据张兰代表律师声明，CVC共对张兰提出5项法庭指控。香港高院于2018年3月14日作出一审裁决，驳回4项指控，保留1项藐视法庭指控。

2017年初，香港保华以1 000万美元的价格将俏江南转卖给"恒松资本"。想当初，2013年底CVC杠杆收购俏江南时的估值可是3.46亿美元。

2021年3月15日，"中国裁判文书网"披露了落款日期为2020年12月29日的中华人民共和国最高人民法院民事裁定书（2019）最高法民特4号《张兰、盛兰控股集团（BVI）有限公司、俏江澜发展有限公司与甜蜜生活美食有限公司申请撤销仲裁裁决一案民事裁定书》，以及落款日期为2020年12月31日的中华人民共和国最高人民法院民事裁定书（2019）最高法民特5号《张兰、盛兰控股集团（BVI）有限公司与甜蜜生活美食集团控股有限公司申请撤销仲裁裁决一案民事裁定书》。通过以上权威文件，我们才得知当时的部分交易细节。

最高院裁定书披露："经审查查明：2013年12月9日，各方当事人张兰、盛兰公司、俏江澜公司、目标公司、甜蜜生活美食集团控股有限公司（La Dolce Vita Fine Dining Group Holdings Limited，以下简称甜蜜生活集团公司）、甜蜜生活美食控股有限公司（La Dolce Vita Fine Dining Holdings Limited，以下简称甜蜜生活控股公司）、甜蜜生活公司为买卖目标公司86.2%的有效权益签署了买卖协议。买卖协议指出，张兰、盛兰公司、俏江澜公司合称'卖方'，甜蜜生活公司为'买方'。2019年4月28日，贸仲委作出S20150473〔2019〕中国贸仲京裁（部）字第0591号裁决书。仲裁组庭时，张兰是盛兰公司和俏江澜公司的唯一股东，是盛兰公司的唯一董事，是俏江澜公司的两个董事之一。根据案涉仲裁裁决查明的事实，张兰通过盛兰公司、俏江澜公司持有目标公司89.47%的股份，是目标公司的大股东和间接所有人。甜蜜生活集团公司持有甜蜜生活控股公司82.7%的股份，后者又是甜蜜生活公司100%的所有者。甜蜜生活集团公司的多数股份由CVC基金持有控制。收购工作由CVC基金员工代表进行。在买卖协议的签署页，张兰、盛兰公司、俏江澜公司、目标公司签字处均由张兰签名。甜蜜生活集团公司、甜蜜生活控股公司、甜蜜生活公司签字处均由同一人签名。"

由此我们可以推断，当时迫于时间压力、回购压力和资金压力，张兰与接盘方CVC在谈判数次中断后最后还是达成了协议。先由张兰回购了鼎晖所持俏江南全部10.53%股权，并向鼎晖支付了约定的对价（按照普遍的说法为4亿元），然后张兰再将俏江南82.7%股权以2.86亿美元的价格卖给了CVC。所以后面的交易对手方就只有张兰和CVC两家。至此鼎晖棋高一着，全身而退，省却了后来发生的那么多麻烦。作为顶级PE的鼎晖，即使没有采取领售权、优先清算权等方式同样达到了退出的目的。至于上市对赌一说，本来证监会就希望在上市之前解除该条款，同时保密协议也在约束各方，所以"并不存在"。

另外，CVC对俏江南的收购设计得复杂且精妙，涉及离岸和国内至少6到7层股权结构。简单来说，就是：CVC收购俏江南后，张兰仍持有13.8%股权的公司是最高层级的开曼控股公司，张兰当时仍担任这一公司董事长。而开曼公司下面又100%持有BVI公司，BVI又100%控股香港公司，香港公司又100%控股中国境内的所有带有"俏江南"字号的各家公司。张兰2013年底辞去的是所有带有"俏江南"字号的相关公司的董事和法定代表人职务，但是她还是最高层级开曼离岸公司的董事长。所以当时"张兰净身出户说法"并不十分准确。综合以上，也终于可以猜测并理解权威的《新财富》杂志在进行细致的报道后，最后还是被迫致歉的一部分原因。

沉寂数年后，2021年63岁的张兰以她儿子汪小菲的名义创办了"麻六记"，开辟直播带货渠道，并一度超越东方甄选成为顶流。其主推的麻六记酸辣粉也拿下抖音酸辣粉爆款榜榜首。张兰在"新冠"患病期间仍然坚持直播，荣获"战兰"称号。她于2019年出版的个人自传《我的九条命》更是成为女性励志经典，重新火爆，一时间圈粉无数。

没想到3个月后，照在这个传奇女性身上耀眼的光环又一次被打破。

2023年3月3日，美国联邦地区法院归档的La Dolce Vita Fine Dining

Company Limited（甜蜜生活美食有限公司）与张兰的民事诉讼裁决书显示，判决张兰及其公司名下所有的纽约西53街20号39A公寓出售所得归甜蜜生活美食有限公司所有。而甜蜜生活美食有限公司实际上是CVC为了收购俏江南成立的。判决书还透露张兰在2019年与CVC的诉讼中败诉，共欠对方1.42亿美元（约合人民币9.8亿元）及其利息。为了追回欠款，CVC盯上了张兰的家族信托。

2023年3月，新加坡高等法院披露的裁判文书显示，法官认定张兰是其离岸家族信托所在银行账户资产的实际所有人，因此同意了CVC提出的任命接管人的申请。这也意味着，张兰的债权人CVC可以申请对这笔资金采取相应的执行措施。一时间，张兰境外家族信托被击穿的消息引发了市场对于离岸家族信托能否真正起到"风险隔离"作用的热议。随后，张兰公开表示自己将提起上诉。

同年7月，新加坡高等法院披露的裁判文书显示，张兰的上诉被驳回，法院维持原判。同时披露的文件显示，2014年6月至2015年，在受托人没有发出任何指令的情况下，张兰曾自行指示SETL的CS账户对外转出多笔资金，其中大部分转到了自己的私人账户中。

此前，张兰曾经在直播间回应称自己是被资本算计了："我没有算计别人，这说明我做的好，猪养肥了，狼就来了。是CVC基金欠我的，我没欠任何人。"

在2023年3月29日举办的"博鳌新浪财经——高金之夜"上，张兰更是在现场表示："俏江南被资本血洗的教训是教科书级别的，给未来的创业者奠定了一个非常好的，如何不被恶劣的资本血洗的教材。"

从2008年接受鼎晖的投资开始，到2023年法院维持原判，一晃竟然16年过去了！企业创始人与投资人长达16年间发生的故事，更像是一场"孽缘"，深深困住了所有入局的人。

当实业和资本之间没有了互相成就的初心，真不如最初没有发生那彼此心动的回眸……

—— 第五章 ——

新"国九条"背景下IPO的全面注册制

一、资本运作的重要方式：上市

（一）上市的本质

上市的本质是企业资产通过证券交易所实现证券化的过程。在资本市场，资产支持证券（Asset-Backed Securities，ABS）也常被俗称为资产证券化。ABS是一种债券性质的金融工具，资产证券化就是原始权益人和金融机构将预期能够产生现金流的资产通过结构化等方式进行组合，以其现金流为支持发行有价证券出售给投资者的过程。

从本质上讲，上市是股权资产的证券化，ABS是债权资产的证券化。

（二）上市的魅力

无论采取何种方式上市，也无论在哪个地方上市，上市最核心也是最有魅力的不同就是从此有了市盈率的概念。

市盈率是投资者对上市公司未来的预期。一个净利润只有5 000万元甚至暂时亏损的公司，通过证券交易所上市，其在二级市场的市值（即上市公司即时的公开估值，上市公司市值=净利润×市盈率）可能达到30亿元、50亿元甚至更高。这就是市盈率赋予上市公司特有的高杠杆的魔力。

相对于生产运营"1分1分地赚"，资本运作则是"1元1元地赚"。有些投机心态很重的企业家或者创业者，一旦接触资本运作之后，仿佛打开了"潘多拉魔盒"。他会抛开辛苦耕耘的实业，沉迷于资本的魔力，从此喜欢赚"快"钱、赚"大"钱，不屑于赚"辛苦的小钱"，最终导致"本末倒置、楼起楼塌"。

（三）上市的好处

1.以超越普通积累的方式快速获得大笔资金

上市融资的本质是向公众一次性募集了大笔股权资金，这笔钱不像银行贷款，它不需要偿还。当然相对应地，企业也付出了股权稀释和与投资者共同分享未来成长收益的对价。之前我们经常会看到一种现象，上市公司IPO出现超额募集，大笔资金躺在公司账户上的利息收入每年都可能超过公司生产经营带来的净利润。虽然这是不合理不正常的，但从侧面说明了资本市场强大的力量。企业如果能够合理规划使用资本市场的融资能力，将大大超越竞争对手，获得快速发展的契机。很多公司成功上市之后便快速成为行业龙头就是最好的佐证。

2. 上市后获得资本市场持续稳定的融资渠道

成为上市公司之后，企业性质其实发生了根本性的改变。一方面变成了公众公司，另外一方面可以利用资本市场这一重要阵地，通过再融资等方式获得持续不断的发展资金。

总体上讲，上市公司再融资的手段包括发行股份进行融资和发行债券进行融资两大类。股权融资手段包括向老股东发行的配股、向不特定对象发行的增发、可转债，向特定对象发行的定向增发、定向可转债等方式。债权融资手段包括发行公司债券、ABS债券等。另外，上市公司由于信用等级较高，更容易获得银行的低成本贷款。

所以，企业上市之后，将同时强化直接融资和间接融资两种能力，降低成本，降低依赖，改善财务结构，提高抗风险能力。尤其是在宏观经济形势不太好的情况下，会比普通企业获得更多的生存空间。这些年在宏观调控下，上市和没上市的房地产公司最终不同的生存现状充分证明了这一点。

3. 上市公司获得"铸币权"进行收购兼并和规模扩张

上市公司收购兼并的支付手段主要分为支付现金、发行股票、发行定向可转债等方式。

普通公司可以通过现金进行收购，看起来似乎也能通过自身股权去支付收购对价。但由于未上市公司的股权缺乏流通性、公允价值不权威，所以交易对手是很难认可的。上市公司则不同，它能够利用股权进行对价支付（无论是增发新股还是老股置换），并且容易被交易对手接受和认可。这是足以影响公司发展的重要区别。上市公司可以增发股票的这种权利被市场形象地称为"铸币权"。

上市公司比普通公司更容易筹集各方资金设立产业并购基金，通过投资、并购、合伙人机制等进行大规模扩张也是同样的原因。

4.健全法人治理结构，打造企业基业长青

上市公司是公众公司，不再是私人企业。既然从公开市场拿了投资者的钱，就应该受到公众的监督。国家证券监管机构对上市公司有一整套完善的监督治理机制和信息披露制度，客观上有利于促进企业的规范发展和长治久安，有利于引进职业经理人制度，比普通的家族企业更好地解决了二代接班的问题，为打造基业长青的"百年老店"提供了有力的制度保障。

5.提升企业地位，打造品牌形象，拓展国内外市场

目前，上市公司还属于稀缺资源。公司成功上市能有效提升企业的政治地位和社会地位，无论是日常运行还是遭遇危机时更容易获得各级政府的支持。另外，成功上市是性价比最高的企业品牌和企业形象的宣传手段，也有助于企业以低成本方式打响知名度，拓展海内外市场。

6.有利于建立有效的股权激励机制，在全世界范围内吸引更多优秀人才

上市公司的股权价值是可以量化的，含金量较高。同时，上市公司可以使用股票期权、限制性股票、股票增值权等各种方式对人才进行股权激励。这些都有利于上市公司在全世界范围内吸引不同地区、不同行业的高端人才。

7.减少不利干扰，提高公司安全性

上市公司是公众公司，不再是某一个人的公司，涉及上市公司前途的一举一动都会被披露和监督。在全社会都关注的聚光灯下，上市公司的社会化反而使其安全性增强，大大减少了破坏公司生存、阻碍公司发展的不利干扰。

8.有助于股东财富增值，增加资产的流动性

企业上市之后，股东的财富不再是通过公司的净资产计算，而是通过二级市场的市值来衡量。"市盈率"概念的出现使得股东的财富大大增长。另外，股东资产的证券化使得股东财产的流动性大大增强，可以更方便地在资本市场通过股权质押等方式融资，也可以更便捷地通过二级市场退出获利。

（四）上市的影响

1.公司决策成本增加，企业家控制力下降，长短期利益难以平衡

上市公司必须严格按照法人治理要求规范运作，比如"三会"（股东会、董事会、监事会)的规范运作,增设独立董事投票,一些重大事项必须对中小股东的表决情况单独计票并披露等。在降低决策风险的同时,也可能增加决策成本,降低决策效率。

另外,优秀企业家是"稀缺物种",他既然能把公司做到上市,就可能会比普通人更长远、更前瞻地看到机会或者风险。如果仅从保护中小投资者的短期利益出发,普通投资者限于自身能力和格局的局限性,或者过于强调短期利益,对公司未来重要决策的判断容易出现失误,甚至影响公司的长远发展。

案例5-1　比亚迪香港上市后的艰难转型

比亚迪就是一个典型的案例。13岁丧父、15岁丧母的贫苦少年王传福,白手起家、艰苦奋斗,终于在2002年带领比亚迪在中国香港成功上市。彼时,比亚迪已经成为中国第一、世界第二的手机电池制造企业。

然而,放着好好的日子不过,当家人王传福竟然宣布比亚迪要进入全新的整车制造领域。几乎所有的人都在强烈反对,包括基金经理、中小股东甚至是他身边的高管。

2003年,比亚迪花费2.7亿元收购陕西秦川汽车77%的股权。愤怒的基金经理们一天之内将比亚迪股价从20港元向下打到10港元,比亚迪的市值连跌30亿元,跌幅近一半。后来,当比亚迪顶着压力造出第一款汽车时,又遭到许多人的冷嘲热讽。可想而知,作为上市公司老板、企业带头人的王传福当时承担了多么巨大的压力,需要多么坚定的意志。假若换成一般人,在董事会和股东会强大的压力面前,估计早就放弃了自己的信念和坚持,妥协成了"好好先生"。

随后数年,比亚迪在王传福的带领下走过了很多沟沟坎坎。2011年,比亚迪又在国内A股成功上市。现在市值高达8 000多亿元,早已成为行业巨头。应该再没有人敢轻易嘲笑和否定有着坚强信念的王传福了吧。

2.信息披露是把"双刃剑"

上市公司强制信息披露其实是一把"双刃剑"。一方面,上市公司严格遵守规则指引,真实、准确、完整地披露信息有利于公司治理,但是另外一方面详尽的信息披露也会增加企业的显性成本和隐性成本,同时让企业在竞争对手面前一览无遗,丧失信息优势。

案例 5-2　华熙生物的"智商税"

号称"玻尿酸第一股"的华熙生物（688363.SH）于 2019 年 11 月 6 日在科创板成功上市。普通大众经过媒体渲染，在其披露的招股说明书中，发现其产品毛利率竟然高达 90% 以上，在全社会引发了质疑行业暴利以及质疑该企业收"智商税"的舆论风波，对企业和行业造成了负面影响。

3. 经营压力和心理压力增大

企业成为上市公司之后，每天的股价都会出现波动，将会面临来自投资机构和广大股民对于业绩增长和股价表现的压力甚至质疑。企业家必须迅速调整心态，不能被短期的股价波动所"绑架"，否则非常容易丧失企业长期发展的"定力"。

4. 必须承担社会责任

企业成为上市公众公司之后，必须承担一定的社会责任。有关上市公司的治理准则明确表示：上市公司要在绿色发展、生态环保、污染防治、资源节约、生态保护等方面发挥示范引领作用，在社区福利、救灾助困、公益事业等方面积极履行社会责任。

5. 腾挪空间减少

公司上市之后，受到的监管将会非常严格。原来常见的腾挪空间和回旋余地将会减少甚至消失。在长远利好公司发展的同时，可能影响公司现有的运营成本和短期业务目标。

6. 企业家自我膨胀

企业经过艰难的努力最后成功上市之后，企业家的心态都会发生微妙的变化。有些不懂得"知止"和"慎独"的老板会认为自己无所不能，从此越发膨胀，变得一发而不可收。这是非常可怕和危险的迹象，需要高度警惕。

有句话说的好："人一般会经历两次失败，第一次是因为无知，第二次是因为膨胀。"笔者这些年见识了不少因为上市成功反而导致失败落魄的实际案例。这是企业家必须靠自己才能渡过去的劫，"欲戴王冠，先承其重"，没有人能帮上忙。

（五）上市的方式

企业常见的上市方式有IPO、分拆上市、借壳上市、SPAC上市、被并购上市等。

1. IPO

IPO（Initial Public Offerings，IPO），即首次公开募股上市，国内称为"首次公开发行股票并上市"，业内简称为"首发"。这将是本篇的重点。

2. 分拆上市

2019年12月底开始，国内资本市场即开始"上市公司分拆所属子公司境内上市试点"。2022年1月5日，《上市公司分拆规则（试行）》这一核心文件出台，对分拆上市做出了全面规范和指导。

上市公司分拆，是指上市公司将部分业务或资产，以其直接或间接控制的子公司（即所属子公司）的形式，在境内或境外证券市场首次公开发行股票并上市或者实现重组上市的行为。

上市公司分拆，应当同时符合以下条件：

（一）上市公司股票境内上市已满三年。

（二）上市公司最近三个会计年度连续盈利。

（三）上市公司最近三个会计年度扣除按权益享有的拟分拆所属子公司的净利润后，归属于上市公司股东的净利润累计不低于人民币六亿元（净利润计算，以扣除非经常性损益前后孰低值为依据）。

（四）上市公司最近一个会计年度合并报表中按权益享有的拟分拆所属子公司的净利润不得超过归属于上市公司股东的净利润的百分之五十；上市公司最近一个会计年度合并报表中按权益享有的拟分拆所属子公司的净资产不得超过归属于上市公司股东的净资产的百分之三十。

为促进上市公司聚焦原有主业发展，《上市公司分拆规则（试行）》进一步明确：上市公司存在"资金、资产被控股股东、实际控制人及其关联方占用"等五种情况以及上市公司所属子公司存在"主要业务或资产是上市公司IPO时的主要业务或资产的、是最近3年内通过重大资产重组购买的或者发行股份及募集资金投向的"五种情况，不得分拆上市。

不难看出，上市公司能够分拆子公司上市的，主要集中在大型国企和行业龙头企业。2019年以来，一共有100多家A股上市公司颁布"A拆A"计划，其中约一半是大型央企和地方国资。截至2024年4月22日，"A拆A"成功上市的企业共计27家①。

但是随着2024年4月新"国九条"颁布后，监管层对分拆上市的态度明确地改变为"从严监管"。仅2024年上半年，就有潍柴动力、上汽集团、沃尔核材、拓邦股份、大族激光、科达制造、郑煤机、歌尔股份、江西铜业、宝钢股份等至少18家上市公司宣布终止"分拆上市"。可以预见，在未来相当长的时期内，通过上市公司分拆进行上市的方式将会"偃旗息鼓"。

案例5-3 分拆上市成功案例

（1）2022年12月28日，由行业龙头上市公司海康威视（002415.SZ）分拆出的子公司萤石网络在科创板成功上市，股票代码：688475.SH。

（2）2023年1月30日，大型央企中国能建（601868.SH）通过南岭民爆发行股份，购买中国能建所属子公司中国葛洲坝集团持有的易普力68.36%股份，进而实现易普力分拆上市（股票代码：002096.SZ），成为2023年首单分拆重组上市成功案例。

3.借壳上市

大家经常讲的"借壳上市"，在专业文件中被称为"重组上市"。重组上市（借壳上市）是指收购人及其关联人收购上市公司的控制权在36个月内，又向上市公司注入其资产，而这些资产的某些指标（比如总资产或净资产或营业收入等其中之一）超过上市公司相应体量的100%或者可能导致上市公司主营业务发生根本变化的行为。欲借壳的标的资产也是有严格要求的，其审核要求等同于IPO。

2013年，中国证监会曾经发文禁止创业板公司借壳上市。2019年有限度放开了创业板和科创板的借壳上市，但是拟购买资产要符合创业板或者科创板定位、协同效应及其上市条件。

目前，关于重组上市最新的政策和法规包括：

（1）中国证监会新颁布的《上市公司重大资产重组管理办法》（2023），对

---

① 数据来源：WIND。

重组上市做了原则性规定。

（2）《深圳证券交易所上市公司重大资产重组审核规则》（2024年修订）对深主板和创业板重组上市的标准做了详细规定；《上海证券交易所上市公司重大资产重组审核规则》（2024年修订）对沪主板和科创板重组上市的标准做了详细规定；《北京证券交易所上市公司重大资产重组审核规则》（2024年修订）对北交所上市公司重组上市的标准做了详细规定。

关于重组上市，将在本书第六章《并购重组与并购基金》中做进一步深入分析。

4. SPAC上市

SPAC（Special Purpose Acquisition Corporation），即"特殊目的收购公司"，是为收购一家或多家公司而成立并通过IPO募集资金的公开交易实体。SPAC在IPO时本身没有任何业务，IPO所募集的资金存放于信托账户中。发起人需在设定的时间范围内寻找到标的公司完成合并或收购，否则SPAC将被清算。

SPAC上市与传统IPO不同。SPAC上市主体并没有任何业务，只是一个有现金的空壳公司，通过IPO的形式募集资金，并以该资金对未上市实体企业进行并购、整合，使目标公司通过和SPAC完成合并重组，最终实现上市。另外，与传统IPO不同的是，目标公司会在被收购后变成为上市公司，它并不参与SPAC的成立或上市。

SPAC上市与借壳上市也不同，其创新之处在于它不是买壳上市，而是先行造壳、募集资金，然后再进行并购，最终使并购对象成为上市公司。SPAC上市也被形象地称为"盲盒上市"，其本质是"盲盒式"私募股权投资加上传统IPO，是对传统上市方式的一种补充。

其实在国际上SPAC上市并不是新鲜事物，美国SPAC有超过20年历史。由于货币零利率和对早期高科技项目的投机热潮，美国SPAC在2019—2021年上半年达到短暂的火爆繁荣景象。但是随着美联储加息，2022年7月美股最大的SPAC公司PSTH宣布清算；通过SPAC交易曾经大赚7.5亿美元的美国"SPAC之王"Chamath Palihapitiya也宣称关闭他的2家SPAC，并将16亿美元返还给投资者。

2022年1月，香港联交所推出SPAC上市机制，是继韩国、马来西亚、新加坡之后第四个引入SPAC的亚太资本市场。2022年，港股市场一共有14家SPAC递表，其中有5家成功上市，但暂还没有一家完成De-SPAC。所谓De-SPAC（去壳化），就是已经上市之后的并购过程。SPAC本身是一家现金空壳公司，收购完成后才是一家有业务的公司。De-SPAC是SPAC模式中非常关键的部分。

SPAC上市模式大致分为以下几个阶段：

（1）造壳。发起人出资创立SPAC壳公司。以美国SPAC为例，一般设立时费用为2.5万美元，发起人持股100%。此后，发起人会以借款的形式垫付公司申请IPO期间的各种费用40万—50万美元（律师费、审计费等）。

（2）IPO。发起人找到承销商募集资金（美国SPAC的IPO要求：5 000万美元），完成SPAC的IPO。所有IPO募集的资金，扣除承销商前端承销费后，全部托管于信托账户。发起人一般会参与部分认购。该资金一般用于支付承销商佣金（融资金额的2.5%—3.5%），发起人持股变成20%。如最后并购不成功，发起人承担全部损失，约数百万美元；若最后并购成功，则发起人的杠杆回报可达数倍以上。

（3）寻找并购目标。上市之后的SPAC壳公司要在规定期限内找到并购标的。

（4）并购完成。完成并购De-SPAC（去壳化），更换公司名称及股票代码。

（5）清算。如果收购失败，将把SPAC所有筹得款项并另加应计利息退还股东，将SPAC做摘牌处理。

目前SPAC上市的主流市场是美国纳斯达克市场、香港主板市场和新加坡主板市场。香港交易所的SPAC上市规则，无论是融资规模还是发起人资格等方面都较为严苛，赴港SPAC上市企业体量相对较大，业务规范程度也最高。

（1）首先它对发起人的适合性做出了非常严格的规定。例如，2022年这5家获批上市的SPAC发起人分别是招银国际、农银国际、弘毅投资、春华资本、香港金管局前总裁陈德霖、阿里巴巴前CEO卫哲等这些经验丰富的专业机构或著名人士。

（2）香港SPAC目前仅允许专业投资者参与，注重对投资者的保护以及交易价格的公允。

（3）香港要求SPAC首次发售筹集的资金总额至少为10亿港元，远高于美股SPAC最低募资规模的5 000万美元（约合3亿港元）的要求。

（4）香港SPAC要求合并时须为已引进独立第三方投资者的重大投资，且50%以上投资金额需来自3名以上的资深投资者。目的除了帮助拟上市企业快速获得上市地位及融资之外，还希望引进产业、渠道资源，帮助拟上市企业实现跨越式增长。

（5）中国香港、美国、新加坡三地均要求SPAC在24个月内公布或在36个月内完成SPAC并购交易。若未能完成并购，则会清盘SPAC所有筹得款项并另加应计利息退还股东，并对SPAC做摘牌处理。

SPAC上市比较适合一些难以达到传统IPO上市要求，但又具有新经济概念、高成长性的拟上市公司，如新经济、新消费、绿色能源、生命科学、生物科技等行业企业。

5.被并购上市

所谓的被并购上市，是指上市公司以股权作为支付手段购买企业的控股权，原企业的股东接受上市公司股权成为上市公司股东，原企业成为上市公司的控股子公司。对被并购企业而言，这是"企业资产实现上市证券化"的一种方式；对上市公司而言，其本质还是"上市公司发行股份收购资产"的并购行为。

（六）上市的思考

综上所述，自己的企业"是否需要上市，何时上市，在哪里上市，以什么方式上市，是选择独立IPO还是选择被并购"，这是企业发展到一定规模之后，作为掌舵人的企业家必须认真思考的问题。

上市是企业非常重要的资本战略，会直接影响企业未来的发展和现在的生存。总体而言，在A股IPO上市是大多数国内企业最佳选择路径之一。

二、A股IPO市场主要数据统计

（一）IPO现状及审核通过率

截至2024年7月15日，A股总市值73.41万亿元，上市公司总家数5 369家。

其中上交所2 268家（上海主板1 695家、科创板573家），深交所2 852家（深圳主板1 503家、创业板1 349家），北交所249家[①]。

2023年度推行注册制后主板IPO共计受理了349家企业（沪主板202家，深主板147家），科创板IPO受理74家企业，创业板IPO受理113家企业，北交所IPO受理158家。其中，科创板和创业板受理家数大幅下降50%以上。

整个2023年度A股IPO撤否企业数量共计293家。其中，终止（撤回）271家，被否12家，终止注册10家。

值得注意的是，随着IPO节奏逐渐收紧，2023年全年涉消费类IPO主动撤回申报材料的企业高达32家，仅9月就撤回8家，包括八马茶叶、德州扒鸡、沃隆食品、龙江和牛等知名企业。另外，2家拟申报主板上市的餐饮业企业老娘舅和老乡鸡IPO"全军覆没"。

2023年度A股IPO整体通过率为93%。但是若计算包含撤回材料的企业，2023年度整体IPO真实过会率其实仅为49%，其中科创板真实过会率低至34%（见表5-1）。

很明显，对于企业家和创业者而言，未来数年若要IPO成功，其理论标准和现实门槛都会较之前进一步提高，对于这一点要做好充分的心理预期和长期准备。

表5-1　　　　2023年度A股IPO上会审核及通过情况　　　　单位：家

上市板块	通过（家）	未通过（家）	暂缓（家）	暂缓后撤回（家）	上会总数量（家）	通过率（%）	撤回（家）	真实过会率（%）
沪主板	52	1	1		54	96	38	57
深主板	33	1			34	97	41	44
创业板	100	6	1	1	108	95	96	49
科创板	30	2	1	1	34	88	53	34
北交所	64	2	1	2	69	93	39	59
总计	279	12	4	4	299	93	267	49

资料来源：WIND，他山以微（ID：tashanyiwei）。

---

① 数据来源：WIND。

（二）IPO各板块发行费用

企业在筹备A股IPO上市和发行过程中，发生的费用主要包括承销保荐费用、审计验资费用、律师费用、信息披露费用和其他费用（发行手续费用、材料制作费用等少量费用）。其中占比最大的是券商、会计师和律师的中介机构费用（见表5-2、表5-3）。

随着IPO核查程序的日益复杂和细致，中介机构的工作量加大，各板块IPO的发行费用相较注册制之前年度均有不同幅度的提高。

表5-2　　2023年度IPO发行上市费用情况（中位值）　　单位：万元

上市板块	发行总费用	承销保荐费	审计验资费	法律费用	信息披露费	其他费用
沪主板	10 288	7 539	1 048	649	505	85
深主板	8 044	5 444	1 330	660	493	62
科创板	10 896	8 249	1 200	660	463	75
创业板	9 652	7 104	1 380	692	442	47
北交所	2 013	1 283	408	187	37	21

注：以上数据统一口径为"中位值"。

资料来源：WIND，他山以微（ID：tashanyiwei）。

表5-3　　2023年度A股IPO各项费用率情况（中位值）　　单位：%

上市板块	发行费率	承销保荐费率	审计验资费率	法律费率
沪主板	9.50	6.69	1.27	0.65
深主板	10.96	7.20	1.53	0.84
科创板	9.33	7.16	0.95	0.50
创业板	10.28	7.54	1.42	0.74
北交所	12.20	8.26	2.48	1.08

资料来源：WIND，他山以微（ID：tashanyiwei）。

三、资本市场正式实施全面注册制

（一）全面注册制的发展历程

"注册制不是随意发行、随意上市，而是要求公司必须符合最基本的股票发行上市条件，满足严格的信息披露要求。"——中国证监会

从提出注册制到全面实施注册制，中国资本市场走过了10年的时间。

2013年11月，党的十八届三中全会提出，推进股票发行注册制改革。

2018年11月5日，上海证券交易所设立科创板并试点注册制。

2019年7月22日，首批25家科创板公司在上交所开市，注册制试点正式落地。

2020年6月12日，证监会发布创业板改革并试点注册制相关制度规则。

2021年11月15日，北交所揭牌开市，同步试点注册制。

2023年2月17日，这是资本市场具有历史意义的一天。包括上海主板、科创板、深圳主板、创业板、北交所、新三板在内，国内股票市场板块全面实现注册制。这一天，中国证监会发布全面实行股票发行注册制相关制度规则，证券交易所、全国股转公司、中国结算、中证金融、证券业协会配套制度规则同步发布实施。

2024年4月12日，国务院《关于加强监管防范风险推动资本市场高质量发展的若干意见》（即新"国九条"）正式发布。这是中国资本市场的重要指导性文件，为国内资本市场未来的发展指引了新的方向。

（二）新"国九条"背景下1+N的政策体系

为了配合全面注册制，2023年2月17日短短1天时间内，监管部门密集出台了165部法规规章，至少几百万字的专业术语文字，内容涵盖发行条件、注册程序、保荐承销、重大资产重组、监管执法、投资者保护等各个方面。

2024年4月12日新"国九条"出台，突出"强监管、防风险、高质量"的发展主线，强调坚守资本市场的"政治性、人民性"，要求"严把市场入口关，提高发行上市财务指标，完善科创板、创业板定位把握标准，强化财务真

实性审核、规范上市前突击'清仓式'分红、压紧压实中介机构责任、强化持续监管要求，优化上市条件，加强现金分红硬约束，严格退市标准"。

为落实新"国九条"，证监会及各证券交易所迅速对多方面配套规则进行修订。中国资本市场开始形成"1+N"的政策体系。其中"1"是新"国九条"本身，"N"是若干配套制度规则。

4月30日，上交所、深交所各自修订并发布了《股票发行上市审核规则》《股票上市规则》（注：上交所还单独发布了《科创板股票上市规则》，深交所也单独发布了《创业板股票上市规则》）《上市审核委员会和并购重组审核委员会管理办法》《上市公司重大资产重组审核规则》等9项重要配套业务规则；北交所修订并发布了《北京证券交易所股票上市规则（试行）》《北京证券交易所上市公司重大资产重组审核规则》等5项重要配套业务规则。

5月24日，证监会发布《上市公司股东减持股份管理暂行办法》《上市公司董事、监事和高级管理人员所持本公司股份及其变动管理规则》，新"国九条"背景下的"减持新规"开始实施。

至此，国内资本市场在新"国九条"和注册制大背景下的政策体系已经基本成型。由于资本市场的法律法规更新频率很快，广大读者要随时注意查阅最新的制度规则，避免误读误判。

为了掌握全面注册制下国内资本市场最新的法律法规体系，我们首先要建立起体系化的知识框架。

1. 主要法律

《中华人民共和国公司法》（2023年12月29日修订）

《中华人民共和国证券法》（2019年12月28日修订）

2. 中国证监会的法规

证监会发布的法规规章至少涉及上海证券交易所、深圳证券交易所、全国中小企业股份转让系统有限责任公司（以下简称"全国股转公司"）、中国证券登记结算有限责任公司（以下简称"中国结算"）、中国证券金融股份有限公司（以下简称"中证金融公司"）、中国证券业协会等六大机构。

横向划分，证监会涉及发行上市的注册制文件，主要统一为三大类：

（1）沪、深证券交易所（注：在证监会法规层面，主板、创业板、科创板各板块已经全部统一成文，也不再对沪深交易所进行区分）。

（2）北京证券交易所（注：单独文件体系）。

（3）非上市公众公司（新三板）（注：单独文件体系）。

纵向划分，按照体裁文种，我们常用的证监会文件可主要分为：

（1）证监会令；

（2）证监会公告；

（3）监管规则适用指引；

（4）行政许可批复。

3.各大交易所层面出台的法规制度

目前，注册制文件在该层面还是分为5大交易所板块和股转公司板块共6大类。各板块制度文件独立，没有统一，需要单独查询。

（1）上海主板；

（2）上海科创板；

（3）深圳主板；

（4）深圳创业板；

（5）北交所；

（6）非上市公众公司（新三板）。

4.其他机构的配套制度文件

包括中国结算、中证金融、证券业协会等相关机构在内，配套注册制出台的各种业务规则、指引等文件。

根据笔者多年经验，涉及资本市场的法规文件庞杂，互相穿插对应，每个机构都只会在各自网站公示自己颁布的法规文件，并且随时可能更新[①]。若要全面整理同一个主题，例如最基础的"上市具体的要求是什么"，单看某一个机构出台的某一份文件肯定是不够的。不了解国内资本市场这个特点，你可能连各交易所最基本的上市条件都找不全。所以，综合了解中国资本市场的法律体系框架，建立起全局思维非常重要（见图5-1）。否则，一头扎进某一个文件的具体细节中，"只见树叶，不见森林"，很容易迷茫，找不到方向。

---

① 目前，投行专业人员查询资本市场法规常用的网站是"春晖投行在线"（www.shenchunhui.com）。这个看起来小小的网站综合了资本市场的所有法规，极大方便大家的查询，投行资深人士沈春晖先生为此义务更新了多年，默默做出了贡献。

第五章 新"国九条"背景下IPO的全面注册制 143

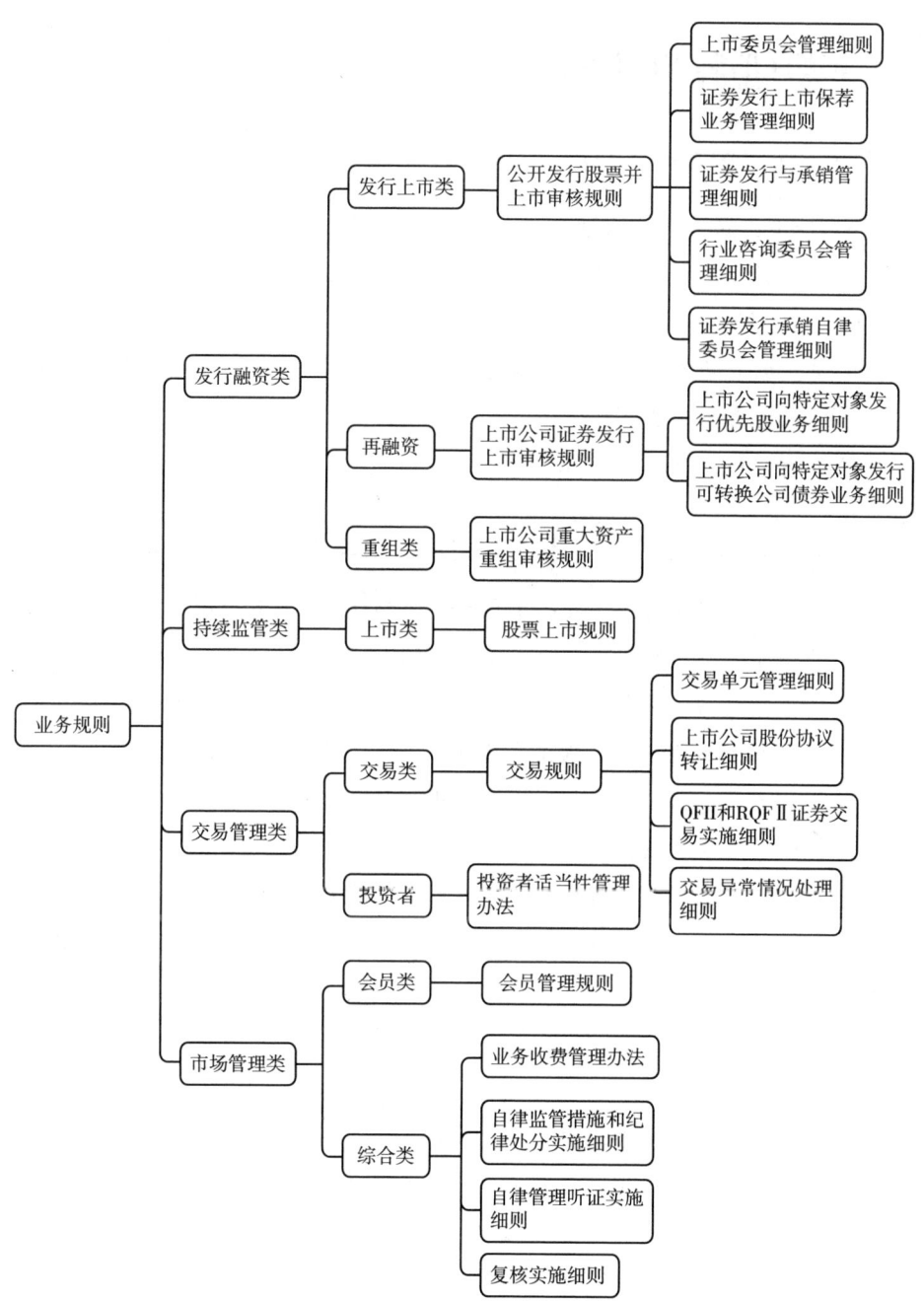

图 5-1 证券交易所业务规则体系（以北交所为例）

资料来源：北京证券交易所网站。

四、全面注册制下的IPO发行上市

（一）新"国九条"背景下：IPO注册制主要法规汇总

经过梳理，对全面注册制下涉及IPO发行上市最新的主要法规整理如下：

《首次公开发行股票注册管理办法》（2023）（证监会令，适合上交所和深交所）

《公开发行证券的公司信息披露内容与格式准则第57号——招股说明书》（2023）（证监会公告）

《公开发行证券的公司信息披露内容与格式准则第58号——首次公开发行股票并上市申请文件》（2023）（证监会令）

《监管规则适用指引——发行类第4号》（2023）（监管规则适用指引）

《监管规则适用指引——发行类第5号》（2023）（监管规则适用指引）

《上海证券交易所股票发行上市审核规则》（2024年修订）

《上海证券交易所股票上市规则》（2024年修订，适用上海主板）

《上海证券交易所科创板股票上市规则》（2024年修订，适用上海科创板）

《深圳证券交易所股票发行上市审核规则》（2024年修订）

《深圳证券交易所股票上市规则》（2024年修订，适用深圳主板）

《深圳证券交易所创业板股票上市规则》（2024年修订，适用深圳创业板）

《北京证券交易所上市公司证券发行注册管理办法》（2023）（证监会令，适合北交所）

《北京证券交易所向不特定合格投资者公开发行股票并上市审核规则》（2024年修订）

《北京证券交易所股票上市规则（试行）》（2024年修订）

《公开发行证券的公司信息披露内容与格式准则第46号——北京证券交易所公司招股说明书》（2023）（证监会公告）

《公开发行证券的公司信息披露内容与格式准则第47号——向不特定合格投资者公开发行股票并在北京证券交易所上市申请文件》（2023）（证监会公告）

（二）新"国九条"背景下：最新修订的IPO条件汇总

1. 明确并坚守各上市板块不同的功能定位

（1）主板突出行业代表性，体现稳定回馈投资者的能力；

（2）创业板更强调抗风险能力和成长性要求，支持有发展潜力的成长型创新创业企业；

（3）科创板凸显"硬科技"特色，强化科创属性要求；

（4）北交所持续提升服务创新型中小企业功能。

《首次公开发行股票注册管理办法》第三条：

发行人申请首次公开发行股票并上市，应当符合相关板块定位。

主板突出"大盘蓝筹"特色，重点支持业务模式成熟、经营业绩稳定、规模较大、具有行业代表性的优质企业。

科创板面向世界科技前沿、面向经济主战场、面向国家重大需求。优先支持符合国家战略，拥有关键核心技术，科技创新能力突出，主要依靠核心技术开展生产经营，具有稳定的商业模式，市场认可度高，社会形象良好，具有较强成长性的企业。

创业板深入贯彻创新驱动发展战略，适应发展更多依靠创新、创造、创意的大趋势，主要服务成长型创新创业企业，支持传统产业与新技术、新产业、新业态、新模式深度融合。（即：三创四新）

《北京证券交易所向不特定合格投资者公开发行股票注册管理办法》第三条

北交所充分发挥对全国中小企业股份转让系统（以下简称全国股转系统）的示范引领作用，深入贯彻创新驱动发展战略，聚焦实体经济，主要服务创新型中小企业，重点支持先进制造业和现代服务业等领域的企业，推动传统产业转型升级，培育经济发展新动能，促进经济高质量发展。

2. 明确IPO发行上市的基本条件

伴随2024年4月新"国九条"出台的配套法规，相比2023年2月17日全面注册制刚实行时的法规，更进一步贯彻了国务院关于"进一步完善发行上市制度；提高主板、创业板上市标准；完善科创板科创属性评价标准；提高发行上市辅导质效；扩大对在审企业及相关中介机构现场检查覆盖面；明确上市时要披露分红政策；将上市前突击'清仓式'分红等情形纳入发行上市负面清单"的要求。特别提醒注意的是：仅就IPO上市标准而言，变化非常大，要求更严格了，请读者朋友们要用最新的上市法规和标准判断IPO可行性。

（1）IPO最基本的条件。证监会发布的《首次公开发行股票注册管理办法》取消了之前主板发行条件中关于不存在未弥补亏损、无形资产占比限制等方面的要求；规定了在沪、深交易所上市的IPO公司四个方面的基本条件。

《首次公开发行股票注册管理办法》第二章　发行条件

第十条　发行人是依法设立且持续经营三年以上的股份有限公司，具备健全且运行良好的组织机构，相关机构和人员能够依法履行职责。

有限责任公司按原账面净资产值折股整体变更为股份有限公司的，持续经营时间可以从有限责任公司成立之日起计算。

第十一条　发行人会计基础工作规范，财务报表的编制和披露符合企业会计准则和相关信息披露规则的规定，在所有重大方面公允地反映了发行人的财务状况、经营成果和现金流量，最近三年财务会计报告由注册会计师出具无保留意见的审计报告。

发行人内部控制制度健全且被有效执行，能够合理保证公司运行效率、合法合规和财务报告的可靠性，并由注册会计师出具无保留结论的内部控制鉴证报告。

第十二条　发行人业务完整，具有直接面向市场独立持续经营的能力：

……

第十三条　发行人生产经营符合法律、行政法规的规定，符合国家产业政策。最近三年内，发行人及其控股股东、实际控制人不存在贪污、贿赂、侵占财产、挪用财产或者破坏社会主义市场经济秩序的刑事犯罪，不存在欺诈发行、重大信息披露违法或者其他涉及国家安全、公共安全、生态安全、生产安全、公众健康安全等领域的重大违法行为。

董事、监事和高级管理人员不存在最近三年内受到中国证监会行政处罚，或者因涉嫌犯罪正在被司法机关立案侦查或者涉嫌违法违规正在被中国证监会立案调查且尚未有明确结论意见等情形。

（2）IPO在业务、资产、控制权、稳定期等方面的基本要求。《首次公开发行股票注册管理办法》第十二条规定了在沪、深证券交易所上市的IPO公司在业务、资产、控制权、稳定期等方面的基本要求。

第十二条　发行人业务完整，具有直接面向市场独立持续经营的能力：

（一）资产完整，业务及人员、财务、机构独立，与控股股东、实际控制人及其控制的其他企业间不存在对发行人构成重大不利影响的同业竞争，不存在严重影响独立性或者显失公平的关联交易；

（二）主营业务、控制权和管理团队稳定，首次公开发行股票并在主板上市的，最近三年内主营业务和董事、高级管理人员均没有发生重大不利变化；首次公开发行股票并在科创板、创业板上市的，最近二年内主营业务和董事、高级管理人员均没有发生重大不利变化；首次公开发行股票并在科创板上市的，核心技术人员应当稳定且最近二年内没有发生重大不利变化；

发行人的股份权属清晰，不存在导致控制权可能变更的重大权属纠纷，首次公开发行股票并在主板上市的，最近三年实际控制人没有发生变更；首次公开发行股票并在科创板、创业板上市的，最近二年实际控制人没有发生变更；

（三）不存在涉及主要资产、核心技术、商标等的重大权属纠纷，重大偿债风险，重大担保、诉讼、仲裁等或有事项，经营环境已经或者将要发生重大变化等对持续经营有重大不利影响的事项。

《北京证券交易所向不特定合格投资者公开发行股票并上市业务规则适用指引第1号》"1-5经营稳定性"中规定了在北交所上市的IPO公司稳定期的要求，这一点与沪、深证券交易所有所不同，其他基本要求与沪、深证券交易所基本一致。

发行人应当保持主营业务、控制权、管理团队的稳定，最近24个月内主营业务未发生重大变化；最近12个月内曾实施重大资产重组的，在重组实施前发行人应当符合《上市规则》第2.1.3条规定的四套标准之一（市值除外）；最近24个月内实际控制人未发生变更；最近24个月内董事、高级管理人员未发生重大不利变化。

（3）在不同板块IPO的各自硬性条件。在上海主板（及深圳主板）、上海科创板、深圳创业板及北交所等不同板块上市，对于股本、市值、财务指标等方面的基本要求是不同的[①]。

[①]　本书只列举了境内企业IPO且不存在表决权差异安排的情形，若存在红筹股或表决权存在差异安排的，详见各板块《上市规则》单独规定。

①沪、深主板上市的硬性指标要求。《上海证券交易所股票上市规则》（2024年4月第十八次修订））规定了上海主板上市条件，深圳证券交易所股票上市规则（2024年4月第十五次修订）规定了深圳主板上市条件。在上市的硬性指标上，沪深主板要求是相同的。

沪深主板均规定："发行后股本总额不低于5 000万元。公开发行的股份达到公司股份总数的25%以上；公司股本总额超过4亿元的，公开发行股份的比例为10%以上。"

沪深主板均规定：

市值及财务指标应当至少符合下列标准中的一项：

（一）最近三年净利润均为正，且最近三年净利润累计不低于2亿元，最近一年净利润不低于1亿元，最近三年经营活动产生的现金流量净额累计不低于2亿元或营业收入累计不低于15亿元；

（二）预计市值不低于50亿元，且最近一年净利润为正，最近一年营业收入不低于6亿元，最近三年经营活动产生的现金流量净额累计不低于2.5亿元；

（三）预计市值不低于100亿元，且最近一年净利润为正，最近一年营业收入不低于10亿元。

本节所称净利润以扣除非经常性损益前后的孰低者为准，净利润、营业收入、经营活动产生的现金流量净额均指经审计的数值。本节所称预计市值，是指股票公开发行后按照总股本乘以发行价格计算出来的发行人股票名义总价值。

②科创板上市的定位及硬性指标要求。首先，科创板有特殊的科创属性要求，即上市定位突出"硬科技"。最新的《上海证券交易所科创板企业发行上市申报及推荐暂行规定》（2024年4月修订）规定：

第三条　科创板面向世界科技前沿、面向经济主战场、面向国家重大需求，主要服务于符合国家战略、拥有关键核心技术、科技创新能力突出，主要依靠核心技术开展生产经营、行业地位突出或者市场认可度高，具有较强成长性的企业。

第四条　保荐机构应当顺应国家战略和产业政策导向，立足促进新质生产力发展，贯彻高质量发展理念，准确把握科创板定位，推荐拥有关键核心技术、科技创新能力突出，科研成果转化运用能力突出，行业地位突出或者市场认可度高,具有较强成长性的"硬科技"企业申报科创板。

第五条 申报科创板发行上市的发行人,应当属于下列行业领域的高新技术产业和战略性新兴产业:

(一)新一代信息技术领域,主要包括半导体和集成电路、电子信息、下一代信息网络、人工智能、大数据、云计算、软件、互联网、物联网和智能硬件等;

(二)高端装备领域,主要包括智能制造、航空航天、先进轨道交通、海洋工程装备及相关服务等;

(三)新材料领域,主要包括先进钢铁材料、先进有色金属材料、先进石化化工新材料、先进无机非金属材料、高性能复合材料、前沿新材料及相关服务等;

(四)新能源领域,主要包括先进核电、大型风电、高效光电光热、高效储能及相关服务等;

(五)节能环保领域,主要包括高效节能产品及设备、先进环保技术装备、先进环保产品、资源循环利用、新能源汽车整车、新能源汽车关键零部件、动力电池及相关服务等;

(六)生物医药领域,主要包括生物制品、高端化学药、高端医疗设备与器械及相关服务等;

(七)符合科创板定位的其他领域。

限制金融科技、模式创新企业在科创板发行上市。禁止房地产和主要从事金融、投资类业务的企业在科创板发行上市。

第六条 支持和鼓励科创板定位规定的相关行业领域中,同时符合下列4项指标的企业申报科创板发行上市:

(一)最近三年研发投入占营业收入比例5%以上,或者最近三年研发投入金额累计在8 000万元以上;

(二)研发人员占当年员工总数的比例不低于10%;

(三)应用于公司主营业务并能够产业化的发明专利7项以上;

(四)最近三年营业收入复合增长率达到25%,或者最近一年营业收入金额达到3亿元。

采用《科创板上市规则》第2.1.2条第一款第(五)项规定的上市标准申

报科创板的企业，或按照《关于开展创新企业境内发行股票或存托凭证试点的若干意见》等相关规则申报科创板的已境外上市红筹企业，可不适用前款第（四）项指标的规定；软件行业不适用前款第（三）项指标的要求，但研发投入占比应在10%以上。

第七条 支持和鼓励科创板定位规定的相关行业领域中，虽未达到本规定第六条指标，但符合下列情形之一的企业申报科创板发行上市：

（一）拥有的核心技术经国家主管部门认定具有国际领先、引领作用或者对于国家战略具有重大意义；

（二）作为主要参与单位或者核心技术人员作为主要参与人员，获得国家自然科学奖、国家科技进步奖、国家技术发明奖，并将相关技术运用于主营业务；

（三）独立或者牵头承担与主营业务和核心技术相关的国家重大科技专项项目；

（四）依靠核心技术形成的主要产品（服务），属于国家鼓励、支持和推动的关键设备、关键产品、关键零部件、关键材料等，并实现了进口替代；

（五）形成核心技术和应用于主营业务，并能够产业化的发明专利（含国防专利）合计50项以上。

其次，《上海证券交易所科创板股票上市规则》（2024年4月第四次修订）对在上海科创板上市企业的具体数据指标作出了要求：

发行后股本总额不低于人民币3 000万元；公开发行的股份达到公司股份总数的25%以上；公司股本总额超过人民币4亿元的，公开发行股份的比例为10%以上；

2.1.2 发行人申请在本所科创板上市，市值及财务指标应当至少符合下列标准中的一项：

（一）预计市值不低于人民币10亿元，最近两年净利润均为正且累计净利润不低于人民币5 000万元，或者预计市值不低于人民币10亿元，最近一年净利润为正且营业收入不低于人民币1亿元；

（二）预计市值不低于人民币15亿元，最近一年营业收入不低于人民币2亿元，且最近三年累计研发投入占最近三年累计营业收入的比例不低于15%；

（三）预计市值不低于人民币20亿元，最近一年营业收入不低于人民币3

亿元，且最近三年经营活动产生的现金流量净额累计不低于人民币1亿元；

（四）预计市值不低于人民币30亿元，且最近一年营业收入不低于人民币3亿元；

（五）预计市值不低于人民币40亿元，主要业务或产品需经国家有关部门批准，市场空间大，目前已取得阶段性成果。医药行业企业需至少有一项核心产品获准开展二期临床试验，其他符合科创板定位的企业需具备明显的技术优势并满足相应条件。

本条所称净利润以扣除非经常性损益前后的孰低者为准，所称净利润、营业收入、经营活动产生的现金流量净额均指经审计的数值。

③创业板上市的定位及硬性指标要求。首先，在创业板上市的企业必须符合创业板"三创四新"的定位要求，即：创新、创造、创意；新技术、新产业、新业态、新模式。最新的《深圳证券交易所创业板企业发行上市申报及推荐暂行规定》（2024年修订）规定：

创业板定位于深入贯彻创新驱动发展战略，适应发展更多依靠创新、创造、创意的大趋势，主要服务成长型创新创业企业，并支持传统产业与新技术、新产业、新业态、新模式深度融合。

保荐人应当推荐能够通过创新、创造、创意促进新质生产力发展且符合下列情形之一的企业申报在创业板发行上市：

（一）能够依靠创新、创造、创意促进企业摆脱传统经济增长方式和生产力发展路径，促进科技成果高水平应用、生产要素创新性配置、产业深度转型升级、新动能发展壮大的成长型创新创业企业；

（二）能够通过创新、创造、创意促进互联网、大数据、云计算、自动化、人工智能、新能源等新技术、新产业、新业态、新模式与传统产业深度融合，推动行业向高端化、智能化、绿色化发展的企业。

第四条 本所支持和鼓励符合下列标准之一的成长型创新创业企业申报在创业板发行上市：

（一）最近三年研发投入复合增长率不低于15%，最近一年投入金额不低于1000万元，且最近三年营业收入复合增长率不低于25%；

（二）最近三年累计研发投入金额不低于5000万元，且最近三年营业收入复合增长率不低于25%；

（三）属于制造业优化升级、现代服务业或者数字经济等现代产业体系领域，且最近三年营业收入复合增长率不低于30%。

最近一年营业收入金额达到3亿元的企业，或者按照《关于开展创新企业境内发行股票或存托凭证试点的若干意见》等相关规则申报创业板的已境外上市红筹企业，不适用前款规定的营业收入复合增长率要求。

第五条　属于上市公司行业分类相关规定中下列行业的企业，原则上不支持其申报在创业板发行上市，但与互联网、大数据、云计算、自动化、人工智能、新能源等新技术、新产业、新业态、新模式深度融合的创新创业企业除外：

（一）农林牧渔业；

（二）采矿业；

（三）酒、饮料和精制茶制造业；

（四）纺织业；

（五）黑色金属冶炼和压延加工业；

（六）电力、热力、燃气及水生产和供应业；

（七）建筑业；

（八）交通运输、仓储和邮政业；

（九）住宿和餐饮业；

（十）金融业；

（十一）房地产业；

（十二）居民服务、修理和其他服务业。

禁止产能过剩行业、《产业结构调整指导目录》中的淘汰类行业，以及从事学前教育、学科类培训、类金融业务的企业在创业板发行上市。

另外，《深圳证券交易所创业板股票上市规则》（2024年4月第九次修订），对在深圳创业板上市企业的具体数据指标作出了要求：

发行后股本总额不低于3 000万元；公开发行的股份达到公司股份总数的25%以上；公司股本总额超过4亿元的，公开发行股份的比例为10%以上；

2.1.2 发行人为境内企业且不存在表决权差异安排的，市值及财务指标应当至少符合下列标准中的一项：

（一）最近两年净利润均为正，累计净利润不低于1亿元，且最近一年净利润不低于6 000万元；

（二）预计市值不低于15亿元，最近一年净利润为正且营业收入不低于4亿元；

（三）预计市值不低于50亿元，且最近一年营业收入不低于3亿元。

本节所称净利润以扣除非经常性损益前后的孰低者为准，所称净利润、营业收入均指经审计的数值。本节所称预计市值，是指股票公开发行后按照总股本乘以发行价格计算出来的发行人股票名义总价值。

④北交所上市的硬性指标要求。《北京证券交易所股票上市规则（试行）》（2024年4月修订）对在北京证券交易所上市企业的具体条件指标作出了要求：

2.1.2 发行人申请公开发行并上市，应当符合下列条件：

（一）发行人为在全国股转系统连续挂牌满12个月的创新层挂牌公司；

（二）符合中国证券监督管理委员会（以下简称中国证监会）规定的发行条件；

（三）最近一年期末净资产不低于5 000万元；

（四）向不特定合格投资者公开发行（以下简称公开发行）的股份不少于100万股，发行对象不少于100人；

（五）公开发行后，公司股本总额不少于3 000万元；

（六）公开发行后，公司股东人数不少于200人，公众股东持股比例不低于公司股本总额的25%；公司股本总额超过4亿元的，公众股东持股比例不低于公司股本总额的10%……

2.1.3 发行人申请公开发行并上市，市值及财务指标应当至少符合下列标准中的一项：

（一）预计市值不低于2亿元，最近两年净利润均不低于1 500万元且加权平均净资产收益率平均不低于8%，或者最近一年净利润不低于2 500万元且加权平均净资产收益率不低于8%；

（二）预计市值不低于4亿元，最近两年营业收入平均不低于1亿元，且最近一年营业收入增长率不低于30%，最近一年经营活动产生的现金流量净额为正；

（三）预计市值不低于8亿元，最近一年营业收入不低于2亿元，最近两年研发投入合计占最近两年营业收入合计比例不低于8%；

（四）预计市值不低于15亿元，最近两年研发投入合计不低于5 000万元。

前款所称预计市值是指以发行人公开发行价格计算的股票市值。

3.明确全面注册制下的注册程序

《首次公开发行股票注册管理办法》明确全面注册制下，由交易所负责发行上市审核并报中国证监会注册。主要注册程序规定如下：

一是明确在交易所审核环节，交易所通过问询等方式开展发行上市审核工作，形成发行人是否符合发行条件和信息披露要求的审核意见。发现重大敏感事项、重大无先例情况、重大舆情、重大违法线索及时向中国证监会请示报告，中国证监会及时明确意见。中国证监会同步关注发行人是否符合国家产业政策和板块定位。

二是明确在中国证监会注册环节，收到交易所审核意见及相关资料后，中国证监会基于交易所审核意见依法履行注册程序，在二十个工作日内对发行人的注册申请作出予以注册或者不予注册的决定。

三是规定发行人及其控股股东、实际控制人、董事、监事、高级管理人员，以及相关中介机构及其责任人员，自注册申请文件申报之日起即承担相应法律责任，不得影响或干扰发行上市审核注册工作。

四是明确交易所和中国证监会应当提高审核和注册工作透明度，审核标准、流程、进度、反馈意见及发行人的回复情况、审议意见等全流程重要节点均对社会公开，接受社会监督。

4.发布IPO审核指引配套文件

2024年2月17日同时配套公布《监管规则适用指引——发行类第4号》和《监管规则适用指引——发行类第5号》，对涉及IPO发行审核中常见的共性问题进行细化，其分别对应原《首发业务若干问题解答》（即原"IPO 54条"）中IPO审核的法律部分和财务部分，适用除北交所外的所有IPO板块，被称为"IPO新39条"。相比过去文件，虽然从形式上看起来改动比较大，但其实改动内容不多，而且主要是把审核实践中已经执行的规定进行文字明确。

《监管规则适用指引——发行类第4号》和《监管规则适用指引——发行类第5号》是非常重要和非常实用的IPO审核指引文件，对于审核细节描述得非常详细。下面把目录列举如下，方便大家以后遇到IPO问题可以对照查询。

(1)《监管规则适用指引——发行类第4号》目录

4-1　历史上自然人股东人数较多的核查要求

4-2　申报前引入新股东的相关要求

4-3　对赌协议

4-4　资产管理产品、契约型私募投资基金投资发行人的核查及披露要求

4-5　出资瑕疵

4-6　发行人资产来自上市公司

4-7　股权质押、冻结或发生诉讼仲裁

4-8　境外控制架构

4-9　诉讼或仲裁

4-10　资产完整性

4-11　关联交易

4-12　董事、高级管理人员、核心技术人员变化

4-13　土地使用权

4-14　环保问题的披露及核查要求

4-15　发行人与关联方共同投资

4-16　社保、公积金缴纳

4-17　公众公司、H股公司或境外分拆、退市公司申请IPO的核查要求

4-18　募集资金用途

4-19　首发相关承诺

4-20　中小商业银行披露及核查要求

4-21　其他说明

(2)《监管规则适用指引——发行类第5号》目录

5-1　增资或转让股份形成的股份支付

5-2　应收款项减值

5-3　客户资源或客户关系及企业合并涉及无形资产的判断

5-4　研发支出资本化

5-5　科研项目相关政府补助

5-6　有关涉税事项

5-7　持续经营能力

5-8　财务内控不规范情形

5-9　会计政策、会计估计变更和差错更正

5-10　现金交易核查

5-11　第三方回款核查

5-12　经销模式

5-13　通过互联网开展业务相关信息系统核查

5-14　信息系统专项核查

5-15　资金流水核查

5-16　尚未盈利或最近一期存在累计未弥补亏损

5-17　客户集中

5-18　投资收益占比

5-19　在审期间分红及转增股本

5-20　其他说明

【重点解析】对赌协议

投资机构在投资发行人时约定对赌协议等类似安排的，保荐机构及发行人律师、申报会计师应当重点就以下事项核查并发表明确核查意见：

一是发行人是否为对赌协议当事人；

二是对赌协议是否存在可能导致公司控制权变化的约定；

三是对赌协议是否与市值挂钩；

四是对赌协议是否存在严重影响发行人持续经营能力或者其他严重影响投资者权益的情形。

存在上述情形的，保荐机构、发行人律师、申报会计师应当审慎论证是否符合股权清晰稳定、会计处理规范等方面的要求，不符合相关要求的对赌协议原则上应在申报前清理。

发行人应当在招股说明书中披露对赌协议的具体内容、对发行人可能存在的影响等，并进行风险提示。

解除对赌协议应关注以下方面：

（1）约定"自始无效"，对回售责任"自始无效"相关协议签订日在财务报告出具日之前的，可视为发行人在报告期内对该笔对赌不存在股份回购义务，发行人收到的相关投资款在报告期内可确认为权益工具；对回售责任"自

始无效"相关协议签订日在财务报告出具日之后的,需补充提供协议签订后最新一期经审计的财务报告。

(2)未约定"自始无效"的,发行人收到的相关投资款在对赌安排终止前应作为金融工具核算。

(三)新"国九条"背景下:防止上市前"清仓式分红"

新"国九条"明确提出,要将上市前突击"清仓式"分红等情形纳入发行上市负面清单。

关于什么是"清仓式分红",《深圳证券交易所股票发行上市审核业务指引第1号——申请文件受理(2024年修订)》《上海证券交易所发行上市审核规则适用指引第1号——申请文件受理(2024年修订)》作出了明确释义。

清仓式分红是指:发行人最近三年累计分红金额占同期净利润比例超过80%;累计分红金额占同期净利润比例超过50%且累计分红金额超过3亿元,同时募集资金用于补充流动资金和偿还银行贷款占募集资金总额的比例超过20%。

证监会明确保荐人应当就IPO发行人及其实际控制人、董事、监事、高级管理人员等"关键少数"是否存在《首次公开发行股票并上市辅导监管规定》所列口碑声誉的重大负面情形、发行人报告期三年内是否存在突击"清仓式"分红等事项出具专项核查意见,并纳入申报文件范围。

(四)新"国九条"背景下:"减持新规"最新内容

有进就有退,秉承"以终为始"才能进行合理的企业顶层规划。与IPO制度一样,股份减持制度也是资本市场的一项重要基础性制度[①]。

2024年5月24日,为了落实新"国九条"后"1+N"政策体系在股份减持方面的要求,证监会发布《上市公司股东减持股份管理暂行办法》《上市公司董事、监事和高级管理人员所持本公司股份及其变动管理规则》。

重点内容如下:

(1)严格规范大股东减持。明确控股股东、实际控制人在破发、破净、

---

① 关于减持的规定也可以同时参考本书第二章相关内容。

分红不达标等情形下不得通过集中竞价交易或者大宗交易减持股份；增加大股东通过大宗交易减持前的预披露义务；要求大股东的一致行动人与大股东共同遵守减持限制。

（2）有效防范绕道减持。要求协议转让的受让方锁定六个月；明确因离婚、解散、分立等分割股票后各方持续共同遵守减持限制；明确司法强制执行、质押融资融券违约处置等根据减持方式的不同分别适用相关减持要求；禁止大股东融券卖出或者参与以本公司股票为标的物的衍生品交易；禁止限售股转融通出借、限售股股东融券卖出等。

（3）细化违规责任条款。明确对违规减持可以采取责令购回并向上市公司上缴价差的措施。

分红不达标是指：最近一个会计年度净利润为正值，且合并报表、母公司报表年度末未分配利润均为正值的公司，其最近三个会计年度累计现金分红金额低于最近三个会计年度年均净利润的30%，且最近三个会计年度累计现金分红金额低于5 000万元。

（五）IPO被否企业审核关注要点

通过对最近几年被否企业汇总分析，我们会发现被否企业的审核关注点大多涉及以下原因：内控制度不完善、财务会计基础薄弱、持续盈利能力质疑、收入真实性质疑、收入增长的合理性质疑、业务独立性质疑、核心技术依赖、其他重大依赖、同业竞争、关联交易、关联方资金占用、股份权属不清晰、经销商模式质疑、实际控制人认定存疑等。

比较特殊的行业（比如医药、化工行业）还可能存在行贿、环保等行业普遍存在的问题。

对于创业板，需要特别关注的问题是：是否符合创业板定位及"三创四新"特征、主营业务成长性、业务创新性、核心技术先进性、研发投入占比等重点问题。

对于科创板，需要关注是否符合科创板的定位，是否拥有关键核心技术，科技创新能力是否突出，是否具有较强成长性等重点问题。

以下摘录分析最近2年具有代表性的被否企业案例，便于读者了解借鉴。

案例5-4 被否案例分析：环洋股份（主板）

这是一家专业从事环氧氯丙烷的研发、生产及销售的高新技术企业。净利润看起来非常不错，2017—2019年扣非后净利润分别为1.36亿元、3.21亿元、3.12亿元。通过证监会披露的发审会会议文件，大致可以判断被否原因主要集中在利益输送存疑和关联交易的合理性存疑。

发审委会议提出询问的主要问题如下：

1.发行人与万华氯碱、万华化学有关联。请发行人代表说明：

（1）无偿受让3项专利申请权的合理性，是否存在其他利益安排，发行人的核心技术是否对万华氯碱存在依赖；

（2）万华氯碱以土地使用权对发行人的前身增资、增资完成后不久即退出的原因及合理性，土地使用权取得的合法合规性；

（3）部分间接股东为万华氯碱员工并由方福良代持的背景及原因；

（4）发行人氯化氢采购价格明显低于第三方的商业合理性及可持续性，是否存在利益输送的情形。请保荐代表人说明核查依据、过程，并发表明确核查意见。

2.甘油为发行人的核心生产原材料，主要依赖进口。请发行人代表说明：

（1）2020年1月至2021年6月，甘油平均采购单价大幅低于市场价格的原因；

（2）与海外甘油供应商是否存在关联关系，部分供应商成立不久即成为发行人主要供应商的原因；

（3）2021年第二季度实现销售较往年同期大幅增长的原因；

（4）发行人毛利率远高于同行业可比公司的原因及合理性。请保荐代表人说明核查依据、过程，并发表明确核查意见。

3.发行人收入主要来自环氧氯丙烷销售。请发行人代表说明：

（1）2021年下半年毛利率水平是否面临下滑的趋势，是否会对发行人业绩产生重大不利影响；

（2）环氧氯丙烷是否存在产能过剩风险，是否对发行人持续盈利能力构成重大不利影响。请保荐代表人说明核查依据、过程，并发表明确核查意见。

案例5-5 被否案例分析：青蛙泵业（主板）

这是一家专业从事井用潜水泵研发、生产及销售的高新技术企业。净利润看起来一般,但是最近三年增长极其迅速。2018—2020年扣非净利润分别为0.42亿元、0.79亿元和1.09亿元。通过证监会披露的发审会会议文件,大致可以判断表面上看起来是对经销商模式质疑,但核心应该是对销售收入增长的真实性存疑。

发审委会议提出询问的主要问题如下:

1.发行人以经销模式为主。请发行人代表:

(1)结合市场及同行业可比公司,说明收入增长趋势是否合理;

(2)说明公司对经销商管理、进销存等内部控制情况,是否能够有效了解经销商的库存与终端销售实现情况,经销收入是否真实实现;

(3)说明非法人经销商占比较高的原因及合理性,与非法人实体经销商是否存在第三方回款、现金收付款等情况,是否符合行业惯例;

(4)说明经销商与发行人及其实际控制人、董监高或其他核心人员是否存在关联关系或其他利益安排,相互是否存在异常资金往来,是否存在虚增销售或虚构销售回款的情况。

请保荐代表人说明核查依据、过程,并发表明确核查意见。

2.请发行人代表说明:

(1)深井泵产品外销毛利率与同行业可比公司相当但内销毛利率明显高于同行业可比公司的原因及合理性;

(2)深井泵产品销售价格高于同行业可比公司的原因及合理性;

(3)发行人主要原材料消耗量与主要产品产量的匹配关系。

请保荐代表人说明核查依据、过程,并发表明确核查意见。

案例5-6　被否案例分析:亚洲渔港(创业板)

这是一家主营业务为提供品牌化生鲜餐饮食材的供应链服务企业。扣非后净利润一般,2018—2020年分别为0.55亿元、0.68亿元和0.51亿元。根据深交所披露文件,被否原因应该比较清晰,主要是不符合创业板定位以及内控基础薄弱。

深交所创业板上市审核中心在审核问询中重点关注了以下事项:

一是创业板定位。关注发行人的创新、创造、创意特征,业务是否具有成长性,发行人的研发投入及研发转化能力、创新能力,发行人是否符合成长型创新创业企业的创业板定位。

二是发行人内部控制的有效性、会计基础规范性、信息披露的充分性。结合现场督导情况，关注子公司业务模式及相关资金往来的合理性，向主要代工厂采购成本的完整性、准确性，相关内部控制的有效性、会计基础工作的规范性、信息披露的充分性。

创业板上市委会议审议认为：

发行人未能充分说明其"三创四新"特征，以及是否符合成长型创新创业企业的创业板定位要求；未能充分说明与重要子公司管理、主要代工厂采购等事项相关的内部控制制度是否被有效执行；在业务开展过程中未完整取得和保存相关原始凭证，会计基础工作存在不规范情形。

发行人不符合《创业板首次公开发行股票注册管理办法（试行）》（以下简称《注册管理办法》）第三条、第六条、第十一条以及《深圳证券交易所创业板股票发行上市审核规则》（以下简称《审核规则》）第三条、第十八条、第二十八条的规定。

案例5-7 被否案例分析：北农大（创业板）

这是一家涉农企业，主营业务为蛋鸡饲料的研发、生产及销售，蛋鸡育种、扩繁及雏鸡销售。扣非后净利润水平一般，2018—2020年分别为0.41亿元、0.58亿元和0.62亿元。根据深交所披露文件，被否原因应该比较清晰，主要是涉农企业常见的财务基础和内控基础薄弱，导致的收入真实性存疑。

深交所上市审核中心在审核问询中重点关注了以下事项：

一是经审核问询发现，发行人存在规模较大的通过代管客户银行卡进行收款的情形，结合现场督导情况，关注发行人相关收入的真实性、会计基础的规范性、信息披露的准确性。

二是发行人重要子公司负责人与发行人客户之间存在资金往来，结合现场督导情况，关注相关资金往来的原因及合理性、内部控制的有效性、信息披露的准确性。

三是现场督导发现发行人财务人员混同、岗位分离失效，关注发行人会计基础的规范性、内部控制的有效性。

创业板上市委会议审议认为：

报告期内发行人存在代管客户银行卡、重要子公司负责人与发行人客户之间异常资金往来、发行人及其子公司财务人员混同、岗位分离失效等会计基础不规范、内部控制不健全的情形,在上述重大方面未能公允反映报告期内发行人的财务状况和经营成果,不符合《创业板首次公开发行股票注册管理办法(试行)》第十一条、《深圳证券交易所创业板股票发行上市审核规则》第十八条的规定。

案例5-8　IPO被否企业审核关注点汇总(见表5-4)

表5-4　　IPO被否企业审核关注点汇总(以2023年为例)

序号	企业简称	板块	审核关注点
1	鼎镁科技	沪主板	实控人认定、业务独立性、社保公积金缴纳情况、董事长薪酬
2	雨中情	深主板	逾期应收账款余额逐年上升且上升速度大于收入的原因及合理性;一次性支付大额履约保证金的原因和合理性,综合毛利率高于同行业可比公司的原因及合理性;业绩是否真实准确
3	太美科技	科创板	持续经营能力、信息披露、核心技术对发行人的重要性及利润贡献
4	思必驰	科创板	核心技术的硬科技属性、差异化竞争的有效性、收入预测的合理性和审慎性、发行人经营能力的可持续性
5	卓海科技	创业板	技术先进性及创新性、创业板定位、上下游渠道的稳定性、营业收入快速增长的合理性和可持续性、存货跌价准备计提
6	文依电气	创业板	成长性问题、创新性问题、营业收入确认问题
7	汇富纳米	创业板	供应商依赖、采购价格公允性、业绩波动及成长问题
8	裕鸢航空	创业板	成长性问题、客户重大依赖问题、研发能力问题、毛利率下滑问题、股份权属是否清晰问题
9	特创科技	创业板	实控人认定问题、研发费用问题、代理销售问题
10	诺康达	创业板	细分业务收入增长的原因及合理性、收入确认问题、与部分客户交易的商业合理性、前后两次申报的主要差异及原因
11	天松医疗	北交所	经销模式及境外销售真实性、毛利率水平较高的合理性、技术水平及产品竞争力、公司治理有效性、募投项目必要性及合理性
12	龙辰科技	北交所	相关交易的商业合理性

资料来源:各交易所网站,他山以微(ID:tashanyiwei)。

五、附录：国内资本市场法律法规和披露文件主要检索地址

1. 资本市场电子化信息披露平台：http://eid.csrc.gov.cn/

中国证监会主办，涵盖所有板块上市公司和新三板挂牌公司的公告、公募基金和债券公告，以及所有拟IPO公司的预先披露文件：全套注册文件、问询与回复文件、上会稿等。

2. 中国证监会官网：http://www.csrc.gov.cn/

中国证监会颁布的法规、办事指南、资本市场统计、行政许可批复、市场禁入、行政复议、监管措施、结果公示、审核反馈、许可审核进度（IPO、再融资、并购重组等申请企业基本情况汇总表）等。

3. 巨潮资讯：http://www.cninfo.com.cn/new/index

中国证监会指定信息披露网站，为投资者提供一站式的证券市场信息服务，包括沪、深主板、创业板、科创板、北交所、新三板、香港主板和香港创业板上市公司以及基金、债券等产品资讯和信息披露。

4. 上海证券交易所：http://www.sse.com.cn/

可以查询上交所发布的所有法律规则，在上交所主板和科创板上市的上市公司信息披露、基金、公募REITS、固收、股票期权等产品的信息披露以及上交所的市场统计数据等。

5. 深圳证券交易所：http://www.szse.cn/

可以查询深交所发布的所有法律规则，在深交所主板和创业板上市的上市公司信息披露、基金、公募REITS、固收、股票期权等产品的信息披露以及深交所的市场统计数据等。

6. 北京证券交易所：http://www.bse.cn/

可以查询北交所发布的所有法律规则以及北交所的市场统计数据等。

7. 春晖投行在线：http://www.shenchunhui.com/

投行常用的国内资本市场法律法规专业汇总。

第六章

并购重组与并购基金

一、资本运作的重要手段：并购重组

（一）并购：企业竞争的最高级形态

2013年是国内并购大发展的重要一年，其产生的原因非常特殊。当时截至2012年11月，IPO待审的企业高达800多个，造成了国内独特的"IPO堰塞湖"现象。根据当时的新股发行节奏预估，审核这800多个企业少则需要3年，多则需要5年。伴随着IPO审核暂停，监管层开展了号称"史上最严"的IPO公司财务大核查。一些企业纷纷撤材料退出IPO，进而由寻求独立上市转向寻求被并购，这直接导致了资本市场并购热潮的兴起。若我们将时间轴拉长，站在十年后的今天来看，当时确有一部分企业通过并购完成了质的飞跃，但更多的企业属于"懵懂探索"，导致后来出现重大纠纷、失败、破产、"一地鸡毛"的事件不在少数。通过这些年资本市场的残酷洗礼，无论主动还是被动，市场各参与方基本完成了对并购认知的启蒙教育。

任何一个企业都应该具备至少两种增长能力：一种是基于产品的生产经营层面的增长能力，另外一种就是基于资本市场层面的并购整合的增长能力，两者缺一不可。目前，国内企业大多缺乏第二种能力，急需补齐短板。

从企业发展的源动力来看，企业的增长分为内生性增长和外延式增长。当企业面临成长的压力，内生性增长遭遇瓶颈，只能寻求外延式的突破。对于中国企业而言，还多了一些特殊因素。比如随着第一代创业者逐渐老去，很多企业开始面临二代接班和企业传承的难题。企业大股东的代际切换、投资者积极参与上市公司治理意识的觉醒以及产业并购基金的兴起等各种因素，更进一步推动了企业间的并购重组和控制权的转移。

从资本市场的发展趋势来看，随着一级市场全面注册制的推出，A股IPO供给越来越常态化，市盈率也越来越港股化。"上市即破发"早已不是新闻，这意味着即使成功上市也可能亏钱。在二级市场上，一些低于50亿元的小市值上市公司很难进入基金投资的"白名单",导致长期没有机构投资者调研,交易量萎缩,少人问津。资本市场的变革,制度红利的消失,"IPO信仰"的破灭,上市公司的分化,这些新变化反而导致并购重组越来越活跃,"围绕产业逻辑、高频、小额、快速"的并购特点越来越明显。

从经济发展的规律来看,我国已经经过了三十年来发展最快的阶段,"躺着赚钱"的时代已经过去,经济增速放缓,一些行业甚至出现逆增长。传统产业竞争加剧,企业面临发展困境,产业被迫转型、新业态和新技术带来巨大冲击。很多企业需要通过延伸产业链或者进入新行业去探索新的业绩增长点,寻找企业增长第二曲线。即使对于一些快速增长的新兴行业而言,同样需要通过快速的并购扩张来迅速占领市场、获得先机。

从产业的发展逻辑来看,一个产业走到一定阶段,必然会经历整合,无论是横向整合、纵向整合还是多元化整合。一个领袖级的企业要发动产业整合,最高效的方式就是通过资本市场。因为资本市场具有对资产进行估值定价并被大众接受的强大优势,也只有资本市场才能源源不断地融资输血,并为参与各方带来价值的增长和巨大的收益。

纵观世界500强企业,大多数是通过并购来实现转型或多元化发展。以美国为例,美国100年来至少发生过5次并购整合浪潮。诺贝尔经济学奖获得者乔治·斯蒂格勒就说过:"纵观世界上著名的大企业、大集团,几乎没有哪一家不是在某种程度上通过收购兼并等资本运营手段而发展起来的,也几乎没有哪一家是完全通过内部积累发展起来的。"著名的贝恩公司发布的《2021年全球并购市场报告》显示,2020年全球企业共签署超过28 500桩并购协议,交易总额达到2.8万亿美元。在美国,企业并购市场持续活跃,每年都有5 000单左右的交易量,每年少则1万亿美元多则3万亿美元的交易额,使得美国的并购市场容量占据其GDP的5%—10%。

原华泰联合证券董事长刘晓丹女士,曾被业内称为"并购女王"。她对于并购的理解比较深入,值得借鉴[①]:

一级市场底层逻辑的改变,使投资越来越同质化,IPO退出的赚钱效应越来越差。2016年起年均万亿元的一级市场投资,完全通过IPO退出是不可能的,并购于

---

① 资料来源:刘晓丹在其创立的晨壹基金2023年3月17日投资人年度会议中的演讲。

是成为当下讨论的焦点。但并购不应该是IPO退出受阻时拿来说事儿的救命稻草。并购本身是更高阶更复杂的资本市场活动。并购市场的持续活跃有其驱动要素，依托并购市场发展起来的并购基金有自己的投资逻辑，与成长基金迥然不同。

企业家们越来越清晰地认识到并购不是为了套利，而是企业竞争的最高形态，考验企业家的整合能力。并购高风险高收益，失败率很高，但真正的巨头又都是靠并购一路快速成长起来的。投资者也更清醒地意识到并购重组不再是只涨不跌、可以炒作的概念，而是企业的中性行为，股价有涨有跌。监管也越来越意识到，信息披露和反垄断才是并购监管的核心，其他更多是企业的商业选择和判断。今天看这些已经习以为常，但如果你从原始蛮荒的市场一路走来，你就会理解，市场参与各方的不断成熟、对并购的正确认知才是推动并购发展的根基。

（二）成功实施并购的四个要点

一个并购项目的成功实施，通常需要从四个方面进行把握。

1.并购的战略

并购战略需要考虑到几个不同的维度：经济周期、产业竞争格局、资本市场周期等。周期是决定成败的重要因素。顶尖的并购者都是在行业低谷的时候重仓抄底，在行业顶峰的时候全身而退。这是一种反人性的行为，也就注定了并购是一个大概率失败的高风险事件，是少数胜利者的游戏。

2.并购的时机

并购的时机要考虑外部机遇和内部时机。外部机遇是指资本市场牛熊市的转换以及相关政策的推出对并购的影响。牛市中并购成交数量多，但失败概率也大，因为牛市中的并购经常会犯两个错误：过于乐观和溢价过高。熊市中并购者有心无力，成交的数量也少，但价格便宜，并购机会多，也容易成功。内部时机是指并购企业对自身发展阶段的认知以及自我能力的把握。优秀的并购者就像一匹狩猎的狼，善于分析环境、善于寂寞地等待，而时机一到，就全力出击，毫不犹豫。

3.并购的执行能力

并购者对并购标的的选择、并购方案的制订、并购谈判的设计、并购条件的拿捏、并购合同的实施等具体步骤需要强大的执行能力。国内并购相比较于国外，受监管的力度会更大些，各方利益平衡的诉求会更强些，对于创新性的考验会更多些。在这一方面，券商并购部或者投行部的背景会有较多经验和较大优势。

4. 并购的整合能力

并购整合是一个非常重要的问题，所谓"三分交易，七分整合"。国内企业的并购，往往非常重视交易的架构、交易的价格和交易的执行，比较忽略交易后的整合。其实，在并购交易开始谈判的那一刻，并购整合就应该开始了。不要期待整合是一蹴而就的，不要低估人性，也不要期待制度或合同能够理所当然地解决所有问题。并购整合是否成功，关键还是"人"和"文化"。人员如何整合，谁进入谁退出，什么样的人该放在什么位置，这是一个高度依赖人力资源管理能力的大事情。"文化，文而化之。"如何利用企业文化化解矛盾、凝聚人心、统一思想、提升价值，也是摆在并购实施者面前的现实问题。

综上所述，企业并购对参与各方的要求是较高的：需要有对产业的深度研究和发展趋势的判断，需要有资本市场的丰富经验和对投行交易的深刻理解，需要有筛选优质标的企业的眼光并以长期价值主义赋能成长的能力，需要有高度的人力资源管理能力和企业文化功底促进组织之间的有效融合。

由此，并购的核心可以总结为四句话："研究发现价值、交易创造机会，资源提供赋能，文化促进整合。"

二、全面注册制和新"国九条"下的上市公司资产重组

（一）国家政策鼓励上市公司并购重组

近年来，国务院国资委、中国证监会、证券交易所等相关部门陆续出台了一系列政策，支持国内上市公司通过并购重组做优做强。

2022年5月27日，国务院国资委印发《提高央企控股上市公司质量工作方案》，对提高央企控股上市公司质量工作做出了部署，要求做优做强一批上市公司，以优势上市公司为核心，通过资产重组、股权置换等多种方式，加大专业化整合力度，推动更多优质资源向上市公司汇聚。

2024年3月，中国证监会发布《关于加强上市公司监管的意见（试行）》，明确提出支持上市公司通过并购重组提升投资价值，鼓励上市公司综合运用股

份等工具实施并购重组、注入优质资产。2024年4月，新"国九条"提出：充分发挥资本市场在企业并购重组过程中的主渠道作用，强化资本市场的产权定价和交易功能，拓宽并购融资渠道，丰富并购支付方式。

2024年9月24日，中国证监会发布《关于深化上市公司并购重组市场改革的意见》（即"并购六条"）。该意见提出：积极支持上市公司向新质生产力方向转型升级，围绕战略性新兴产业、未来产业等进行并购重组，包括开展基于转型升级等目标的跨行业并购、有助于补链强链和提升关键技术水平的未盈利资产收购，以及支持"两创"板块公司并购产业链上下游资产等，引导更多资源要素向新质生产力方向聚集；鼓励上市公司加强产业整合，继续助力传统行业通过重组合理提升产业集中度，提升资源配置效率，通过锁定期"反向挂钩"等安排，鼓励私募投资基金积极参与并购重组；对重组估值、业绩承诺、同业竞争和关联交易等事项，进一步提高监管包容度；提升重组市场交易效率，建立重组简易审核程序，大幅简化审核流程、缩短审核时限等。

自"并购六条"出台以来，并购重组市场热情明显高涨。据统计，2024年全年披露的并购重组交易总价值相比2023年增长超100%。

（二）上市公司资产重组的定义和分类

上市公司重大资产重组是指上市公司及其控股或者控制的公司在日常经营活动之外购买、出售资产或者通过其他方式进行资产交易达到规定的标准，导致上市公司的主营业务、资产、收入发生重大变化的资产交易行为。

上市公司资产重组类型的划分标准见图6-1。

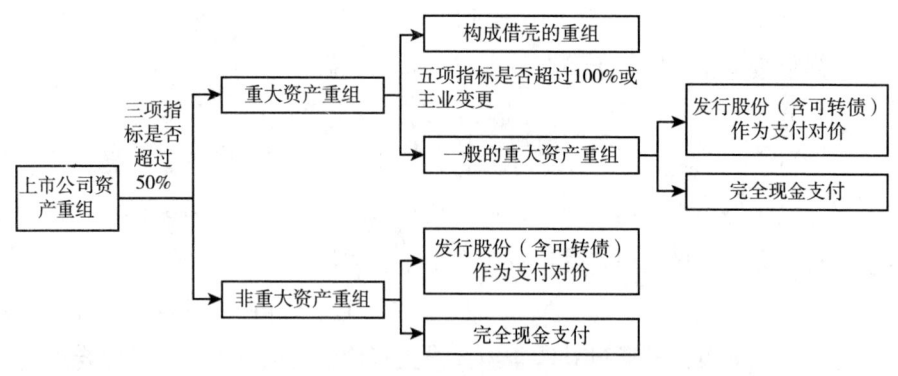

图6-1 上市公司资产重组的类型划分

(三)上市公司重大资产重组的监管

在全面注册制下,上市公司涉及发行股份的重组,由各证券交易所并购重组委员会形成审核意见,决定报中国证监会注册或者终止审核;针对上市公司"现金重组"项目,证券交易所可以通过问询、现场检查、现场督导、要求独立财务顾问和其他证券服务机构补充核查并披露专业意见等方式进行自律管理。

(四)上市公司重大资产重组的法规体系

2023年2月17日,为了配合全面注册制,监管部门密集出台了165部法规规章。2024年4月新"国九条"明确:"鼓励引导头部公司立足主业加大对产业链上市公司的整合力度。进一步削减'壳'资源价值;加强并购重组监管,强化主业相关性,严把注入资产质量关,加大对'借壳上市'的监管力度,精准打击各类违规'保壳'行为。"随即,上交所、深交所各自修订并发布了上市公司重大资产重组审核规则、上市审核委员会和并购重组审核委员会管理办法、股票上市规则等重要法规。

目前,涉及上市公司并购重组最核心的法规是中国证监会《上市公司重大资产重组管理办法》。该办法自2008年3月出台以来,前后历经6次修订。最新一次修订的背景是2023年2月17日配合全面注册制施行[①]。

综合历次修订变化,当前监管机构对并购重组市场的监管理念是:遵循把选择权交给市场的宗旨,践行以信息披露为核心的理念,强化事中、事后监管,补齐市场约束的短板,激发并购重组市场活力。同时坚持问题导向,强化证券交易所"一线监管"职责,继续完善"全链条"监管机制,支持优质资产注入上市公司。严格规范重组上市行为,持续从严监管并购重组中高估值、高业绩承诺、高商誉的"三高"问题,打击恶意炒壳、内幕交易、操纵市场等违法违规行为,遏制"忽悠式"重组、盲目跨界重组等乱象,促进上市公司质量提升和资本市场稳定健康发展。

---

① 为落实2024年9月24日中国证监会发布的《关于深化上市公司并购重组市场改革的意见》(即"并购六条"),证监会和证券交易所正在就修订《上市公司重大资产重组管理办法》等规则公开征求意见。至本书截稿日,该《管理办法》修订版尚未正式发布。

下面我们回顾历次修订的主要变化，其中2019年的修订幅度比较大。

（1）2013年，监管机构曾经发文禁止创业板公司重组上市（借壳上市）。2019年修订时，认为有限度放开创业板重组上市确有必要，允许符合国家战略的高新技术产业和战略性新兴产业相关资产在创业板重组上市，其他资产不得在创业板重组上市，相关资产应符合创业板发行上市条件。同年，《科创板上市公司重大资产重组特别规定》出台，科创板也被允许借壳上市，但是拟购买资产也要符合科创板定位、协同效应和上市条件。

（2）2016年，监管机构发文取消了重组上市的配套融资。2019年修订时取消该限制，允许重组上市时进行配套融资。

（3）2016年，监管机构修改重组办法，将按"累计首次原则"计算是否构成重组上市的期间从"无限期"缩减至60个月。2019年修订时更将累计期限进一步减至36个月。

最新修订的《上市公司重大资产重组管理办法》主要关注内容如下：

（1）完善重组认定标准。营业收入指标增加"超过五千万元人民币"金额要求（未达到上述标准的交易将无须按照重组有关规定披露信息、履行内部决策程序，有利于降低上市公司交易成本）。

《上市公司重大资产重组管理办法》（2023）对重大资产重组的基本要求和标准如下：

第十一条　上市公司实施重大资产重组，应当就本次交易符合下列要求作出充分说明，并予以披露：

（一）符合国家产业政策和有关环境保护、土地管理、反垄断、外商投资、对外投资等法律和行政法规的规定；

（二）不会导致上市公司不符合股票上市条件；

（三）重大资产重组所涉及的资产定价公允，不存在损害上市公司和股东合法权益的情形；

（四）重大资产重组所涉及的资产权属清晰，资产过户或者转移不存在法律障碍，相关债权债务处理合法；

（五）有利于上市公司增强持续经营能力，不存在可能导致上市公司重组后主要资产为现金或者无具体经营业务的情形；

（六）有利于上市公司在业务、资产、财务、人员、机构等方面与实际

控制人及其关联人保持独立,符合中国证监会关于上市公司独立性的相关规定;

(七)有利于上市公司形成或者保持健全有效的法人治理结构。

第十二条 上市公司及其控股或者控制的公司购买、出售资产,达到下列标准之一的,构成重大资产重组:

(一)购买、出售的资产总额占上市公司最近一个会计年度经审计的合并财务会计报告期末资产总额的比例达到百分之五十以上;

(二)购买、出售的资产在最近一个会计年度所产生的营业收入占上市公司同期经审计的合并财务会计报告营业收入的比例达到百分之五十以上,且超过五千万元人民币;

(三)购买、出售的资产净额占上市公司最近一个会计年度经审计的合并财务会计报告期末净资产额的比例达到百分之五十以上,且超过五千万元人民币。

(2)细化重组上市(即借壳上市)的标准。针对重组上市,2023年的重组办法统一了各板块借壳的基本条件;而沪深主板、科创板、创业板、北交所各板块分别细化了重组上市标的资产的业绩条件①。

①《上市公司重大资产重组管理办法》(2023)对重组上市的主要规定如下:

第十三条 上市公司自控制权发生变更之日起三十六个月内,向收购人及其关联人购买资产,导致上市公司发生以下根本变化情形之一的,构成重大资产重组,应当按照本办法的规定履行相关义务和程序:

(一)购买的资产总额占上市公司控制权发生变更的前一个会计年度经审计的合并财务会计报告期末资产总额的比例达到百分之一百以上;

(二)购买的资产在最近一个会计年度所产生的营业收入占上市公司控制权发生变更的前一个会计年度经审计的合并财务会计报告营业收入的比例达到百分之一百以上;

(三)购买的资产净额占上市公司控制权发生变更的前一个会计年度经审

---

① 各证券交易所规则中所称净利润均以扣除非经常性损益前后的孰低者为准,所称净利润、营业收入、经营活动产生的现金流量净额均指经审计的数值。

计的合并财务会计报告期末净资产额的比例达到百分之一百以上；

（四）为购买资产发行的股份占上市公司首次向收购人及其关联人购买资产的董事会决议前一个交易日的股份的比例达到百分之一百以上；

（五）上市公司向收购人及其关联人购买资产虽未达到（一）至第（四）项标准，但可能导致上市公司主营业务发生根本变化；

（六）中国证监会认定的可能导致上市公司发生根本变化的其他情形。

上市公司实施前款规定的重大资产重组，应当符合下列规定：

（一）符合本办法第十一条、第四十三条规定的要求；

（二）上市公司购买的资产对应的经营实体应当是股份有限公司或者有限责任公司，且符合《首次公开发行股票注册管理办法》规定的其他发行条件、相关板块定位，以及证券交易所规定的具体条件；

（三）上市公司及其最近三年内的控股股东、实际控制人不存在因涉嫌犯罪正被司法机关立案侦查或涉嫌违法违规正被中国证监会立案调查的情形。但是，涉嫌犯罪或违法违规的行为已经终止满三年，交易方案能够消除该行为可能造成的不良后果，且不影响对相关行为人追究责任的除外；

（四）上市公司及其控股股东、实际控制人最近十二个月内未受到证券交易所公开谴责，不存在其他重大失信行为；

（五）本次重大资产重组不存在中国证监会认定的可能损害投资者合法权益，或者违背公开、公平、公正原则的其他情形。

②《上海证券交易所上市公司重大资产重组审核规则》（2024）对沪主板和科创板重组上市要求的标准如下：

第十条 上市公司实施重组上市的，标的资产对应的经营实体应当是符合《首次公开发行股票注册管理办法》规定的相应发行条件、相关板块定位的股份有限公司或者有限责任公司。

主板上市公司实施重组上市的，标的资产应当符合以下条件：最近三年连续盈利，且最近三年净利润累计不低于2亿元，最近一年净利润不低于1亿元，最近三年经营活动产生的现金流量净额累计不低于2亿元或者营业收入累计不低于15亿元。

科创板上市公司实施重组上市的，标的资产应当符合下列条件之一：

（一）最近两年净利润均为正且累计不低于5 000万元；

（二）最近一年营业收入不低于3亿元，且最近三年经营活动产生的现金流量净额累计不低于1亿元。

③《深圳证券交易所上市公司重大资产重组审核规则》（2024）对深主板和创业板重组上市要求的标准如下：

第十条 上市公司实施重组上市的，标的资产对应的经营实体应当是符合《首次公开发行股票注册管理办法》规定的相应发行条件、相关板块定位的股份有限公司或者有限责任公司。

主板上市公司实施重组上市的，标的资产应当符合下列条件：最近三年净利润均为正，且最近三年净利润累计不低于人民币2亿元，最近一年净利润不低于人民币1亿元，最近三年经营活动产生的现金流量净额累计不低于人民币2亿元或者营业收入累计不低于人民币15亿元。

创业板上市公司实施重组上市的，标的资产应当符合下列条件之一：

（一）最近两年净利润均为正，累计净利润不低于人民币1亿元，且最近一年净利润不低于人民币6 000万元；

（二）最近一年净利润为正且营业收入不低于人民币4亿元；

（三）最近一年营业收入不低于人民币3亿元，且最近三年经营活动产生的现金流量净额累计不低于人民币1亿元。

④《北京证券交易所上市公司重大资产重组审核规则》（2024）对北交所上市公司重组上市要求的标准如下：

第十条 上市公司实施重组上市的，标的资产对应的经营实体应当是符合《北京证券交易所向不特定合格投资者公开发行股票注册管理办法》规定的发行条件的股份有限公司或者有限责任公司，不存在《上市规则》规定的不得申请公开发行并上市的情形，并符合下列条件之一：

（一）最近两年净利润均不低于1 500万元且加权平均净资产收益率平均不低于8%，或者最近一年净利润不低于2 500万元且加权平均净资产收益率不低于8%；

（二）最近两年营业收入平均不低于1亿元，且最近一年营业收入增长率不低于30%，最近一年经营活动产生的现金流量净额为正。

（3）调整重组定价机制。上市公司为购买资产所发行股份的底价从市场参考价的九折调整为八折，进一步扩大交易各方博弈空间。

《上市公司重大资产重组管理办法》(2023)规定：

第四十五条　上市公司发行股份的价格不得低于市场参考价的百分之八十。市场参考价为本次发行股份购买资产的董事会决议公告日前二十个交易日、六十个交易日或者一百二十个交易日的公司股票交易均价之一。本次发行股份购买资产的董事会决议应当说明市场参考价的选择依据。

（4）强化重组的事中事后监管。明确上市公司拟实施涉及发行股份的重组，应当在股东大会决议后三个工作日内向证券交易所提出申请，证券交易所并购重组委员会形成审核意见，决定报中国证监会注册或者终止审核。强化证券交易所"一线监管"职责，除对上市公司涉及发行股份的重组申请依法审核外，还可以针对上市公司"现金重组"项目通过问询、现场检查、现场督导、要求独立财务顾问和其他证券服务机构补充核查并披露专业意见等方式进行自律管理。

（5）进一步压实独立财务顾问持续督导责任。将独立财务顾问督导期的起算时点统一调整为"重大资产重组实施完毕之日"。

（6）以"不停牌为原则、停牌为例外"。上市公司在证券交易所并购重组委工作会议召开当日原则上无须申请停牌。

（五）上市公司资产重组审核的现状

2022年A股全板块共审核上市公司资产重组50家次，审核通过46家，否决4家。2023年A股全板块共审核上市公司资产重组26家次，审核通过25家，否决1家。传统的A股上市公司许可类并购重组交易日渐减少，非许可类并购重组占比不断上升，上市公司越来越倾向于现金收购资产、分步收购资产等模式。

监管层对重大资产重组项目关注的重点主要在以下几个方面（见表6-1）：

（1）关于交易方案：重点关注跨界收购、收购资金来源、上市公司控制权是否稳定性、是否存在三方交易等。

（2）关于交易对手方：重点关注是否与上市公司及其股东存在关联关系、持有标的股权的权属是否清晰等。

（3）关于标的资产：重点关注标的资产估值的合理性、是否具有持续盈利能力、标的资产的独立性等。

表 6-1　　　　　　　　　重大资产重组审核主要关注重点

方面	关注点	具体内容
交易方案	标的	是否满足重大资产重组的条件；上市公司跨界并购的原因；上市公司是否具备后续整合的必要储备；上市公司是否对标的实现有效控制及具体措施；是否规避重组上市
	业绩承诺	是否与估值匹配；可实现性和具体风险；是否能有效保障上市公司利益；是否具有足额支付业绩承诺补偿款的履约能力
	具体安排	交易的原因及必要性；未购买股权的剩余安排；是否置换出现有主业
	资金来源	是否来源于募集资金
	上市公司控制权	控制权的稳定性
交易对方	资金来源	收购原因，自有资金和自筹资金的来源，是否来源于上市公司，是否存在提供财务资助，付款安排设置的合理性
	合规性	诉讼
标的经营与财务	独立性与可持续盈利能力	是否具备独立性；市场地位及核心竞争力；盈利可持续性
	日常经营	具体经营模式；是否存在合规性风险；原管理团队是否继续参与经营管理；员工的变动；客户与供应商依赖
	财务数据异常的原因	资产/负债/净利润变动较大的原因及合理性；毛利率是否可持续
	关联交易	同业竞争或关联交易具体情况
	产量	后续投资计划及是否需追加投资资金
	合规性	抵质押；银行账户冻结；债务及诉讼
标的估值	评估值及增值率	交易定价的公允性；增值率较高的原因及合理性；前期估值作价与本次交易作价差异的原因及合理性；出售首发上市资产的原因及合理性
	预测指标	依据及合理性；上市以来相关指标显著优于本次交易作价评估预测期的合理性
	商誉	确认依据及具体过程；对公司未来经营业绩的影响；对净利润影响的敏感性分析
标的历史沿革	股权代持	原因；变动；清理情况；股权纠纷
	股权转让及增资	原因；作价合理性及公允性

资料来源：文艺馥欣。

以2022年为例，当年被并购重组委否决的案例共5项。审核重点关注问题依旧是：标的资产的持续盈利能力、是否存在高估值、高商誉、高业绩承诺等"三高"问题（见表6-2）。

表 6-2　　　　　　　重大资产重组被否决原因分析（示例）

序号	公司简称	板块	被否原因
1	乐通股份 002319	深主板	未充分说明并披露本次交易标的资产评估增值率较高的合理性和定价公允性，不符合《上市公司重大资产重组管理办法》第十一条的规定
2	盈方微 000670	深主板	未充分说明本次交易不存在损害上市公司股东合法权益的情形，不符合《上市公司重大资产重组管理办法》第十一条的相关规定
3	福鞍股份 603315	沪主板	未充分说明并披露本次交易定价的公允性以及评估增值的合理性，不符合《上市公司重大资产重组管理办法》第十一条的相关规定
4	福达合金 603045	沪主板	未充分说明和披露本次交易有利于保持上市公司独立性，不符合《上市公司重大资产重组管理办法》第十一条的相关规定
5	亚钾国际 000893	深主板	本次交易完成后标的资产未来按期达产、运营存在较大不确定性，不符合《上市公司重大资产重组管理办法》第四十三条第一款的规定

资料来源：文艺馥欣。

有意思的是，亚钾国际在第一次上会被否后，在重组方案未发生实质性变化的情况下，第二次上会无条件通过。关键有可能在于标的资产最新的数据证明了其具备可持续经营能力，消除了并购重组委对于标的公司持续经营能力的疑问。

三、并购基金

（一）并购基金的特点

并购基金（Buyout Fund）是指专注于企业并购投资的基金，是私募股权投资基金（Private Equity Fund）的一种类型。并购基金通过收购目标企业股份或资产，获得目标企业的控制权，然后对目标企业进行整合、重组、运营、优化，从而提升企业价值，待目标企业经营状况改善之后，又通过上市、转售或管理层回购等方式退出。

相比较于投资早期项目的VC基金，并购基金主要投资成熟企业且更加注重产业整合。其主要收益来自对被并购企业的价值再造，包括企业基本面的提升、估值逻辑的改善等。并购基金不仅帮助被并购企业调整战略方向、改善业务流程、提高经营效率，还承担产业整合者的角色帮助被并购企业快速扩张。

由于涉及资金量大、参与管理力度深，并购基金已经成为推动产业整合以及转型升级的重要资本运作方式，也是欧美成熟PE市场的主流模式。

（二）并购基金的主流机构

全球从事并购基金业务的著名私募股权投资公司包括KKR集团（Kohlberg Kravis Roberts & Co., LP）、黑石集团（Blackstone Group）、凯雷集团（Carlyle Group）、德州太平洋集团（Texas Pacific Group）、高盛（Goldman Sachs）以及巴西的3G资本（3G Capital）等。国内的并购基金主要有弘毅投资、鼎晖投资、高瓴资本、中信产业基金、华泰瑞联、晨壹基金等。

案例6-1 3G资本：赋能式并购投资

3G资本是巴西最大的PE并购投资集团，其控制的公司收入已经超过1 000亿美元，市值超过3 500亿美元。目前，3G资本已经大比例投资百威英博啤酒、汉堡王、亨氏卡夫、Tims咖啡等著名企业，是全球最大的食品和饮料产业集团。其创始人豪尔赫·保罗·雷曼（Jorge Paulo Lemann）非常低调，却连续7年蝉联巴西首富。好友巴菲特赞誉雷曼是自己的老师，认为雷曼的管理手段比他好，称其为"全世界最会做生意的人"。

3G资本擅长大规模投资、长周期的价值投资，通过控制股权，导入强大的主动性投后管理，累积现金，不断扩张。3G资本的核心竞争力是其创始人关于企业组织和人才发展的理念，以及基于这个理念打造的赋能式投资。

3G资本从控股投资到主动管理的经营理念及其以产融互动、并购基金和运营改进为工具的主动价值创造型投资模式，被誉为赋能式投资的典范。

3G资本倾向于收购经营效率低下、管理层失去拼搏动力的公司；完成收购后，他们会派主要合伙人进驻公司董事会，进行总体决策；进驻企业之后，董事会对经营团队进行选拔和调整，改变绩效管理制度，重塑企业文化；持续实现降本增效，通过基本面改善推动企业市值增长。

3G资本遵循著名管理大师杰克·韦尔奇的80/20法则，即：奖赏前20%的优秀人才，留住中间70%，炒掉后10%，并把他们的钱发给前20%。3G资本有个著名的"PSD"招聘原则，即：招聘那些出身贫寒（Poor）却极度聪明（Smart），又强烈渴望致富（Deep Desire to Get Rich）的年轻人。

(三)并购基金的分类

并购基金主要有控股型并购基金和参股型并购基金两种。控股型并购基金以获得并购标的控制权为投资前提,这也是主流并购基金常见的做法。参股型并购基金通过对并购标的少数权益投资的方式参与并购,协助并购主导方对标的企业进行并购整合。这是一种"类并购基金",国内常见的类型有PIPE基金和"上市公司+PE"模式基金等。

PIPE基金的本质是:通过参与定增、可转债、可交债、大宗交易等投资方式成为上市公司小股东,然后帮助大股东做外延式并购。"上市公司+PE"模式基金是指PE机构与上市公司或其大股东共同出资设立并购基金控股并购标的,条件成熟后再由上市公司回购的方式,其本质是夹层基金。从严格意义上讲,这类并购基金并不是真正意义上的并购基金,更像是特殊机会基金,可以理解为"参与并购的基金"。但是,"上市公司+PE"模式在中国资本市场历史上有着特殊的意义。

(四)"上市公司+PE"模式并购基金

1. "上市公司+PE"模式的介绍及发展

"上市公司+PE"模式是指PE机构与上市公司或其大股东共同出资设立并购基金,在上市公司体外进行外延式并购,孵化优质并购标的,增厚利润,提升市值;同时,上市公司为并购基金提供确定的退出通道及可靠的投资回报,形成良性互动模式。

2011年9月,著名私募投资机构硅谷天堂与上市公司大康牧业(002505.SZ)共同成立并购基金,帮助大康牧业进行产业布局和外延扩张,开创了"PE+上市公司"并购基金模式的先河。后来硅谷天堂又与广宇集团(002133.SZ)、京新药业(00202.SZ)、合众思壮(002383.SZ)、升华拜克(600226.SH)等上市公司设立产业并购基金。其他私募机构纷纷效仿跟进,积极与上市公司设立并购基金。比如,睿德信与泰格医药、高特佳与博雅生物、华泰瑞联与鱼跃医疗、时代伯乐与洲明科技等。该模式最火热的时候,比如2012年初到2017年8月底,就有1 167家上市公司公告设立或参与产业并购基金,总计目标募集资金规模超过1.6万亿元。

2. "上市公司+PE"模式的运作模式

一般上市公司（或其实际控制人）会作为基石LP认购并购基金的一定份额，比如10%—20%，并且会向并购基金委派一定数量的投委会成员，甚至拥有一票否决权。

上市公司+PE机构联合设立基金有以下几种合作模式：

（1）上市公司实际控制人认购并购基金LP份额；

（2）上市公司直接认购并购基金LP份额；

（3）上市公司参与设立并购基金管理人；

（4）上市公司与其实际控制人、PE机构、政府引导基金等联合设立并购基金。

3. "上市公司+PE"模式的盈利模式

目前，大多数"上市公司+PE"模式并购基金的盈利模式主要来自流动性溢价的套利行为。比如：并购基金在一级市场收购非上市公司的股权，市盈率通常为5—10倍或者更低；后续并购基金将该标的注入上市公司，交易市盈率通常为10—20倍；并购基金一般采取换取上市公司股份的方式获得对价，而发展良好的上市公司未来的市值会比该注入资产时候更高。

"上市公司+PE"模式能否获得标的资产本身的价值增值溢价，取决于并购基金和上市公司是否能真正通过系统性的管理体系对被投企业进行全方位的投后赋能，发挥业务协同性、提高管理效率、真正提升资产价值，包括战略方向、商业模式、资本运作、公司治理、管理制度、经营决策、流程制度、风险控制等各个方面。

4. "上市公司+PE"模式并购基金的作用

（1）可以帮助上市公司引进专业投资团队，通过市场化机制运作，弥补人才短板，加强上市公司投资能力。

（2）事先以较小的代价提前介入标的企业，锁定优先控股权，帮助标的引进业务和人才，增厚当期利润。

（3）在上市公司体系外，对标的通过较长时间了解和孵化后再并购，提高上市公司投资成功率，有效隔离上市公司直接并购可能导致的失败风险，同时投资相关的成本费用不影响上市公司财务报表。

（4）可以通过杠杆撬动政府引导基金及其他社会资本，提高基石投资人的资金效率及投资收益。

5. "上市公司+PE"模式并购基金需主要关注的问题

（1）未足够注重资产质量而是过分依赖通过上市公司退出。如果并购基金收购的资产后续发展不佳或者不符合上市公司发展战略等原因，导致上市公司最终未通过该收购事项，且该资产自身难以独立IPO，那么如何退出将是并购基金后续面临的难题。其实，被奉为该模式"鼻祖"的硅谷天堂与大康牧业的合作就遇到过类似问题。

案例6-2　大康牧业与硅谷天堂的往事

上市公司大康牧业与投资机构硅谷天堂2011年首创了"上市公司+PE"的并购基金模式，创造了一段佳话。但是谁也没想到，2015年10月硅谷天堂竟然将大康牧业告上法庭，要求大康牧业履行之前的合作承诺，请求法庭判决大康牧业赔偿其股权收购款、利润补偿款以及其他损失合计6652万余元，并转让其持有的武汉和祥畜牧发展有限公司91.63%的股权给大康牧业且变更工商登记手续。

原来，2012年3月，双方拟合作收购武汉市江夏区龙泉和祥养猪场，由天堂硅谷负责战略规划、行业研究分析、资源整合优化等方面，大康牧业负责经营并设定净利润考核指标，未实现净利润考核指标由大康牧业补偿差额。双方同时约定，收购满3年后的6个月内，天堂硅谷有权要求大康牧业以约定收购价格收购武汉和祥。

可是，"人算不如天算"。2013年上市公司大康牧业大股东易主，养猪不再成为主业，由此大康牧业不打算收购该标的资产了。但是，如果通过上市公司退出的渠道被堵死，资产本身又无法独立上市，而养猪场这么特殊的行业估计其他投资机构也不会接盘，天堂硅谷作为投资机构也不可能一直以养猪场运营为主业，这么一连串的不利因素盘算下来，估计花巨资收购的资产要烂在自己手里了。面对可能血本无归的巨大风险，此时的PE机构"急火攻心"，起诉昔日的合作伙伴一点也不意外。

幸好，经过多方斡旋，2个月后双方终于达成了和解协议，并公告再次共同设立总规模50亿元的农业产业基金。缔造"上市公司+PE"模式的双方，总算有了一个比较体面的结局。但是这个案例也深深警醒了后来者对于底层资产质量及退出路径规划的重要关注。

（2）一二级市场联动的风险和内幕交易的诱惑。由于PE机构和上市公司存在并购基金上的合作关系，很容易接触到内幕信息，也就很容易产生内幕交易、市场操纵、利益输送等违法违规行为。

2016年1月，广东证监局因为内幕交易连开3张罚单，涉及3名自然人，分别是硅谷天堂的员工家属、客户和员工，涉及上市公司梅安森和建研集团均是与硅谷天堂合作的上市公司。该事件一时成为市场热点，也让"PE+上市公司"模式开始受到多方质疑。

（3）避免战略伪协同。该模式并购基金主要围绕上市公司的战略布局展开，所以高度共识的投资理念与投资逻辑是并购基金与上市公司合作的重要前提条件。能否真正产生战略协同是两者深入合作的重要基础。对于并购基金的具体执行者而言，是项目思维还是真正的产业思维至关重要。

（4）正确的角色理解。高度依赖上市公司的并购基金是否真的独立？基金投资经理身份被内化还是被边缘化？被上市公司当成员工还是平等的合作者？不同的合作思维，不同的实力底气，不同的角色担当，得到的是不同的基金运作结果。

存量化博弈时代，深入了解并购和并购基金，是每一个有梦想的企业家必备的功课。

四、案例分析

【深度案例6-1】腾邦国际：上市公司并购的兴衰沉浮录

纵观上市公司腾邦国际的发展历史，我有四个"没想到"。

（一）第一个没想到：一个"卖机票"的轻资产代理公司竟然可以成功上市

2011年2月，深圳市腾邦国际票务股份有限公司（以下简称"腾邦国际"或者"上市公司"）由国信证券保荐在创业板成功上市，股票代码300178.SZ。当时中国有十万多家机票代理公司，行业门槛很低。代理佣金收入是航空客运销售代理业这类公司的主要收入来源。腾邦国际的销售代理业务收入占总营业收入的比重超过98%，主营业务高度集中，对航空旅客运输业高度依赖。腾邦国际能在创业板成功上市，这在机票代理业内几乎成了神话。该案例也刷新了本人投行从业以来对IPO的认知，于是只能更加努力地学习新知识、新模式、新业态。

（二）第二个没想到：这个"卖机票"的公司发展竟然会如此迅猛

1.如果我们仔细研究腾邦国际的IPO招股说明书和公开披露资料，会发现这是一家有着强烈并购基因的公司。公司实际控制人钟百胜先生，1965年出生，1997年辞去公职下海经商，2003年担任腾邦物流董事长，2006年担任腾邦投资董事长。据媒体报道，钟百胜自幼习武、胆子大、赌性强，不达目的誓不罢休。这种性格既成就了他从草根一跃成为万众瞩目的上市公司老板，估计也是该公司日后"暴雷"的深层次根源所在。

当时的票务代理行业还处于群雄逐鹿时代，门槛很低。为了扩大规模，腾邦国际开启了大规模的收购行为。2007年，腾邦国际收购了深圳市航程航空服务有限公司、深圳市天鸿航空服务有限公司、深圳市时迅达实业有限公司三家主营国内机票的同行。2008年，腾邦国际收购了从事国际机票代理销售的深圳市昼夜通实业发展有限公司。2009年，收购了从事旅行社业务的深圳市新金銮旅行社有限公司。至此，腾邦国际控股子公司数量增至8家，也完成了其上市前的业务拼图。

2011年腾邦国际上市后，继续依靠并购做大规模。在夯实机票代理的主业方面，公司通过并购方式对区域机票分销商进行整合，先后并购了四川华商、南京协友、西安华圣、天津城桂、厦门思赢、八千翼、新干线、青岛中翔、杭州泛美、天津达哲、云南银河、武汉中航服、北京鲲鹏等多家公司，一跃成为机票B2B单项冠军。

2014年，腾邦国际以"上市公司+PE"模式，与前海梧桐并购基金设立了深圳市腾邦梧桐投资有限公司（以下简称"腾邦梧桐"或者"并购基金"）。这个阶段，腾邦国际依托大交通优势，以旅游B2B平台为切入口，拓展至出发地、目的地、渠道、自由行、全域旅游，全力向"大旅游"转型。

2014年10月，腾邦国际及其并购基金以1.95亿元代价收购欣欣旅游65%股份，从机票分销和商务旅行切入了在线旅游市场。其中全资子公司上海腾邦支付收购价款3 600万元，受让欣欣旅游原股东持有的12%股权。同时，腾邦国际出资10 000万元参与设立"腾邦梧桐在线旅游产业投资基金"，并由腾邦梧桐担任基金管理人。该基金出资15 900万元，受让欣欣旅游原股东持有的53%股权。上海腾邦的支付款有一大部分是公司变更IPO时超募资金用途所来。

2015年，腾邦国际启动收购营收规模是其5倍的喜游国旅未果，但3年之后，终于在2018年完成该"蛇吞象"收购。

2016年8月，腾邦国际联合腾邦梧桐管理的基金厦门市腾邦梧桐合伙企业（有限合伙）对八爪鱼在线旅游发展有限公司战略投资1.7亿元。八爪鱼成立于2011年，是当时全国规模最大、用户活跃度最高、地域性最广、产品类型最全的综合性旅游B2B平台。

2017年12月，腾邦国际联合TBRJ基金、贝恩亚洲三号基金以及标的公司管理层组成买方财团共同设立合资公司，全资收购黑石持有的全球最大的水上飞机公司——马尔代夫TMA集团。其中腾邦国际通过香港全资孙公司以自有资金出资不超过1 000万美元，通过参股设立合资公司方式间接持有标的公司5%的股权。但当时媒体铺天盖地报道的都是"腾邦国际联合全球巨头贝恩资本收购全球最大水上飞机公司"，一时间公司风光无限。

2018年7月，腾邦国际拟通过发行股份及现金支付的方式，收购北京九州风行旅游股份公司全部或部分股权。九州风行是出境旅游专业批发商，主要产品线路包括俄罗斯出境、欧洲出境、马尔代夫海岛游、美洲出境、中东出境、东南亚出境等。但是"因九州风行财务投资方较多，交易各方利益诉求不一，最终未能对交易的核心条款达成一致，并难以在较短时间内达成具体可行的方案"，2018年11月公司决定终止本次重组。

2018年10月，腾邦国际又签署了《收购上海巧趣文化旅游发展有限公司部分股权之意向协议》。事后复盘我们得知，其实这时候该公司资金已经非常吃紧，但还是没有放弃"买买买"。

2. 自2012年起，腾邦国际开始跨界进入金融领域。

2012年，腾邦国际设立小额贷款公司融易行，为商旅供应链和支付平台客户提供金融服务。

2013年，腾邦国际旗下"腾付通"获得央行颁发的第三方支付牌照。

2014年，腾邦国际先后设立从事保险经纪业务的腾邦保险经纪、从事消费金融业务的腾邦创投和从事股权投资业务的腾邦梧桐。

2015年，腾邦国际收购深圳中沃保险经纪100%股权。

2016年，腾邦国际设立前海再保险股份有限公司。

买买买！开开开！通过一系列产业并购和战略扩张，腾邦集团已经从最初的机票业务发展到高端商旅服务，再到物流、跨境电商、互联网金融等多元化集团。

3.投资并购机制体系及喜游国旅重大并购案。上市公司腾邦国际其实构建了一套投资机构管理体系设置。最上层是腾邦大旅游基金投资联席会，作为上市公司内部基金运作管理协调的最高决策机构，统筹管理和协调基金设立和运作的各项重要事宜。腾邦国际以"上市公司+PE"模式设立了数支基金。其中，上市公司与前海梧桐并购基金设立的腾邦梧桐，主要是作为基金管理人负责募集各类基金进行投资，布局旅游行业未来方向性、科技性的项目；腾邦铸成基金主要负责战略级项目，从已经投资项目中选择优质项目进行孵化和再投资，发展上市公司未来的战略支柱性业务；公司投资部则是代表上市公司腾邦国际一方，与基金或其他相关方开展重大资产重组工作，负责把合适项目装入上市公司。应该说，这套机构设置体系在理论上是有逻辑、有层次的。

据悉，腾邦国际上市之后也曾花费数千万元巨资，聘请国际顶尖咨询机构帮助其梳理战略方向，最后业务战略确定为构建"旅游+互联网+金融"的大旅游生态体系。上述基金也是紧紧围绕上市公司的战略布局展开项目的投资并购和投后赋能。公司高管在2018年某次公开演讲时也曾表示："在'上市公司+基金'模式助力下，腾邦国际几年来业绩增长亮眼。经过4年的投资布局，腾邦国际走上业务发展的快车道。"确实，如果时间轴停留在2018年，腾邦国际投资并购业务的发展是足够吸引同行和局外人眼球的。

在这里，有必要详细介绍一下喜游国旅重大并购案。从交易成果上来说，历时3年多时间，它终于顺利完成。但是从最后的结果来说，它可能加速了上市公司的流动性危机和坍塌退市。而巨大的商誉减值、并购之后的失控以及各种纠纷也使其成为各当事方的"滑铁卢战役"。

先介绍一下被并购标的。喜游国旅，全称"深圳市喜游国际旅行社有限公司"，是国内较为领先的出境游批发商，在长线游、短线游尤其在港澳游、东南亚游领域有着较强的竞争优势。喜游国旅旗下控股4家全资香港旅行社公司（中泽旅游有限公司、金鑫国际旅游有限公司、香港皇朝国际旅游有限公司、香港皇帝国际旅游有限公司）、3家香港旅运公司（长荣旅运有限公司、富通旅运有限公司、荣通旅运有限公司）及其他子公司［泰莱国际（泰国）有限责任公司、万喜旅游（泰国）有限责任公司、万喜集团越南投资有限公司等］。

2015年11月13日，腾邦国际董事会公告《关于公司发行股份及支付现金购买资产并募集配套资金暨关联交易预案的议案》，拟购买深圳市喜游投资有限责任公司（以下简称"喜游投资"）持有的喜游国旅55%的股权，同时募集配套资金。当时，喜游国旅整体评估值为16.06亿元，本次55%的股权交易价格为8.8亿元。上市公司将以发行股份方式向交易对方支付交易作价的85%，以现金方式向上述交易对方支付交易作价的15%。

2016年5月12日，公司终止了该重大资产重组项目，但同时表示：基于双方对旅游全产业链及产业链金融方面的协同性充满信心，公司拟联合其他投资方以总金额不超过2亿元资金对喜游国旅进行增资。

2016年7月，腾邦国际联合喜游投资、腾邦梧桐、欣欣旅游、厦门腾邦梧桐作为新股东联合对旗下腾邦旅游集团进行增资。腾邦旅游注册资本由300万元增至3亿元。

2017年4月，腾邦国际以自有资金3亿元对腾邦旅游再次增资。本次增资扩股完成后，腾邦旅游的注册资本由3亿元增加至6亿元，腾邦国际持股比例由40%增加至70%。

同时，腾邦旅游以自有资金2亿元收购喜游投资持有的喜游国旅29.81%的股权。本次喜游国旅整体估值6.7亿元，相比较之前估值大幅下降，主要是因为此时的喜游国旅已经剥离了之前旗下资产香港皇帝国际旅游有限公司和荣通旅运有限公司。本次收购完成后，腾邦国际直接持有喜游国旅7.45%股权，通过腾邦旅游间接持有29.81%股权，合计持有其37.26%股权。同时，喜游国旅做出了业绩对赌：以净利润和扣除非经常性损益后的净利润孰低原则来确定，未来指定三年净利润目标分别是5 000万元、8 000万元和1.1亿元。

2018年6月，腾邦国际再次直接收购喜游国旅41.73%股权，交易总价为3.34亿元。其中通过变更上市公司2017年定增募集资金使用用途方式出资1.4亿元，使用自有资金出资1.94亿元。

本次收购，沃克森（北京）国际资产评估有限公司以2017年12月31日为评估基准日对喜游国旅股东全部权益采用收益法进行评估。截至评估基准日2017年12月31日，喜游国旅纳入评估范围内的所有者权益账面值为16 861.68万元，在保持现有用途持续经营前提下股东全部权益的评估价值为88 318.64万元，增值额为71 456.96万元，增值率为423.78%。根据喜游国旅的财务情况及评估结果，经公司与交易对方协商，本次交易喜游国旅100%股权作价为8亿元。喜游投资转让41.73%的对价为33 383.04万元。

本次业绩对赌，2018—2020年净利润目标分别为8 000万元、1.1亿元和1.25亿元。

同时2018年6月，腾邦国际控股子公司腾邦旅游以自有资金9 418.80万元分别收购腾邦梧桐直接持有的喜游国旅5.2161%的股权，收购了腾邦梧桐作为GP管理的基金深圳市腾邦梧桐在线旅游投资企业（有限合伙）持有的喜游国旅8.0477%的股权。并购基金不再持有喜游国旅股份。

并购基金持有标的股权，通过上市公司回购的方式顺利退出，也终于完成了"上市公司+PE模式"的闭环。

本次收购完成后，上市公司腾邦国际直接持有喜游国旅49.1804%的股权，通过腾邦旅游间接持有喜游国旅43.0700%的股权，合计控制喜游国旅92.2504%的股权。

至此，一场跨越了3年的重大并购案终于完成交割。

但是，随着时间的推移，检验投资并购是否真正成功的时刻还是来临。本次并购其实留下了很多隐患，这样一个轻资产的标的评估增值高达4.23倍，为腾邦国际带来高达4.35亿元的商誉，占腾邦国际2018年年末商誉余额的69.92%。而且并表第一年，喜游国旅便未完成承诺的业绩对赌目标。由于预测其未来经营业务量和经营业绩可能持续出现大幅下滑，当年腾邦国际便对喜游国旅计提商誉减值准备4.2亿元。

2020年4月20日晚，腾邦国际发布公告称，子公司喜游国旅拒绝配合公司及年审会计师对2019年度财务报表的现场审计工作，导致其2019年度审计工作不能正常进行，公司对控股子公司喜游国旅已失去控制。

然而，喜游国旅董事长、法定代表人史进及其姐姐，腾邦国际前资金部总经理史玲，随即在接受《新京报》等媒体采访中均对外否认了喜游国旅"失控"的说法。史玲指出，喜游国旅财务总监系腾邦国际派遣，并且腾邦国际的金融业务存在"造假"嫌疑,计划通过喜游国旅失控一事"撇账"。他们还指出:"喜游国旅本身是被上市公司腾邦国际收购的,但是收购的义务他们并没有完成,钱从账面上看好像是给了,实际又被拿走了。对方支付收购款项后,又以借款的名义,把钱从账上转走了。这个是2018年第一次付款时发生的事情。当时我们没办法,只能让他们写了一个借款合同。其实腾邦国际都没给过钱,所谓的给钱全是用雷同的名义被拿走了。2016年和2017年时,腾邦国际对喜游国旅的投资也是这个情况。"而史进更是直言:"跟钟百胜沟通,我觉得是无效的,因为他在我这里的信用已经是0了。"

2020年5月7日,原腾邦国际总经理乔海被董事会解聘,理由是:"公司2019年巨额亏损,喜游国旅管理失控,公司损失重大,总经理也负有不可推卸的责任。"而乔海则在其声明中反驳:"公司流动性出现问题责任不在我而在董事长钟百胜。"腾邦国际的重大投资决策一直是董事会的职责,但上市以来,腾邦国际累计对外投资超过十亿元,均为长期股权投资,没有任何短期收益,严重挤占了公司的流动性,董事长钟百胜负有不可推卸的责任。喜游国旅由钟百胜直接管理,其他高管均未插手,喜游国旅的失控与董事长钟百胜有直接责任。

看来,很多事情冰山之下的真相远比公告精彩和复杂得多。

2021年8月17日,深圳市中级人民法院受理了申请人对喜游国旅的破产申请……

4.公司的辉煌时刻。

按照腾邦集团官网当时的介绍,截至2018年其全球员工达8.1万人,业务遍及全球157个国家和地区,服务世界6.2亿人。

从财务数据上看,2013—2018年,上市公司腾邦国际实现营收分别为3.27亿元、4.64亿元、9.28亿元、12.80亿元、35.29亿元和48.86亿元;实现净利润分别为0.91亿元、1.24亿元、1.46亿元、1.78亿元、2.84亿元和1.68亿元。短短5年时间,营收翻了10多倍。巅峰时期的腾邦国际总市值最高达到300亿元。这一切确实亮眼甚至"晃眼"。

(三)第三个没想到:这个发展如此迅猛的上市公司竟然说倒就倒

快速的扩张、频繁的并购、金融业务大量的资金拆借、借款及借款利息的迅速增加、短债长投、违规担保、资金占用等各种原因造成了上市公司资金的流动性危机。反观当时的经济形势：2018年资管新规出台、去杠杆措施被严格实施、金融实施强监管，这些宏观举措更是对腾邦国际金融业务"当头棒击"。

2018年上半年表面上还欣欣向荣的腾邦国际，从下半年开始债务危机就陆续显现和爆发。

2018年9月18日，腾邦国际发布公告：钟百胜持有的本公司累计处于质押状态的股份为14 268 913股，占其所持有本公司股份的100%；腾邦集团持有的本公司累计处于质押状态的股份为137 930 000股，占其所持有本公司股份的77.88%。看来，通过股票质押方式进行融资的游戏就要玩不下去了。

2018年12月初，钟百胜通过信托所持股份与员工持股计划所持股份，因股价持续下跌，没有资金补仓而相继遭强行平仓。钟百胜因强行平仓导致的亏损高达8 150万元。接着就是一连串的债务开始违约，再接着就是股东用于质押融资的上市公司股票被轮候冻结。2019年8月24日，腾邦国际公告，大股东腾邦集团及实控人钟百胜所持上市公司股份被轮候冻结的数量为6.85亿股，为其所持公司股份数量的399.47%，接近4倍。

2019年4月23日，一份重要的文件《腾邦国际商业服务集团股份有限公司控股股东及其他关联方资金占用情况的专项说明》披露：2018年，腾邦国际与关联子（孙）公司之间往来累计发生资金往来金额超过294亿元，往来余额则超过20.51亿元，是年初往来资金余额5.8亿元的3.45倍，关联子（孙）公司占用上市公司资金的利息超过1亿元。值得注意的是，在这290多亿元的资金往来中，超过九成均为非经营性资金占用，纳入腾邦国际的"其他应收账款"名目。

在主营业务上，2019年6月10日，腾邦国际旗下的票务代理商出现了无法出票的现象。8月8日晚，腾邦国际发布《BSP票款到期未能清偿》的公告，称公司及部分子公司发生国际航空运输协会的BSP票款欠款，总额2.17亿元，已被国际航协通知各GDS暂停其BSP现金销售权限。

8月10日，腾邦国际披露公司与子公司的45个银行账户被冻结；8月14日，腾邦国际的员工也开始爆料，称至少有3个月没有拿到薪资……

这样一个看起来每年营收几十亿元，净利润过亿元，一度位居中国民营企业500强第38位的上市公司，竟然突然间崩塌。银行账户冻结，机票代理业务停摆，高管接连辞职，代理商堵门要债，大量债权人向公司和实控人钟百胜发起诉讼，腾邦国际、腾邦集团及钟百胜的大量资产、银行存款均被冻结。

2020年4月20日晚，腾邦国际发布公告称，已对子公司喜游国旅失去控制，其拒绝配合现场审计工作，导致其2019年度审计工作不能正常进行。

2020年4月21日晚间，腾邦国际发布公告称，公司被债权人申请破产清算。

2021年5月6日，腾邦国际被深圳交易所实施退市风险警示，原因是2020年年度财务会计报告被出具无法表示意见的审计报告。

2022年1月24日晚间，*ST腾邦（300178）披露公告称，公司及实际控制人钟百胜存在被列为失信被执行人和限制消费的情形。

2022年4月27日，深圳证监局发出行政处罚书，认定腾邦国际存在以下违法事实。这份权威文件，有助于我们详细、精准地复盘上市公司当时的违规操作细节，引以为戒。

一、未及时披露及未在定期报告中披露关联担保

腾邦国际《2018年年度报告》未披露向关联方提供担保发生额62 955万元，未披露向关联方提供担保余额42 955万元，占公司当期经审计净资产的13.39%；《2019年年度报告》未披露向关联方提供担保发生额4 700万元，未披露向关联方提供担保余额47 655万元，占公司当期报告记载净资产的35.49%。

二、未在定期报告中披露重大诉讼和仲裁

2019年下半年，周某平就前述有关借款、担保提起仲裁2起，请求腾邦集团清偿借款本息，融易行、腾付通承担连带清偿责任；华商汇就前述有关借款、担保提起诉讼1起，请求腾邦集团清偿借款本息，腾邦国际承担连带清偿责任。

腾邦国际《2019年年度报告》未披露与担保相关诉讼、仲裁事项，涉及金额累计40 000万元，占公司当期报告记载净资产的29.79%。

（补充参考资料：周某平即周世平。2022年4月14日下午，深圳市人民检察院发布《告知书》，原红岭创投创始人、上市公司深南股份实际控制人，被称为"网贷教父"的周世平因涉嫌集资诈骗、非法吸收公众存款罪，已由深圳

市公安局福田分局向深圳市人民检察院移送审查起诉。公告书指出：本案涉及非法集资1 395亿元，11.96万名集资参与人本金损失163.88亿元；红岭系所吸收资金被用于还本付息，收购上市公司，买卖证券、期货，投资股权，对外借贷，部分资金被周世平用于购买房产、偿还个人债务等。）

三、未及时披露及未在定期报告中披露控股股东非经营性资金占用

截至2018年期末，腾邦集团对腾邦国际的非经营性资金占用余额18 544万元，占腾邦国际最近一期经审计净资产的6.36%。钟百胜时任腾邦国际董事长，决策、实施了公司违规担保和控股股东资金占用行为……

2022年5月23日，腾邦国际被终止上市。

2022年6月10日，腾邦国际控股股东腾邦集团及实控人钟百胜共持有公司总股本19.76%的所有股份被强制司法拍卖，但因无人出价流拍。

2022年6月22日，腾邦国际被深交所摘牌退市。

（四）第四个没想到：这个已经退市的上市公司会对早已离职的投资并购职业经理人展开"江湖追杀"

2022年2月9日，腾邦国际向监管部门举报深圳市腾邦梧桐投资有限公司（即"腾邦梧桐"）原法定代表人、董事长周小凤，总经理赵闻晟涉嫌利用腾邦梧桐管理的基金财产购买理财产品暗中收取咨询服务费，牟取不正当利益，侵占基金投资人利益。

2022年9月，中国证券投资基金业协会发布纪律处分告知书指出：腾邦梧桐作为基金管理人，曾认购其在管私募基金产品"腾邦梧桐在线旅游并购一号基金"（以下简称"旅游并购一号"）的劣后级份额。腾邦梧桐提前收取了1 920万元超额收益。鉴于旅游并购一号已逾期清算，目前收益率显然未达标，劣后级份额持有人不具备提取超额收益的条件，应当退还超额部分。腾邦梧桐拒绝按约定退还超额收益部分，违背了管理人诚实信用义务。腾邦梧桐被中基协拟撤销管理人登记，其总经理赵闻晟亦被公开谴责。

2022年11月10日，就公司诉原董事、副总经理、董事会秘书周小凤不当得利纠纷一案，深圳福田法院判决周小凤向腾邦国际返还516 399.38元。同时，腾邦国际公告称，周小凤参与了公司员工限制性股票激励计划共产生应缴纳个人所得税税额3 911 097.00元，已缴个人所得税税额2 741 014.50元，未缴

个人所得税税额1 170 082.50元，公司将继续依法向其追缴。

2023年2月23日，腾邦国际称：发现2018年12月，公司时任董事、总经理乔海、时任董事、副总经理周小凤、时任董事会秘书叶昌林、时任董事史进涉嫌利用公司内幕信息进行股票交易，并涉嫌挪用公司员工持股计划受益人资金，公司已经向公安机关报案。看来，公司这次是铁了心要把原高管"绝地追杀"了。

从各种公开资料可知，周小凤女士在腾邦国际工作了十余年，2006年9月加入，2019年8月离职。2006年9月—2008年4月担任总经理秘书和董事长秘书；2008年4月—2017年12月担任公司董事会秘书；2011年5月—2019年8月担任公司副总经理，分管投资；2014年11月—2019年8月担任公司董事。周小凤从董事长秘书做起，一路升至公司的董事会秘书、副总和董事，也一直在负责腾邦国际的资本运作和投资并购工作。从开始的筹备IPO上市到投资并购、设立产业并购基金、员工股权激励、公司再融资等工作，周小凤帮助公司搭建了大旅游投资架构体系，推动了公司战略转型，还曾经连续四届获得"金牌董秘"称号，至今还能在网络上查询到公司当初对其的不吝赞美。

作为"吃瓜群众"，我们无从知晓事情的来龙去脉，也不知道后来这一切是否与投资并购基金内幕有关。但是上市公司（实控人）与朝夕相处并曾经盛赞有加的职业经理人（董秘）反目至此，公告文字当中透露出的"寒光剑影"和"步步追杀"，让人感慨万千、唏嘘不已。

腾邦国际短短11年的上市历史，其中的荣辱与兴衰足够让后来者警醒和深思……

【深度案例6-2】高瓴资本控股运作百丽国际的经典案例

（一）导语

高瓴资本原本是国内知名创投基金，之前很少涉及并购基金业务。2017年高瓴资本私有化百丽国际，并于2年后成功分拆子公司滔搏上市，不仅获取了丰厚回报，也奠定了从一流创投公司向一流并购基金、国际顶尖投行迈进的基础。此次操作手法类似国际并购巨头KKR集团"LBO（杠杆收购）+MBO（管理层收购）"的经典操作模式：低价收购经营不善的企业，然后通过与管理层合作，经过重组获得丰厚利润。高瓴并购百丽之后的整合赋能也成为投后管理赋能的经典案例。

（二）收购百丽国际的背景

百丽国际于1981年在香港创立，是中国最大的时尚鞋服集团，号称"一代鞋王"。旗下BELLE、Tata、Teenmix等一系列品牌几乎常年"霸占"百货一楼的女鞋专区。

2007年5月23日，百丽国际在香港联交所上市，港股代码1880，上市市值约510亿港元。百丽CEO盛百椒曾经自豪地声称："凡是有女人经过的地方，都要有百丽。"此后数年，百丽一路开疆拓土。最夸张的时候，百丽以每年20%左右的速度开店，平均每天开2—3家店铺。2010年百丽有门店8 312家，而到了2017年，百丽拥有2万家直营门店、10万名员工。同时，百丽上市后展开了一系列的收购动作，先后并购了妙丽、美丽宝、森达以及SKAP等品牌。最巅峰时期，百丽国际的市值突破1 500亿港元。

2015年，百丽国际净利润首次出现大幅下滑，这是上市八年以来第一次。由于鞋履市场的不景气、百货商场业态的衰退、电商竞争对手的冲击以及公司转型失败等多重因素，这位昔日的王者逐渐没落。后来，百丽已经沦落到平均每2天关闭3家店的地步。2017年，百丽女鞋业务已经十几个季度同比下滑，"一代鞋王全面崩溃"。

CEO盛百椒后来表示："过往百丽未能转型成功，自己仍然不会开电脑，连微信都没有，对市场的变化没有做出很好的预判，欠缺目前应对市场更加复杂情况的能力，进而导致了如此局面。没有找到转型路径，主要责任在我。"

（三）私有化退市，并购基金接盘

2017年4月，高瓴资本、鼎晖投资以及百丽的执行董事于武和盛放组成的财团向百丽国际提出私有化要约。要约方以协议安排的方式收购百丽国际全部已发行股份，公司总估值为531亿港元。与市值巅峰时的1 500亿港元相比，市值缩水近2/3。

百丽的两位创始人，彼时83岁的董事长邓耀和65岁的CEO盛百椒，出售了持有的百丽全部股份，合计套现130亿港元。做了一辈子鞋子的创始人清盘离场，百丽从此不再是"百丽"。

2017年7月27日下午4点,"一代鞋王"百丽国际控股有限公司正式宣布退出香港联合交易所。此次高达531亿港元的收购金额,也刷新了当时港交所的最高纪录。

百丽国际从港交所退市完成私有化后,高瓴资本持有其56.81%股份,成为新一代大股东。

值得一提的是,当时高瓴资本牵头组团对百丽国际的私有化收购并不被市场看好。多家媒体报道称,创始人邓耀走时留下了一句:"百丽气数已尽,再无回转的可能。"在大多数投资者看来,百丽国际前景渺茫,一代鞋王跌落神坛,高瓴却主动去接"下落的飞刀",无异于"疯子行为"。

高瓴创始人张磊却这样解释投资百丽国际的原因:"没有哪个失败的企业每年能有几十亿元的现金流。""外界现在看到的可能是百丽当下的一些问题,但从高瓴的角度看,百丽却有很多宝藏。他们所说的那些互联网理念,不管是C2M,还是快时尚供应链,还是无缝链接,唯一最有机会实现并创造出新模式的公司,实际是百丽,而且只有百丽。"高瓴后来这样总结自己眼中的百丽:"创始人是具有伟大格局观的企业家;公司拥有持续学习和积极进步的团队;具有直接面向消费者的终端零售能力;具备快速响应的供应链能力。"

私有化前的百丽国际,一方面其市值与2007年上市时相当,上市10年的市值增幅几乎为零,企业发展面临巨大挑战;但是另外一方面,资产负债率仅为16.1%,有息债务为零,财务压力极小,而其EBITDA(税息折旧及摊销前利润)高达68.87亿元,净利润超20亿元,每年经营活动产生的现金净流量在50亿元左右,不仅能满足资本性支出需要,还具有持续向股东分红的能力。两种因素叠加,百丽国际成为理想的"杠杆收购"标的公司。

事后的实践证明:这一单案例之所以成为经典,高瓴和鼎晖敢于撬动高杠杆、施展各种资本财技,追其本源,都与选择了优质的标的密切相关:产生现金流的能力强,为后续承接债务、支撑高额分红奠定了基础;而资产负债率极低,为后续债务扩张提供了空间。

对同样一个事物,不同的人看到的是不一样的"风景",甚至会得出完全相反的结论。所以,优秀的企业家(包括投资家)绝对是"稀缺物种",值得尊敬。

(四) 并购基金投资及整合的成果

私有化百丽国际之后, 高瓴、鼎晖及百丽国际的管理层对百丽国际进行了业务重组和股权重构。业务重组的重点是"赋能", 股权重构的重点是"将滔搏和百丽时尚运作上市"。

私有化仅仅两年之后, 2019年10月百丽国际旗下运动业务板块滔搏国际控股有限公司在港交所成功分拆上市, 市值一度超过800亿元。而在2017年百丽私有化时, 包括滔搏在内的整个百丽的总市值也仅为531亿港元。

2018年以来, 百丽业绩连年增长。2019年"双11"期间线上增长43%, 线下增长26%。2020年"双11"期间, 线上增长50%, 线下增长14.7%。

2022年3月16日, 百丽时尚集团正式向港交所递交IPO申请, 联席保荐人为美银证券及摩根士丹利。招股书显示: 2020财年、2021财年以及2022财年的前9个月, 百丽的收入分别为201.14亿元、217.37亿元和176.27亿元; 净利润分别为16.65亿元、26.16亿元和22.97亿元, 同时公司拥有直营门店9 153家。

(五) 成功并购整合分析之高瓴的数字化赋能

百丽国际2017年被私有化并购之后, 2018年净利润竟然突破了22亿元。那么, 高瓴究竟是如何通过业务重组创造一个"新百丽"的呢?

高瓴当初进入百丽后其实面临着严峻的挑战, 如士气低落、认知不够、战略模糊等。创始人干了几十年都干成这个样子, 你一个投资公司能做好产业吗? 但是, 高瓴没有把自己只看成一个投资机构, 而是把自己当成一个创业公司, 与企业一起重塑核心竞争力, 立志做企业的长期事业合作伙伴。这是高瓴与国内大多数投资公司相比不太一样的地方。

高瓴很快制订了一个"百日计划"。首先是加强沟通, 与百丽高管、中层和基层做深度沟通, 拉近人与人之间的距离, 加深双方之间的了解; 其次是明确战略, 与公司高层和行业专家反复研究, 明确未来发展战略; 最后就是搭建团队, 在深入了解团队的优势和不足之后, 开始利用自身优势, 帮助百丽筹建电商和数字化团队。

高瓴从数据的视角重估百丽的核心竞争力, 认为数字化转型的核心是数据资产, 而百丽的零售运营数据、货品数据、时尚数据、线上销售数据、会员数据甚至客户的脚型数据等数据是重要的生产资料。数字化转型, 首先是形成数据资产,其次是积累数据资产,最后是运用数据资产。高瓴派出了超过120名数字化投后管理赋能团队人员现场驻扎,手把手帮助百丽团队进行"数字化转型",包括重建电商能力、挖掘线下数据、提升供应链条、强化会员管理、构建数据中台等措施。

除了数字化改造之外,高瓴对百丽的并购整合提升措施还包括以下主要方面:

1. 将滔搏运动从百丽分拆并改造,包括提升运营效率、品牌更新等。在门店方面,滔搏大刀阔斧地进行了重新布局。2017—2020年,滔搏关掉了4 497家门店同时又新开了5 908家门店。同时,滔搏加强了会员体系建设,从2018年开始力推会员服务,到2020年会员贡献的销售额已经占到了滔搏总销售额的90%以上。此外,为了获得运动零售的年轻群体市场,2017年底滔搏涉足虚拟运动竞技,成立TOP电竞俱乐部,并竞得英雄联盟LPL参赛席位,同时参加包括王者荣耀、绝地求生等现象级赛事。

2. 百丽线上线下完全打通,利用钉钉加手淘,百丽国际很快迎来了168万线下粉丝的增长量。

3. 为了更加接近年轻群体,百丽从年轻人热衷的星座社交命题切入,以"变·成自己"为主题,通过视频MV、地铁宣传、朋友圈广告等创意内容形式,来让大家更全面地认识到年轻化的百丽。

4. 实行实体店智能化。百丽实现了货品、会员、服务"三通",为将近8万名百丽导购节省了处理琐碎工作的时间。

5. 2018年4月,百丽入股了时装品牌国货黑马initial;2018年8月,控股了轻奢女鞋设计师品牌73Hours;2019年后,取得了Champion品牌在国内的分销权,以及该品牌及服饰的商标使用权。

6. 除了时尚女鞋之外,百丽还进军了运动休闲品牌领域,成为耐克、阿迪达斯、PUMA等品牌的中国授权零售商。百丽旗下共有13个自有品牌和7个代理及分销品牌,各个品牌定位及风格丰富,定位涵盖了大众、中端以及高端等不同消费群体。

高瓴资本把自己这套投后管理模式称为DVC(Deep Value Creation)深度赋能模式,即:超越单纯依靠分析洞察去投资的业务模式,派出专业的团队深入产业变革的一线,帮助企业通过创新驱动,重构价值链体系,形成新的生产力、新的生产效率、新的组织方式、新的产业业态。

高瓴张磊曾表示："高瓴的投资团队不到100人，但投后管理团队就有200多人，包括数字化、精益管理、组织人才等多个专业序列团队，天天去帮助企业家。"

例如在数字化领域，"DVC"团队可以通过数字科技创新，帮助大型实体企业升级供应链，通过探索动态补货、分货调货、产品改款的柔性供应链系统等，有效提升了企业应对市场变化的能力，可以更好地满足顾客需求。

在精益制造领域，某新能源设备制造企业面临订单积压严重的问题。高瓴"DVC"团队发现传统产线机床散布在不同地方，生产中需要按批处理和运输，断点很多。因此，"DVC"团队调整生产线和流程，将工序接近的产品进行分类并共用同一生产线来生产，去掉运输等冗余中间环节，将机床尽可能地按生产顺序重新布局，最终实现制品库存减少97%，人效提升80%。

高瓴资本对百丽并购整合的成功实践，以及其总结的DVC投资赋能模式，意味着国内的投资并购基金真正开启了"从价值发现向价值创造"的新时代，值得后来者借鉴。

（六）成功并购整合分析之鼎晖的组织转型赋能

百丽私有化案例中，除了高瓴，其实还有一个重要机构鼎晖。

鼎晖创始合伙人、百丽项目操盘人、董事胡晓玲曾经详细谈论了对百丽赋能的过程[①]。她表示："大家在媒体上听到百丽转型这个故事时，可能更多会被提到的是数字化转型和科技赋能。然而，百丽并购背后的本质及核心，我认为更首先要做的事情是组织转型。"胡晓玲回忆："在私有化之前，百丽的核心管理层有22个人，他们在行业中已经深耕了25年，人均拥有10亿元到20亿元的财富积累。在零售业工作25年非常辛苦，几乎没有休息日。22个人中除了几位还情绪高昂满腔热血地愿意去做事，大部分都已经比较疲惫。彼时，对百丽管理层进行迭代的契机已经成熟。私有化完成后，百丽也有序地完成了新旧管理层迭代和组织转型工作，在新的管理层带领下，百丽一举扭转颓势。目前，百丽的发展比鼎晖推动百丽并购时预期的还要好。"

高瓴和鼎晖这两家顶级投资机构合力为业界奉上了一个经典案例。

---

① 资料来源：胡晓玲在2020年6月投中网第14届中国投资年会上的演讲。

（七）百丽私有化并购案的财技分析①

1. 投入成本

当时高瓴和鼎晖私有化百丽国际时，共投入资金453亿港元（折算为约388亿元人民币）。其中两家机构股本金投入173亿港元，通过海外银行提供债务融资280亿港元。

对于股本金投入，两家机构可在滔搏和百丽时尚上市后，以股份减持退出方式收回，其间还可以获得丰厚的股息回报。

对于银行债务融资，两家机构需按借款合同偿还本息。利息主要由滔搏和百丽时尚通过分红支付，本金则需要滔搏和百丽时尚共同承担。

通过分析上市招股书以及各种资料，我们可以发现，面对私有化时欠下的高额债务，除了业务赋能，两家机构也运用了各种财技，比如"采取债务下沉和大额分红支付股息"等方式，进行了债务的转移与化解。投资机构的资金大部分都是募集的，资金越巨额，成本越巨大，所以投资机构必须采取各种方式尽快降低其财务成本。当然，投资机构该项资本运作带来的直接后果是：滔搏和百丽时尚这两家实业公司资产负债率大幅攀升，财务费用急增，经营成果基本被股东分掉。

2017年百丽国际私有化时，资产合计317.46亿元，负债51.22亿元，资产负债率仅16.1%。且这51.22亿元负债的构成主要是经营性欠款，没有银行借款等有息债务，也没有关联方借款。2017年，百丽国际还获得了约3亿元的利息收入。

2022年百丽时尚上市招股书披露，截至2021年2月底，百丽时尚资产合计160.98亿元，负债138.09亿元，资产负债率高达85.78%，资产负债率剧增。分析这138.09亿元债务，由百丽国际借款70亿元、经营性欠款42亿元、银行短期借款10亿元和递延所得税负债10亿元等构成。

与此类似，滔搏2019年上市时，债务规模也飙升至142.68亿元，主要是由百丽国际等关联方借款35.6亿元、应付股息35亿元、银行借款13亿元等构成。

2. 资金回笼

（1）上市后股东减持。滔搏上市后，高瓴曾经以10.5港元/股的价格减持

---

① 参考资料：《新财富》2022年6月文章《百丽时尚逆势上市，背后高瓴稳赚几多？》。

了滔搏2.77亿股,变现约30亿港元(折算为约26亿元人民币)。百丽时尚上市后,投资方也可以通过股份减持方式大幅度变现。

(2)股东分红。针对滔搏、百丽时尚两家公司,高瓴和鼎晖两家机构通过分红就收回了约211亿元。

滔搏是百丽国际的全资孙公司,其披露的上市招股说明书等资料显示:其2017—2019年财年累计分红约79亿元,分红资金主要来源是百丽国际借款、自身经营积累和银行借款等。另外,滔搏IPO上市募资76.22亿港元,其中约80%即61亿港元募集资金用途就是用于偿债和分红。

百丽时尚是百丽国际的全资子公司,其披露的上市招股说明书显示:2020年和2021年两个财年,分别向股东分红70亿元、42.27亿元。2021年3月1日至11月30日,再次分红20亿元,合计132亿元。分红资金来源主要是百丽国际借款和经营积累。百丽时尚在招股书中还表示,此次上市所募集的资金将首先用于偿还银行借款。

(3)债务的转移。高瓴和鼎晖采取了并购常用的债务下沉的方式让百丽时尚和滔搏分别承担债务。即假设当初百丽国际欠银行280亿港元,百丽国际又向下属公司(上市主体)百丽时尚提供借款280亿港元,最终这280亿港元的偿债主体由百丽国际变成了百丽时尚。滔搏也类似。滔搏和百丽时尚获得百丽国际大笔借款现金后又通过分红方式向股东分配掉。

(4)剩余持有股权的价值。除上述几项之外,高瓴、鼎晖还持有百丽时尚、滔搏大量的股权。仅滔搏股份的市值就曾高达152亿元,已超过当初的股本投入。再加上百丽时尚上市后的巨额股份价值,高瓴、鼎晖本次私有化并购百丽的投资,赚得盆满钵满。

高瓴收购百丽案,让我想起了《易经》。凝聚诸多中国古代智慧,号称"诸经之首"的《易经》,核心谈及了两个非常重要的词:"时"和"位",即时机和位势。美玉放在金碧辉煌的皇宫,众人喜爱;但若不小心陷入污泥潭,很多人会把它当成普通的石头,顺便还会加上定语"又臭又硬"。这是站在美玉的角度思考,"位"很重要。若换个思维,站在人的角度看:同样一块陷入污泥中的"石头",有人漠然冷眼、避而远之,有人却能发现这是一块美玉,感谢"天赐良机",其本质是人与人之间认知的巨大差别。

业内有一句经典语录"投资是认知的变现",所以优秀的投资人、优秀的企业家注定是稀缺的少数。

五、附录：新"国九条"背景下并购重组最新法规汇总[①]

一、证监会层面法规

《上市公司重大资产重组管理办法》（2023）

《公开发行证券的公司信息披露内容与格式准则第26号——上市公司重大资产重组》（2023）

《〈上市公司收购管理办法〉第六十二条、第六十三条及〈上市公司重大资产重组管理办法〉第四十六条有关限制股份转让的适用意见——证券期货法律适用意见第4号》（2023）

《〈上市公司重大资产重组管理办法〉第十四条、第四十四条的适用意见——证券期货法律适用意见第12号》（2023）

《〈上市公司重大资产重组管理办法〉第二十九条、第四十五条的适用意见——证券期货法律适用意见第15号》（2023）

《上市公司监管指引第7号——上市公司重大资产重组相关股票异常交易监管》（2023）

《上市公司监管指引第9号——上市公司筹划和实施重大资产重组的监管要求》（2023）

二、上海证券交易所层面法规

《上海证券交易所上市公司重大资产重组审核规则》（2024）

《上海证券交易所上市审核委员会和并购重组审核委员会管理办法》（2024）

《上海证券交易所上市公司自律监管指引第6号——重大资产重组》（2023）

《上海证券交易所股票上市规则》（2024）

《上海证券交易所科创板股票上市规则》（2024）

三、深圳证券交易所层面法规

《深圳证券交易所上市公司重大资产重组审核规则》（2024）

《深圳证券交易所上市审核委员会和并购重组审核委员会管理办法》（2024）

《深圳证券交易所上市公司自律监管指引第8号——重大资产重组》（2023）

[①] 所有最新适用文件汇总截至2024年12月31日。

《深圳证券交易所股票上市规则》（2024）

《深圳证券交易所创业板股票上市规则》（2024）

四、北京证券交易所层面

《北京证券交易所上市公司重大资产重组审核规则》（2024）

《北京证券交易所上市委员会和并购重组委员会管理细则》（2024）

《公开发行证券的公司信息披露内容与格式准则第56号——北京证券交易所上市公司重大资产重组》（2023）

《北京证券交易所股票上市规则（试行）》（2024）

第七章
控制权争夺与收购上市公司

一、资本运作的大手笔：收购上市公司

（一）上市公司收购的含义

收购上市公司，无疑是众多企业家心中的梦想，这是对勇气、智慧与能力的极大考验。通过收购上市公司，企业家能够迅速整合资源，优化产业结构，拓宽业务领域，实现跨越式发展。但是，这条荣耀之路并非坦途，它对收购者的要求极高。除了敏锐的洞察力、高超的谈判技巧、雄厚的资金实力，最重要但是最基础的就是专业的知识储备和资本运作能力。

关于上市公司收购，《证券法》有明确定义："是指取得和巩固上市公司控制权的行为，包括新取得上市公司的控制权，亦包括原上市公司实际控制人巩固其上市公司控制权的行为。"根据《上市公司收购管理办法》，收购人可以通过取得股份的方式成为一个上市公司的控股股东，可以通过投资关系、协议、其他安排的途径成为一个上市公司的实际控制人，也可以同时采取上述方式和途径取得上市公司控制权。在这里，把国内相关法规中的"上市公司收购"翻译成"收购上市公司"，会更容易理解。

在非上市公司收购中，关于"收购、公司控制权、一致行动人"等概念的认定也是适用的。

（二）全面注册制下：上市公司收购相关法规

上市公司收购是非常专业和复杂的。经过梳理，目前与上市公司收购相关的主要最新法规如下：

1.《上市公司收购管理办法》（中国证监会2020年3月20日修订）[①]

2.《上市公司收购管理办法》第十三条、第十四条的适用意见——证券期货法律适用意见第19号（中国证监会2025年1月10日）

[①] 该法规是关于上市公司收购的主要法规。

3.《上市公司收购管理办法》第六十二条、第六十三条及《上市公司重大资产重组管理办法》第四十六条有关限制股份转让的适用意见——证券期货法律适用意见第4号（中国证监会2023年2月17日）

4.《上市公司收购管理办法》第六十二条有关上市公司严重财务困难的适用意见——证券期货法律适用意见第7号（2022年修订）（中国证监会2022年1月5日）

5.《上市公司收购管理办法》第七十四条有关通过集中竞价交易方式增持上市公司股份的收购完成时点认定的适用意见——证券期货法律适用意见第9号（中国证监会2021年1月15日）

（三）公司控制权的界定

根据《上市公司收购管理办法》，有下列情形之一的，为拥有上市公司控制权：

1.投资者为上市公司持股50%以上的控股股东；

2.投资者可以实际支配上市公司股份表决权超过30%；

3.投资者通过实际支配上市公司股份表决权能够决定公司董事会半数以上成员选任；

4.投资者依其可实际支配的上市公司股份表决权足以对公司股东大会的决议产生重大影响；

5.中国证监会认定的其他情形。

非上市公司对控制权的认定，也可以参照以上标准。

（四）一致行动人的含义

根据《上市公司收购管理办法》，一致行动是指投资者通过协议、其他安排，与其他投资者共同扩大其所能够支配的一个上市公司股份表决权数量的行为或者事实。

在上市公司的收购及相关股份权益变动活动中有一致行动情形的投资者，互为一致行动人。如无相反证据，投资者有下列情形之一的，为一致行动人：

1.投资者之间有股权控制关系；

2.投资者受同一主体控制；

3.投资者的董事、监事或者高级管理人员中的主要成员,同时在另一个投资者担任董事、监事或者高级管理人员;

4.投资者参股另一投资者,可以对参股公司的重大决策产生重大影响;

5.银行以外的其他法人、其他组织和自然人为投资者取得相关股份提供融资安排;

6.投资者之间存在合伙、合作、联营等其他经济利益关系;

7.持有投资者30%以上股份的自然人,与投资者持有同一上市公司股份;

8.在投资者任职的董事、监事及高级管理人员,与投资者持有同一上市公司股份;

9.持有投资者30%以上股份的自然人和在投资者任职的董事、监事及高级管理人员,其父母、配偶、子女及其配偶、配偶的父母、兄弟姐妹及其配偶、配偶的兄弟姐妹及其配偶等亲属,与投资者持有同一上市公司股份;

10.在上市公司任职的董事、监事、高级管理人员及其前项所述亲属同时持有本公司股份的,或者与其自己或者其前项所述亲属直接或者间接控制的企业同时持有本公司股份;

11.上市公司董事、监事、高级管理人员和员工与其所控制或者委托的法人或者其他组织持有本公司股份;

12.投资者之间具有其他关联关系。

一致行动人应当合并计算其所持有的股份。投资者计算其所持有的股份,应当包括登记在其名下的股份,也包括登记在其一致行动人名下的股份。

(五)不得收购上市公司的情形

《上市公司收购管理办法》规定,有下列情形之一的,不得收购上市公司:

1.收购人负有数额较大债务,到期未清偿,且处于持续状态;

2.收购人最近三年有重大违法行为或者涉嫌有重大违法行为;

3.收购人最近三年有严重的证券市场失信行为;

4.收购人为自然人的,存在《公司法》第一百四十六条规定情形;

5.法律、行政法规规定以及中国证监会认定的不得收购上市公司的其他情形。

（六）上市公司收购关注要点

1.上市公司收购重点关注内容

（1）收购人基本情况：包括股权结构、是否存在行政处罚、财务数据、关联关系等；

（2）收购股份数量及金额；

（3）收购目的及后续整合计划；

（4）收购所需资金来源。

2.收购上市公司实际控制权需披露的主要文件

（1）《收购报告书》或者是《要约收购报告书》；

（2）《简式权益变动报告书》；

（3）《详式权益变动报告书》；

（4）《关于控股股东股权发生变更暨实际控制人变更的提示性公告》。

3.上市公司收购的主要信息披露节点

《上市公司收购管理办法》对收购的程序和信息披露进行了详细的规定，但是对于普通读者还是过于复杂难懂。其实，只要抓住持股5%、20%、30%、50%等几个重要比例，参考图7-1并结合实际案例就容易理解。

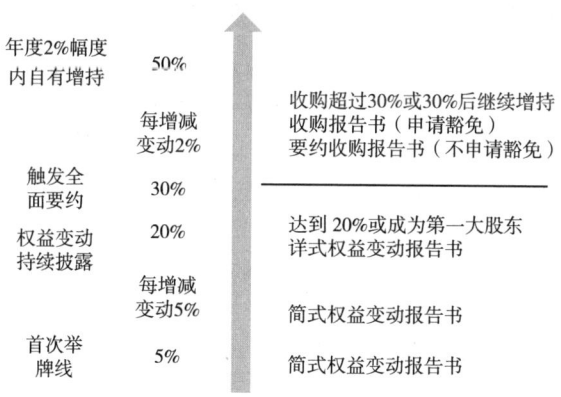

图7-1　上市公司收购主要信息披露节点

二、上市公司收购的方式及要点

上市公司收购方式主要有：直接收购、间接收购、要约收购、协议收购、混合模式等。

（一）直接收购

直接收购是指：收购者通过证券交易所，直接在二级市场买入上市公司流通的股份，通过"爬行增持"获得上市公司控制权。

5%在上市公司是个非常重要的数字。在上市公司持股5%即成为"重要股东"，将在信息披露等很多方面受到严格监管。《上市公司收购管理办法》明确规定：通过证券交易所的证券交易，投资者及其一致行动人拥有权益的股份达到一个上市公司已发行股份的5%时，应当在该事实发生之日起3日内编制权益变动报告书，向中国证监会、证券交易所提交书面报告，通知该上市公司，并予公告。

所以我们会在实践中经常看到，很多投资者持有上市公司股权特意低于5%以此规避不必要的信息披露，如常见的4.99%、4.95%等。

通过直接收购方式持有上市公司股权超过5%，即大家常说的"举牌"上市公司。在举牌过程中，信息披露的合规性和收购上市公司的资金来源通常是被关注的重点。

1.信息披露

相关法规对信息披露做了非常详细的规定，可以参考图7-2并结合《上市公司收购管理办法》进行理解。"T+3"指该事实发生之日起3日内。

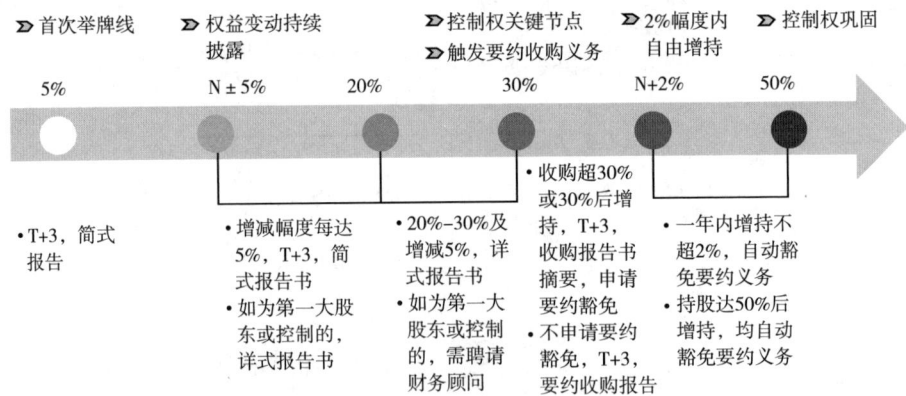

图7-2　爬行增持过程中的权益披露

2.资金来源

监管机构对收购人的资金来源非常重视，强调："收购人聘请的财务顾问应当对收购人支付收购价款的能力和资金来源进行充分的尽职调查，详细披露核查的过程和依据，说明收购人是否具备收购的能力；财务顾问要提供关于收购人最近3年的诚信记录、收购资金来源合法性、收购人具备履行相关承诺的能力以及相关信息披露内容真实性、准确性、完整性的核查意见。"

资本市场著名的宝万之争（宝能收购万科）是爬行增持直接收购上市公司的典型案例，产生争论的焦点也集中在信息披露的合规性和收购上市公司的资金来源等方面。

3.锁定期

收购人通过集中竞价交易方式增持上市公司股份的，当收购人最后一笔增持股份登记过户后，视为其收购行为完成。自此，收购人持有的被收购公司的股份，在18个月内不得转让。

（二）间接收购

间接收购是指：收购人虽不是上市公司的股东，但通过投资关系、协议、其他安排导致其拥有权益的股份达到或者超过一个上市公司已发行股份的5%的行为。超过5%，未超过30%的，收购人有义务按照《上市公司收购管理办法》进行信息披露。超过30%的，应当向该公司所有股东发出全面要约。符合《上市公司收购管理办法》第六章《免除发出要约》所规定情形的，收购人可以免于发出要约。

（三）要约收购

要约收购可以分为全面要约与被动要约收购两种方式，也可以分为自愿要约收购与强制要约收购两种方式。

全面要约是指：向被收购公司所有股东发出收购其所持有的全部股份的要约。部分要约是指：向被收购公司所有股东发出收购其所持有的部分股份的要约。需要重点注意的是，无论全面要约还是部分要约，都必须向所有股东发出，即使部分要约也不是只向部分股东发出要约。

以要约方式进行上市公司收购的，收购人应当公平对待被收购公司的所有股东。持有同一种类股份的股东应当得到同等对待。上市公司收购要约适用于被收购公司的所有股东,但可以针对优先股股东和普通股股东提出不同的收购条件。

在要约收购期间,被收购公司董事不得辞职。

以要约方式收购一个上市公司股份的,其预定收购的股份比例均不得低于该上市公司已发行股份的5%。

通过证券交易所的证券交易,收购人持有一个上市公司的股份达到该公司已发行股份的30%时,继续增持股份的,应当采取要约方式进行,发出全面要约或者部分要约。这就是大家常说的"超过30%要采取强制要约收购"的来源和最准确的表述。

如果预定收购上市公司股份比例大于5%,但是小于30%,收购人可以采取自愿要约收购的方式。

特别提请注意的是,并不是只有超过30%才能用要约方式收购上市公司。回顾国内资本市场历史,之前投资者对要约收购不熟悉,会尽量避免要约收购,或者申请豁免要约收购,但是浙民投"主动要约收购"上市公司ST生化27.49%股权(即不到30%)的成功案例提供了一个很好的借鉴。相信未来通过主动要约的方式收购上市公司的案例会越来越多。

(四)协议收购

协议收购是指:收购者不经过交易所的交易系统,而是采取与被收购上市公司的股东签订协议的方式获得上市公司股份的方式。

通过协议方式收购上市公司的股份比例至少5%起。若收购人拥有权益的股份达到该公司已发行股份的30%时,继续进行收购的,应当依法向该上市公司的股东发出全面要约或者部分要约。收购人拟通过协议方式收购一个上市公司的股份超过30%的,超过30%的部分,应当改以要约方式进行。符合《上市公司收购管理办法》"第六章 免除发出要约"所规定情形的,收购人可以免于发出要约。

实践中,通过"协议转让+表决权委托"方式收购上市公司股权是最常用的方式之一。

案例 7-1　上海电气收购上市公司天沃科技

2018年6月，上海电气集团股份有限公司（以下简称"上海电气"）作为战略投资者参与上市公司天沃科技定增，认购天沃科技9.19%股权，成为天沃科技第二大股东。8月初，天沃科技大股东陈玉忠及其一致行动人钱凤珠签署《股份转让协议》和《表决权委托协议》，将其持有的5.81%天沃科技股权协议转让给上海电气；同时，陈玉忠将其持有的天沃科技14.87%股权所对应的表决权不可撤销地委托上海电气行使。此次转让完成后，上海电气直接持有天沃科技15.00%股权，通过表决权委托的方式取得公司14.87%股权的表决权，合计取得公司29.87%股权的表决权，成为公司控股股东，其实际控制人上海市国资委成为上市公司实际控制人。

上海电气持有的上市公司表决权合计低于30%，避免了触发要约收购，节省了时间，降低了不确定性。同时作为交易对价，上海电气先后向天沃科技提供了20亿元和30亿元资金支持，且为其提供了40亿元担保。

2022年6月20日，上海电气又通过协议转让的方式将持有的上市公司天沃科技15.24%股权转让给其控股股东上海电气控股集团有限公司。本次交易后，上海电气不再成为天沃科技控股股东，仅通过表决权受托方式拥有天沃科技15.1%的表决权。

通过以上案例，我们可以对上市公司收购、协议转让、表决权委托、要约收购等概念有直观的了解。

（五）混合模式

同时采用前述两种或以上的收购方式收购上市公司。

三、案例分析

【深度案例7-1】A股第一单真正的敌意收购：浙民投要约收购ST生化

（一）对战各方背景介绍

1. 被要约收购的标的：上市公司ST生化

振兴生化股份有限公司（股票代码：000403.SZ，股票简称：ST生化）是一家经营血液生物制品研究、开发、生产销售为主的上市公司。公司主要产品为人血白蛋白、免疫球蛋白、静脉注射用人免疫球蛋白。自2005年起，振兴集团成为其控股股东。从2006年开始，该公司一直被*ST、S*ST、ST，长达12年之久。2015—2017年，净利润分别为6 684万元、4 432万元和3 196万元。

2. 要约收购防守方：上市公司大股东振兴集团

振兴集团位于山西省河津市樊村镇干涧村，由创始人史珉志1982年贷款2万元在村里开小工厂起家。经过20多年发展，振兴集团已经实现"转化原煤80万吨，发电装机容量11.8万千瓦，年发电9亿度，电解铝产量10万吨"。振兴集团在上市公司持股22.61%，为第一大股东。二股东是一只公募基金产品，持股只有3.96%。三股东是浙民投，通过二级市场公开买入2.40%。根据公司历年年报披露，公司每年接待调研、沟通、采访等活动情况极少，意味着投资者基本没有太关注该公司。很明显，大股东在资本市场经验不足，根本没想到会有人敢在二级市场公然发动"偷袭"。

3. 要约收购进攻方：浙民投

浙民投的全称是浙江民营企业联合投资股份有限公司，是浙江省大型民营股份制产融投资公司。其股东发起方包括正泰集团、富通集团、巨星控股集团、卧龙控股集团、万丰奥特控股集团、奥克斯集团、圣奥集团、杭州锦江集团等浙江9家知名企业，首期实缴注册资本50亿元。具体负责执行本次收购任务的是浙民投旗下的杭州浙民投天弘投资合伙企业（有限合伙）（以下简称"浙民投天弘"），操盘总负责人为陈耿。陈耿是原深交所上市部总经理，参与过筹建深交所及起草中国第一部上市规则，1996年担任君安证券总裁助理兼投资银行部总经理，2004—2014年任国泰君安证券公司总裁，2015年浙民投设立后担任浙民投总裁。

根据本人事后与相关当事人交流，其实浙民投为本次收购准备了1年以上，包括标的的选择、资金的筹措、团队的组建、应急方案的预演以及关键人士的沟通等诸多方面。就操盘团队构成而言，一半人员是血液制品的医药行业专家，另外一半是著名券商投行部的并购专家，这一点就已经做到了"产业+资本"的精准匹配。另外，还有很多隐藏在"冰山之下"的人脉和能力，如强大的资金调度能力、政府和媒体公关协调能力、对二级市场深刻理解的能力等。这是深处偏隅之地的振兴集团根本无法匹敌的。所以，外人从表面上看认为是"突袭",但实际上这是强大的"专业集团军"有组织、有计划的正面进攻。

(二)为什么会选择ST生化作为收购标的

1. 行业机会和血液牌照的稀缺性

2017年收购的当年,我国的血制品企业很少,主要有17家企业,且一部分已经被投资或者被并购,还有一部分连续几年没有正常生产。而受血液制品提价的影响,血浆供应量大幅度提升。2017年我国采浆量突破8 000吨,比2012年翻了一倍,且浆站的数量快速增长。但是在政策层面,国家不再新设血制品企业,血浆资源逐渐向行业龙头企业集中,品种小、规模小的企业生存空间被进一步挤压,行业并购机会逐渐显现。ST生化坐拥血制品这一稀缺牌照却没有好好发展,且多年被ST,引发了老股东的不满。只是绝大多数人都不会想到,也不敢去想,这个世界总有少数有能力创新的人,不按常理出牌,不去收购底层资产,却有胆量组织几十亿元巨额资金,通过强制要约收购上市公司的方式间接获取这张稀缺牌照。

2. 上市公司股权分布的不合理性

通过分析该上市公司2016年底前十大股东(见表7-1),我们会发现除了大股东持股22.61%外,其余股东持股都不到5%。大股东持股比例低,所有股东持股都非常分散,且很多股东为流动性很强的公募基金,这样的公司股权结构很容易丧失控制权。设想如果大股东有深厚的资本市场经验,提前把自己的控制权至少夯实在30%之上,或者在前十大股东中提前布局,或明或暗寻找一些稳定的盟友,合计持有超过1/3,也不至于如此被动,被人轻易得手。

表7-1 上市公司ST生化2016年底前十大股东

序号	股东名称	持股比例
1	振兴集团有限公司	22.61%
2	中国建设银行股份有限公司——华夏医疗健康混合型发起式证券投资基金	3.96%
3	浙江民营企业联合投资股份有限公司	2.40%
4	天津红翰科技有限公司	2.23%
5	招商银行股份有限公司——兴全轻资产投资混合型证券投资基金(LOF)	1.86%
6	中国光大银行股份有限公司——兴全商业模式优选混合型证券投资基金(LOF)	1.38%

续表

序号	股东名称	持股比例
7	招商银行股份有限公司——兴全合润分级混合型证券投资基金	1.33%
8	兴业银行股份有限公司——兴全全球视野股票型证券投资基金	1.29%
9	兴业银行股份有限公司——兴全新视野灵活配置定期开放混合型发起式证券投资基金	1.04%
10	李欣立	1.03%

3. 投行手段强大的威力

鉴于国内资本市场之前未出现过真正意义上的敌意要约收购，大部分都是控制权协议转让方式，各方需要坐下来一起协商，"谈谈条件砍砍价"，所以一般情况下是有充足时间准备的。没想到市场上"悍然"出现了顶级专业高手，可以快速调动庞大的资源，组织强大的团队，敢想敢干，直接把理论变成了实践。

（三）要约收购具体过程

从提交要约收购报告书到要约收购期满成功完成收购，本次单纯意义上的强制要约收购历时168天。但若以工商营业执照变更作为法律意义上完成，则历时1年半。加上精心准备筹划的1年多时间，则整个过程至少历时2年半。即使这样，作为一个重大的创新案例，其速度也是非常快的。无论如何，浙民投强制要约收购ST生化，在中国资本市场都留下了浓墨重彩的一笔，值得研究和借鉴。

1. 收购方突然出击

2017年6月21日，浙民投天弘突然强势出击，向上市公司ST生化提出要约收购。根据笔者事后与项目组成员的交流，现场花絮其实非常精彩，画面感极强。浙民投派出了两个年轻的项目组成员，其中一位是律师，负责全程手机录像。之前浙民投没有跟该上市公司正面接触，两位年轻人也是第一次去上市公司现场，据说光是找到董秘的办公室就被绕晕了，花了较长时间。临近中午12:30，两位年轻人才敲开董秘的办公室，一个人现场摄像留证据，一个人则"义正言辞"地对董秘说："我们浙民投天弘准备要约收购你们ST生化，请你们下午1:00开市后发布相关公告。"估计这位一年都没接待过几个投资者的董秘，一辈子第一次经历这种事情，一脸茫然，当场蒙圈。而两位浙民投的年轻人知道这是主动的敌意收购，是涉及重大利益的对抗性事件，所以当他们独闯对方虎穴，亮明自己身份严正表态的时候，估计声音是颤抖的，内心是害怕的。

梳理上市公司公告，我们看到上市公司2017年6月21日下午开市起停牌。但是只说明"本公司有重大事项待公告"，未指出具体是何重大事项。这也是上市公司应对突发事件但暂时没有良策的拖延保护之举。

2. 被收购方仓促应战

2017年6月28日，上市公司终于发布公告，说明"本次停牌的重大事项为筹划重大资产重组"，并申请继续停牌至2017年7月21日。同日，上市公司也披露了《振兴生化股份有限公司要约收购报告书摘要》，披露浙民投天弘拟对上市公司的股份进行部分要约收购。当天晚上，深交所即下发《关于对振兴生化股份有限公司的关注函》（公司部关注函〔2017〕第87号），要求上市公司书面说明：

1. 信息披露及时性。请你公司说明收到浙民投天弘要约收购相关材料的最早时点，是否及时向我部申请停牌，是否在相关事项公告前履行保密义务，并结合收到股东材料及信息披露的相关时点说明是否及时履行信息披露义务。

2. 筹划重组事项的真实性和合规性。请你公司说明在此时点筹划重组事项的原因和动机，并充分说明筹划重组事项的具体内容，包括但不限于主要交易对方、交易方式、交易标的名称、交易标的所在行业等情况。请你公司说明筹划重组事项是否符合《上市公司收购管理办法》第三十三条"收购人作出提示性公告后至要约收购完成前，被收购公司除继续从事正常的经营活动或者执行股东大会已经作出的决议外，未经股东大会批准，被收购公司董事会不得通过处置资产、对外投资、调整公司主要业务、担保、贷款等方式，对公司的资产、负债、权益或者经营成果造成重大影响"的规定，请你公司独立董事发表明确意见，请法律顾问进行核查并出具专项意见。如存在违反相关规定的情形，请及时予以规范，并及时提交公司股东大会对继续停牌筹划重大资产重组事项进行审议，充分保护投资者的合法权益。

3. 保障投资者交易权的说明。鉴于要约收购属于对你公司股价可能产生重大影响的信息，你公司申请股票继续停牌将对投资者的交易权以及作出是否接受要约的投资决策产生严重影响。请你公司董事会、独立董事对你公司筹划重组事项是否有利于维护你公司股东，尤其是中小股东的合法权益发表意见。

不得不说，交易所的本次关注函下发迅速，句句直指核心，上市公司根本无法回避，非常被动。这也从侧面说明了浙民投投行团队在知识储备和监管沟通上的专业性、有效性和预见性。

2017年6月28日同日披露的《振兴生化股份有限公司要约收购报告书摘要》展示了本次的要约收购方案：

（1）本次要约收购的要约价格：36.00元/股。本次要约收购的要约价格未低于本次要约收购报告书摘要提示性公告日前30个交易日内上市公司股份的每日加权平均价格的算术平均值（注：28.10元/股），亦未低于本次要约收购提示性公告日前6个月内收购人取得该种股票所支付的最高价格（注：实际未买入），符合《上市公司收购管理办法》第三十五条的规定。

（2）本次要约收购股份数量：74 920 360股，占ST生化股份总数的27.49%。因本要约收购报告书摘要签署日前，收购人未持有ST生化股份，但收购人的一致行动人浙民投、浙民投实业分别合计持有ST生化6 852 820股，占2.51%，要约收购期限届满后，收购人及其一致行动人最多合计持有ST生化81 773 180股股份，占ST生化股份总数的29.99%[①]（保留两位小数）。

（3）本次要约收购的生效条件：在要约期间届满前最后一个交易日下午15:00，中登公司深圳分公司临时保管的预受要约的ST生化股票申报数量不低于61 320 814股（占ST生化股份总数的22.50%）。若要约期间届满时，预受要约的股份数量未达到本次要约收购生效条件要求的数量，则本次要约收购自始不生效，中登公司深圳分公司自动解除对相应股份的临时保管，所有预受的股份将不被收购人接受。若本次要约收购未达到前述生效条件，则本次要约收购自始不生效；且收购人的一致行动人浙民投、浙民投实业将计划在发布该事项公告之日起12个月内通过集中竞价、大宗交易等方式，减持其合计持有的ST生化6 852 820股股份（占ST生化股份总数的2.51%）。

（4）本次要约收购所需资金：基于要约价格为36.00元/股的前提，本次要约收购所需最高资金总额为2 697 132 960.00元。收购人承诺将按照《上市公司要约收购业务指引》的要求在披露要约收购报告书摘要后的2个交易日内将539 426 592元（即本次要约收购所需最高资金总额的20%）存入中登公司深圳分公司指定账户，作为本次要约收购的履约保证金。

---

① 收购上市公司股份数超过30%必须采取要约方式收购，但是不到30%其实也可以采取要约方式进行收购。

3. 被收购方缓过神来，回马一枪

2017年8月17日，上市公司公告更换重组标的，并继续停牌。公告显示：上市公司原披露的重组标的为山西康宝生物制品股份有限公司，由于交易双方始终未能就交易方案核心条款达成一致，经与交易对方协商同意，决定终止与山西康宝相关的重组事项，并重新选定内蒙古维克生生物科技有限公司为重组标的。

2017年9月13日，上市公司公告称，收到山西省高级人民法院送达的民事起诉状及（2017）晋民初52号应诉通知书等诉讼材料。控股股东振兴集团起诉浙民投，称"浙民投本次要约收购信息披露存在重大遗漏及虚假记载，侵害了原告的知情权；收购上市公司的资金来源不明；本次要约收购中存在内幕交易及利益输送行为"，请求法院判令浙民投停止对ST生化的要约收购并索赔1.57亿元。同时，振兴集团向浙江银监会举报浙民投向民生银行借款违规。

2017年9月21日，停牌长达3个月的上市公司终于复牌了。停复牌的较量其实也是决定收购成败的重要因素之一。收购方最担心被收购方通过各种理由长期停牌、拖延阻挠，这将大大增加收购的不确定性。二级市场能够复牌，就意味着这个隐患已经消除，收购进度可以按照程序轨道一步步往前推，很难人为地公开阻挡了。

4. 要约收购程序正式启动

2017年11月2日，上市公司公告《要约收购报告书》。全文披露的收购方案与6月28日公告的《要约收购报告书摘要》基本相同，但是这次明确了要约收购期限。根据法规，要约期限不少于30个自然日，不超过60个自然日，出现竞争要约的可以延长，但拟发出竞争要约的收购人最迟不得晚于初始要约收购期限届满前15日发出要约收购的提示性公告。

本次要约收购的期限：共33个自然日，即要约收购报告书全文公告之次一交易日起33个自然日。要约起始日期为2017年11月3日，要约截止日期为2017年12月5日。本次要约期限内最后3个交易日，即2017年12月1日、2017年12月4日和2017年12月5日，预受的要约不可撤回。在要约收购期限内，投资者可以在深交所网站（http：//www.szse.cn）上查询截至前一交易日的预受要约股份的数量以及撤回预受要约的股份数量。

如果我们用通俗易懂的话解释本次收购方案，相对容易理解："浙民投告知天下，要在2017年11月3日—12月5日33天时间内，以36.00元/股的价格在二级市场无差别收购ST生化27.49%的股份。钱不用担心，交易所已经帮股民朋友们核查过了，我们有钱，并且已经交足了20%保证金。但问题是拥有ST生化股票的股民要愿意卖给我们才行，所以价格是关键。我们最少要收购到上市公司22.50%的股份才算成功，若数量达不到就是失败。若失败，你原来准备卖给浙民投的股票，我们不光不要了，而且连原来持有的2.51%股份也会在1年内卖掉走人。这33天时间，前面近30天内，股民可以同意卖，也可以随时反悔不卖了。但是最后3个交易日，12月1日、4日和5日，已经同意要卖的就不能再反悔了，因为没法撤单。具体情况吃瓜群众可以上深交所网站查询。"

5. 引入白衣骑士，最后一搏

2017年11月29日中午，上市公司发布《振兴生化股份有限公司关于公司控股股东、实际控制人变更暨权益变动的提示性公告》称，振兴集团拟通过协议转让方式，将18.57%股份以每股43.2元价格转让给佳兆业集团控股有限公司（香港联交所上市公司，股票代码1638.HK）下属的航运健康；另外4.04%的股份以债务重组之股份补偿方式转让给中国信达资产管理股份有限公司深圳市分公司，而信达深分又将这4.04%的股权表决权委托给航运健康。所以，航运健康在ST生化拥有投票权的股份达到上市公司股份总额的22.61%。航运健康将成为ST生化控股股东，其实际控制人郭英成先生和郭英智先生将成为ST生化新的实际控制人。公司同时提示了风险：鉴于浙民投天弘正在对上市公司进行要约收购，若收购期满后预受要约股份的数量达到其预设目标，则航运健康可能无法通过本次权益变动取得ST生化控制权。

振兴集团作为民营企业，已经知晓自己实力较弱，没法抵抗，于是主动委身有实力的香港上市公司和大型国企组成联盟，并且由香港上市公司作为"白衣骑士"出面迎战，是期待在要约收购期满之前，两个超级大佬能在二级市场展开PK，从而阻挠"野蛮人入侵"。

这一招效果非常明显。新入局的佳兆业协议转让的收购价格达到43.2元/股，比浙民投二级市场要约价格36元/股直接提高了20%。股民如果此时不准备卖股票给浙民投，那么他们未来在二级市场的收益就会有更大的想象空间。另外受制于监管规则，此时的浙民投已经不得变更要约条件，不得提高要约收购价格。果然，在佳兆业宣布收购振兴生化股份的消息当天，投资者撤回预受股数1 263.6万股，占当时已预受要约总数的69.41%。撤回后，当时预受要约的数量只有599万股，仅占总要约份额的7.99%。而ST生化的二级市场股价也一度上涨到35.19元，直逼36.00元的要约收购价。如果未来几日二级市场价格持续超过36元，对普通股民而言赚钱当然比"看戏"更重要，要约收购将彻底失去吸引力，大概率失败。

浙民投遇到了主动出击以来最艰难的时刻。

6. 监管部门持续发函

没想到监管部门反应非常迅速。深交所在2017年11月29日晚间，向上市公司ST生化发出关注函（公司部关注函〔2017〕第160号）；2017年12月1日晚间，又向航运健康发出关注函（公司部关注函〔2017〕第162号），向振兴集团发出关注函（公司部关注函〔2017〕第163号）；并于同日12月1日晚间，向振兴集团发出监管函（公司部监管函〔2017〕第111号）。关注函的内容主要涉及上述股权转让事项信息披露的合规性。而监管函的主要内容是信息披露未及时同步，即涉及控股股东变动事项，香港上市公司佳兆业是在2017年11月29日早间于香港联合交易所网站披露，而国内上市公司ST生化迟至11月29日午间才披露。

在这么短的时间内，监管部门有如"十二道金牌"一样如此密集发函关注，在国内实属罕见。

7. 惊心动魄，尘埃落定

2017年12月5日是要约收购的最后一天，也是决定成败最关键的一天！整个资本市场的目光都被聚集到这一历史性时刻。

让收购方提心吊胆但足以让被收购方欢天喜地的事实是，根据深交所的披露，截至前一天12月4日，只有1 840万股接受要约，仅占最低收购数量要求的30%。与目标值差距如此之大，短短一天时间内有可能绝处逢生吗？怎么翻盘？绝大多数吃瓜群众都认为浙民投败局已定，众多当事人估计彻夜难眠。

当事各方在忐忑不安中迎来了股市收盘。根据深交所最终公布的要约收购明细显示，12月5日当天有高达1.28亿股接受了要约，截至12月5日总计预受股份数量达1.465亿股，远远超过了要约收购需要的最低数量6 132万股和要约目标7 492万股。我们复盘当日盘面，12月5日ST生化最高价34.73元，最低价33.10元，收盘价33.15元，全天均价34.11元，低于要约收购价36.00元。在普通人看来，除了最后几分钟，该股盘面全天似乎都很平静，波澜不惊（见

图7-3)。但是静水流深的表象深处往往是惊涛骇浪。为什么最后一天会出现如此大幅度逆袭,成功翻盘?真正的答案外人无从知晓。

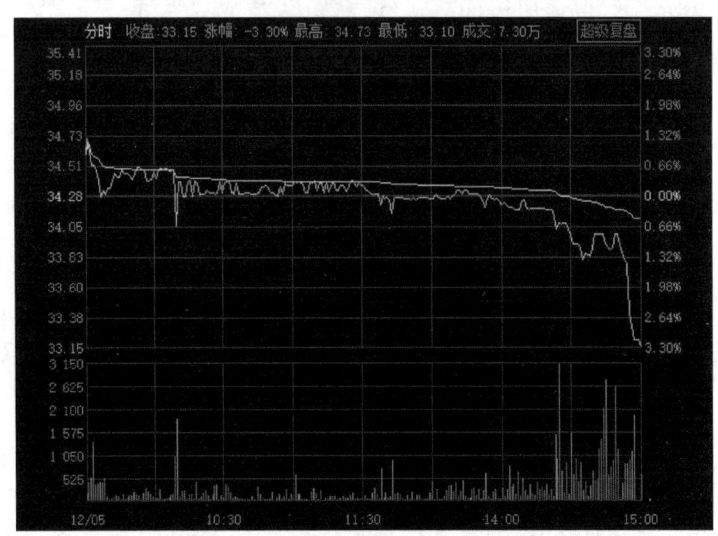

图7-3　ST生化二级市场走势图(2017年12月5日)

但是无论如何,至此浙民投成功完成国内第一单真正意义上的"敌意收购",市场化要约收购成功(见图7-4)。浙民投最终合计持有ST生化29.99%的股权,成为上市公司ST生化第一大股东!

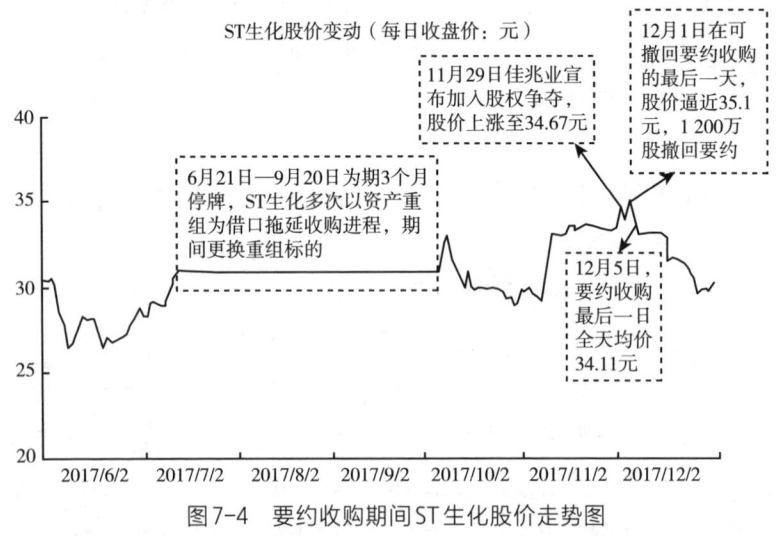

图7-4　要约收购期间ST生化股价走势图

8.舆论导向，市场评价

事后，由中国证监会直接管理的投资者服务中心12月6日通过中国证监会官网明确表态："本次要约收购是中小投资者集体积极行使股东权利的结果，对中国资本市场公开要约收购具有里程碑的意义。""自93年'宝延风波'以来，中国资本市场少有市场化要约收购的成功案例，本次要约收购的成功将成为中国资本市场公开要约收购的标杆，进一步推进要约收购在中国资本市场的广泛运用。同时，要约收购符合证券交易的'三公'原则，对完善我国资本市场，促进上市公司实质性并购重组，降低内幕交易的发生，保护中小投资者合法权益具有重要意义。"

另外，投服中心更是直截了当地表达了对本次要约收购的重视程度和直接介入："投服中心作为小股东，密切关注并持续跟踪了此次事件发展及后续影响。6—12月，ST生化经历了重大资产重组、股票长期停牌、起诉要约收购方、要约报告书全文迟迟不能披露、控股股东协议转让、委托投票安排等事件，要约收购没有及时推进。投服中心高度关注、及时出手，于11月26日通过四大证券报等媒体公开发声，表明要约收购是市场资源合理配置的有效手段，广大中小投资者普遍欢迎有利于上市公司发展的市场化收购行为，呼吁ST生化及大股东、实际控制人、管理层尊重中小股东的知情权、收益权、自主交易权以及对要约收购的选择权，维护好广大中小投资者的合法权益。"

学术界尤其是公司治理专家们对这一案例也高度关注。以新加坡管理大学张巍教授为例，他长期关注西方成熟资本市场中的上市公司并购规则和法律体系研究。张教授直言不讳，风格硬朗："这大概是中国资本市场上第一次成功以公开竞价方式取得上市公司控制权的案例。它向中国的投资者、上市公司及监管部门展示了市场有能力剔除不受股东欢迎的控股方，为中小投资人提供了制约控股股东实际可行的方案，为控股方敲响了漠视中小股东利益就可能下台的警钟。在此意义上，这个案例可谓打开了中国上市公司治理的新篇章。"

如果我们检索查阅当时的新闻报道，可以发现市面上的舆论风向基本是一边倒。在要约收购期间，典型的媒体文章包括：《没有规矩，不成方圆：如何监管用停牌抵御收购？》《敌意收购的公共关系战》《好一招"苦肉计"，声东击西》《收购大股东资产：怎样管住吃里扒外的买卖？》《浙民投要约ST生化的意义》等。

而接受中国证券报专访的振兴集团董事长史跃武则难掩苦涩："我们输了，白手起家的山西民营企业败给了江浙资本大鳄。"

9.收购完成后的整合及后续发展

2017年12月5日，浙民投完成对ST生化的市场化要约收购，合计持有29.99%的股权，成为ST生化的第一大股东。

2017年12月12日，要约收购过户手续完成。

2018年5月2日，ST生化改选董事会，浙民投提名4名董事，佳兆业提名3名董事，原大股东史家彻底退出上市公司。

2018年6月29日，ST生化修改公司章程。

2018年7月，ST生化新的公司高管任职。

2018年11月22日，在解决完大股东振兴集团违规事项后，ST生化获得"摘帽"，证券简称变更为"振兴生化"。

2018年12月14日，上市公司第七届董事会第四十五次会议决议撤销核心子公司双林生物原董事会，修正章程及人员任免。

2018年12月17日，上市公司第四次临时股东会换届选举及第八届董事会第一次会议聘任新任管理层。

2018年12月28日，上市公司完成新营业执照、法定代表人变更。

2019年1月14日，上市公司子公司双林生物领取新的营业执照。

2019年1月11日，振兴生化发布业绩预告，净利润预计为7 774万—10 474万元，比上年同期增长260%—385%。

2019年11月19日，上市公司名称由"振兴生化股份有限公司"变更为"南方双林生物制药股份有限公司"，股票简称由"振兴生化"变更为"双林生物"，股票代码不变，仍为000403。

2021年4月2日，上市公司再次更名，由"双林生物"变更为"派林生物"，股票代码不变。

2021年4月20日，上市公司发布2020年年报。自原实际控制人变更后2018—2020年，上市公司归母净利润分别为7 998万元、1.6亿元和1.86亿元，同期业绩增速分别为270.34%、100.6%和15.9%。

2021年5月12日，上市公司公告称：持股12.5%（增发稀释后）的二股东航运健康计划自本公告披露之日起15个交易日之后的6个月内以集中竞价交易、大宗交易及协议转让方式全部减持完毕。入局3年多，佳兆业（航运健康）一直未进行任何减持，这次却清仓式大甩卖，从此彻底退出上市公司。初步估算，该项目投资账目浮盈超10亿元。

至此，世上再无ST生化，而那一场明争暗斗、惊心动魄的无硝烟"战争"，永远消逝在中国资本市场的历史长河中，静静留待后人评说……

【深度案例7-2】惊心动魄：宝能收购万科案例最全始末（2015—2024年）

导语：宝能收购万科事件是中国资本市场历史上"教科书"级别的重要并购案例，整个过程波澜起伏、惊心动魄，对国内上市公司收购、上市公司治理、资管行业发展方向、证券保险银行业监管、资本市场法律制度建设等各个领域产生重大影响。本案例围绕上市公司公告时间主线，力图用专业严谨的态度、深入浅出的语言，全面、清晰、客观地还原事件始末，供广大有兴趣的读者了解和研究。

2015年5月，在深圳和香港两地"A+H"上市的万科集团（股票代码：000002.SZ/02202.HK，以下简称"上市公司""公司"或者"万科"）正常披露《2014年年度报告》时提及：华润股份有限公司（以下简称"华润股份"或者"华润"）占公司股份总数的14.91%，为公司第一大股东；公司不存在控股股东及实际控制人。万科是一家优秀的房地产企业，也是在深圳证券交易所最早上市的五家企业之一。从表面上看，万科一直风平浪静，但其股权结构一直存在大股东持股比例低、股权非常分散、公司发展迅速但股价长期低迷、公司市值明显低于公司真实价值等显著特点，很容易成为资本大鳄的狩猎对象。

2015年7月11日，公司第一次披露《万科企业股份有限公司简式权益变动报告书》。公告显示截至2015年7月10日，宝能系旗下的前海人寿保险股份有限公司（以下简称"前海人寿"）通过深圳证券交易所证券交易系统集中竞价交易买入万科5.00%的股票，并披露已于2015年1—7月通过交易所系统少量买入或者卖出万科A股股票。因为持股上市公司已达5%，所以按照要求披露《简式权益变动报告书》。这是宝能系第一次公开正式"举牌"上市公司万科。

2015年7月24日，公司第二次披露《简式权益变动报告书》。公告显示截至2015年7月24日，信息披露义务人宝能系旗下的前海人寿和深圳市钜盛华股份有限公司（以下简称"钜盛华"）通过深圳证券交易所证券交易系统集中竞价交易分别买入万科总股本的0.93%和0.26%，同时钜盛华通过收益互换的形式持有万科3.81%的股本。钜盛华与前海人寿作为一致行动人，本次合计增持万科5%的股权。加上之前已经持有的5%，宝能系持有万科的股份累计已经达到10%。

2015年11月20日，公司第三次披露《简式权益变动报告书》。截至2015年10月20日，钜盛华通过深交所证券交易系统集中竞价交易和大宗交易买入万科3.00%。2015年10月27日至2015年11月17日，钜盛华回购其以收益互换的形式享有的万科A股556 986 255股股票收益权，所涉及股票数占万科现在总股本的5.04%，该部分股票转由钜盛华直接持有。故截至2015年11月17日，钜盛华通过深交所系统集中竞价交易和大宗交易买入万科8.04%，通过融资融券的方式持有万科0.34%；前海人寿通过深圳证券交易所持有万科6.66%。两者合计持有万科A股15.04%后，钜盛华和前海人寿明确表态：在未来十二个月内，不排除进一步增持上市公司股份的可能性。鉴于此前华润股份持股万科已经由半年报披露的14.89%增加至15.29%，所以此时华润股份仍然是万科第一大股东，但两者股份比例已经非常接近，事情开始变得微妙。

我们会发现钜盛华多次使用股票收益互换这一创新金融工具进行操作。股票收益互换业务系证券公司权益衍生工具的创新业务，即在收益互换合约中，钜盛华将现金形式的合格履约保障品转入证券公司，证券公司按比例给予配资后买入股票，该股份收益权归钜盛华所有，钜盛华按期支付利息，合同到期后，钜盛华回购证券公司所持有股票或卖出股票获得现金。

2015年12月7日，公司披露《详式权益变动报告书》。截至2015年12月4日，钜盛华通过资管计划在深圳证券交易所证券交易系统集中竞价交易再次买入万科4.969%股票。宝能系通过钜盛华和前海人寿合计持有万科20.008%股权，超过华润股份，正式成为万科第一大股东。但万科认为公司股权结构分散，所以依旧不存在控股股东和实际控制人。因为宝能系持股上市公司已经超过20%，所以本次披露的是《详式权益变动报告书》。

2015年12月9日，公司第四次披露《简式权益变动报告书》。这次"凑热闹"举牌的是安邦保险。截至2015年12月7日，安邦保险通过旗下安邦人寿保险、安邦财产保险、和谐健康保险、安邦养老保险合计持有万科A股5.0000005%股票,已经超过5%。

2015年12月10日,深交所公司管理部向钜盛华下发《关于对深圳市钜盛华股份有限公司通过资产管理计划方式持有万科企业股份有限公司股份事项的关注函》(公司部关注函〔2015〕第538号),重点关注了收购资金的来源和信息披露情况。

2015年12月17日,万科董事长王石通过内部会议首次公开表态:不欢迎宝能系成为万科第一大股东。王石提道,曾经在宝能系增持到10%的时候,在冯仑的办公室第一次见到宝能系实际控制人姚振华,并且从晚上10点谈到凌晨2点。之所以愿意谈4个小时,一是给对方充分的尊重,二是想领教一下新大股东的风采。但是"万科不欢迎宝能系成为万科第一大股东,因为宝能系'信用不够'。宝能系可以通过大举借债,强买成第一大股东,甚至私有化。但这可能毁掉万科最值钱的东西"。

2015年12月22日,据港交所披露,安邦保险于17日、18日增持万科股份。两次增持过后,安邦保险占有万科A股股份升至7.01%,耗资约22.98亿元。真是一波未平,一波又起,万科又多了一个保险大佬做重要股东。这次,安邦会站在哪一方?

2015年12月18日13:00,万科A因筹划重大资产重组事项向深交所申请停牌。同日,证监会新闻发言人张晓军表示,收购与被收购是市场自身行为,只要符合相关法律法规规定,监管部门不会进行干预。

2015年12月21日,万科发布《关于重大资产重组停牌公告》。

2015年12月23日,中国保监会发布《保险公司资金运用信息披露准则第3号:举牌上市公司股票》的通知,规范保险公司举牌上市公司行为。

2015年12月24日,浙商银行称:浙商银行理财资金投资认购华福证券资管计划132.9亿元作为优先方,仅用于钜盛华整合收购非上市金融股权,不可用于股票二级市场投资。

2015年12月7日至12月24日,宝能系继续通过钜盛华大举买入万科股票。钜盛华与前海人寿合计持有万科的股票已经达到24.26%。

2015年12月23日,万科在公司网站刊登了《关于欢迎安邦保险集团成为万科重要股东的声明》,安邦成为万科的重要盟友。

2015年12月26日，万科发布《关于近期公司管理层观点说明的公告》，表示：公司管理层希望公司的文化、品牌、信用能够保持，这是公司最珍贵的财富。管理层希望不要轻易改变公司的文化和经营风格。为此，管理层希望获得所有股东的支持。

2015年12月29日，有媒体报道称，万科曾经与宝能、安邦三方召开和谈会，基本达成和局。安邦未来将有可能受让宝能系股份成为万科大股东。万科为此特意发布公告，澄清以上传闻不属实。

2016年1月16日，万科发布《关于筹划重大资产重组停牌期满申请继续停牌公告》，继续停牌。

2016年3月14日，这一天是"宝万之争"转向"华万之争"的重要分水岭。2天前即3月12日，万科与深圳市地铁集团有限公司（以下简称"地铁集团"或者"深圳地铁"）签署《合作备忘录》，拟向地铁集团发行新股收购其下属公司全部或部分股权，初步预计交易对价介于人民币400亿—600亿元。但披露网站显示该事项公告日期是2016年3月14日。

2016年3月14日上午，华润集团法律部就万科与地铁集团签署备忘录的公告事宜，向监管机构和董事会成员发出信函，认为万科信息披露程序存在问题。

2016年3月17日下午，万科召开2016年第一次临时股东大会，高票通过万科A继续停牌的决议，包括宝能和华润在内都投出了赞成票。但是股东大会结束后不久，华润集团参会的股东代表接受媒体采访时称："万科与深圳地铁的合作公告，没有经过董事会的讨论及决议通过，是万科管理层自己做的决定。"该股东代表还透露："3月11日万科开了董事会会议，讨论21个事项，但不包括万科与深圳地铁合作这一项。到3月12日万科直接与深圳地铁签署了战略合作协议，当天有相关信息从媒体中流传出来，并在3月13日发了相关公告。华润派驻万科的董事已经向有关监管部门反映了相关意见，要求万科经营依法合规。"

万科随后回应："引进深圳地铁在春节前管理层已告知华润，万科认为根据规定，签署无约束力的备忘录不需经董事会和股东大会同意。由于3月12日下午媒体对上述合作产生了诸多猜测性报道，万科管理层方面认为有义务尽快进行信息披露，在经董事会秘书审核，并经公司总经理审阅的情况下，于3月

13日下午发布了相关公告。"

3月19日,华润集团董事长傅育宁在北京接受媒体采访时,首次正面回应万科与深圳地铁合作一事。总共只有四句话,却非常耐人寻味:"万科这个公司做得很不错,在中国房地产业很有影响力,管理团队也很专业,我们一直是支持万科发展。17号临时股东大会之后,我们的股东代表向媒体所披露的是一件令人遗憾的事实,他们(华润股东代表)说的是事实。华润支持万科发展,同时也高度关注良好的公司治理制度,治理结构对一个公众公司是更重要的,一个公司要长远健康地发展,良好的公司治理结构是不能忽视的。如此重大的事情(万科与深圳地铁签署备忘录),11号开会(没有说),第二天就披露了一个又是股权对价,又是交易资产的规模,又是支付方式(的公告),这合适吗?"

有媒体评论:"这是华润入股万科16年、历经三届领导者以来,第一次公开批评万科。"大家需要注意一个背景,才可能更好地理解本次事件的关键走向。傅育宁于2014年担任华润集团董事长,之前华润的董事长分别是宁高宁和宋林。《中国企业家》杂志曾经披露过一个细节:"以前双方老板见面时,可以称兄道弟把酒言欢;而傅育宁接手华润后,郁亮再去华润时次次西装笔挺庄而重之。(华润领导)上来点点头:汇报吧。双方的角色和心态已经变了。"

2016年4月6日,钜盛华与前海人寿签署《万科企业股份有限公司表决权让渡协议》,表示出于对表决权集中管理的需要,钜盛华将其直接持有的万科926 070 472股股份所对应的全部表决权、通过资管计划控制的万科合计547 326 746股股份所对应的全部表决权不可撤销的,无偿让渡给前海人寿。本次表决权让渡后,前海人寿持万科A 735 877 445股,拥有2 209 274 663股股份对应的表决权;钜盛华直接及间接持有万科A1 945 518 279股,拥有472 121 061股股份对应的表决权。上市公司为此同时公告了《详式权益变动报告书》和《简式权益变动报告书》。

2016年6月17日,这是"宝万之争"事件中非常重要的一天。这一天,万科与地铁集团签署《发行股份购买资产协议》,并于次日6月18日正式公告《发行股份购买资产暨关联交易预案》,同时聘请中金、中信、西南三大证券公司作为其独立财务顾问。本次交易方案为:上市公司万科拟以发行股份的方式购买地铁集团持有的前海国际100%股权,初步交易价格为456.13亿元。

上市公司将以发行股份的方式支付全部交易对价，初步确定对价股份的发行价格为每股15.88元，为定价基准日前60个交易日上市公司股票交易均价的93.61%。据此计算，上市公司将就本次交易向地铁集团发行2 872 355 163股A股股份。按照此交易方案，届时地铁集团将成为第一大股东，持有万科总股本的20.65%；宝能系持股将被稀释到19.27%，成为第二大股东；而华润股份持股比例将被稀释到12.1%，沦为第三大股东。

同日下午，万科召开第十七届董事会第十一次会议审议该议案。会议应到董事11名，亲自出席及授权出席董事11名。独立董事张利平因关联关系，回避本次会议12项议案之投票表决。最终相关议案的董事会表决结果为：同意7票，反对3票，弃权0票。万科发布上市公司公告称：相关议案获得本次董事会通过。

同日晚间，华润集团在其官方微信号"华润"发表公开声明，措辞非常严厉："6月17日下午，万科在深圳召开第十七届董事会第十一次会议，审议万科拟发行股份购买深圳地铁资产的预案。华润集团三名派出董事对预案投了反对票，并质疑决议已获通过的合法性，对万科没有事前认真考虑董事意见就发布议案已获通过的公告表示强烈不满。""万科发布公告前未通报全体董事是否已获得独立法律意见，也未将公告内容提交全体董事，此举严重损害了董事的权利和董事会的尊严。""如果万科不重新审视重组预案存在的问题，在未来的董事会或股东大会上提出相同的方案进行表决，华润将会继续投反对票，以维护全体股东和广大投资者的利益。"华润反对本次预案的理由主要是以下几点：（1）万科增发股票的价格相对其净资产评估值折让较大；（2）万科可以通过现金或债权融资形式支付全部交易对价，无须发行大量股票摊薄现有股东权益；（3）本次万科发行新股购买的资产是2个地产项目的股权，而不是深圳地铁整体业务的权益，不能自动锁定未来万科与深圳地铁在其他项目的开发合作，未能形成对万科的持续性支持。

华润曾经是万科公开表述中"中国少有的优秀大股东"，现在两者矛盾加深并告知天下，"宝万之争"忽然戏剧性地变成"华万之争"，"令广大吃瓜群众惊掉了下巴"。

2016年6月18日，北京市君合（深圳）律师事务所发布《关于公司第十七届董事会第十一次会议的法律意见书》，认为全部12项议案已由本次董事会会议审议通过，本次会议作出的决议合法、有效。

2016年6月18日，公司公告将继续停牌。自2015年12月18日下午13：00起开始停牌至此，万科停牌时间已经长达6个月之久。

2016年6月22日，深交所公司管理部对万科下发《关于对万科企业股份有限公司的重组问询函》（许可类重组问询函〔2016〕第39号），主要关注了公司治理、资产评估的合理性以及资产的持续经营能力等方面，要求万科就独董张利平的回避表决、收购方案土地评估作价、前海国际项目具体盈利模式等7个问题进行反馈。7月2日万科公告了回复文件。

2016年6月23日晚间，钜盛华及前海人寿公开发表声明称："明确反对万科发行股份购买资产预案，后续在股东大会表决上将据此行使股东权利。"随后，华润集团在官方微信号公开回应宝能系的声明，称："一、华润支持万科与深圳地铁在业务层面的合作，反对万科管理层提出的拟发行股份购买资产的重组预案；二、华润对万科董事会在审议及表决重组预案过程中所存在的问题，已发函向两地监管机构反映，并质疑议案审议过程的合规性及议案通过的有效性；三、华润支持万科持续健康的发展，高度关注万科存在的内部人控制等公司治理问题。"华润此次的表态清晰、明确。

2016年6月24日，钜盛华及前海人寿作为合计持有万科10%以上股份的股东，提请万科董事会召开2016年第二次临时股东大会，审议罢免王石、郁亮、乔世波等7名董事、华生等3名独立董事以及2名监事的12项议案。同时，宝能系质疑万科成为内部人控制的上市公司，质疑王石个人领取万科高薪的同时长期脱离工作岗位在国外留学。至此，宝能系和万科彻底摊牌互撕，发起猛攻。

2016年6月24日、25日、27日，万科独立董事、著名经济学家华生先后在《上海证券报》连载《我为什么不支持大股东意见》（上、中、下）三篇长文，引发市场强烈关注。《上：作为独立董事就万科董事会投票立场的说明》论述道："在宝能举牌以后，万科董事会一直没有就宝能举牌举行过任何正式会议进行讨论，我认为是不应该的。无论是管理层还是华润作为大股东，都应该要提出召开董事会。独立董事别无选择，要么赞成，站在管理层一边；要么反对，站在大股东华润一方，甚至连弃权都不行。因为任何一张弃权票都会使赞成票不够数，从而实际上等于反对。进退两难又大限将至，我还真没遇到这么尴尬的局面，心里真恨不得骂人了。"《中：为公众股东争取发言和表决权而投票》论述道："华润说预案不好，我们若赞成，否决了预案，重组即宣告失败，等于是剥夺了大多数股东参与意见的权利，等于是让华润这个只持有百分之十几股份的大股东代百分之百的股东做了决定。我们投票支持预案通过，其实并没有真正代广大股东做什么决定，而是在其后提交股东大会时让他们自己决定。我们的赞成票只是为广大公众股东争取到了发言和表决权，防止了个别大股东利用在董事会的优势绑架公司决定，而这正是独立董事真正的功能职责和作用所在。""万科当时仓促停牌，没有预告原第一大股东华润，也没有迅速召开董事会通报和决策，这是很大的失误。为了自保并在无具体可靠的重组标的情况下火速停牌，是为自己过去一系列轻敌和失误付代价。"《下：没人能够一手遮天》论述道："实际情况是，当张利平提出回避时，在场没有董事提出异议，更无董事会决议为其参与投票免责，因此张利平要求回避，本人一点错误和责任都没有。至于事后任何一方因自己认为张利平的回避理由不足而否定董事会表决的合法性，当然是绝对不行的。因为历史是不能倒转的。不要说张利平的回避要求完全合法合规、毫无瑕疵，就是真有问题，那也只是影响今后别人对他的看法和评价，投票结果仍然有效。""华润本来是万科的第一大股东，而宝能是不请自来抢万科第一大股东的，本来这两家应当是利益相反、冤家对头，后来的事情让所有人都大跌眼镜。人们不禁要问，华润方面与宝能有这么多接触密谈，被指存在关联和交易，是否已经涉嫌形成关联和一致行动人关系？"

作为中国发展与改革研究领域有影响力的著名经济学家，华生的文章一方面从公司治理的专业角度还原并评论了当时真实的情况；另一方面，把矛头直接指向华润，为"宝万之争"转移为"华万之争"烧了很大一把火。

2016年6月27日下午，在万科2015年年度股东大会上，其年度董事会、监事会工作报告两项议案均遭到股东大会高票否决，在A股实属罕见。此次股东大会重点为审议表决2015年年度报告，并不涉及此前宝能提出的罢免高管事项。这意味着，以王石、郁亮为首的万科董事会面临"下课"的风险。该事件迅速引发全市场震惊，但当天媒体的报道均不得知究竟是哪些股东投了否决票。据悉，会议时间超过3小时，现场股东情绪激动，甚至有小股东举牌，上书"支持王石、郁亮核心团队，维护万科中小股东利益"。王石在股东大会上喊话:"不认为大股东就可为所欲为……突然要罢免现在董事会、监事会,完全态度180度转弯,这是对万科彻底否定。大股东就可以这样随意吗?我乐观地认为,不是资本想怎么做就怎么做。"事后我们复盘,才知道原来是华润和宝能联手,要王石"下课"。

2016年6月28日,万科独立董事、因2001年大胆揭露上市公司蓝田股份财务造假事件而名动天下的刘姝威女士,撰文高调力挺万科管理团队。她认为:"一、如果按照宝能提议,罢免万科全部董事,那么,万科会在一年内彻底垮掉,持有万科四分之三股份的投资者将遭遇灭顶之灾。如果宝能的提议能够成功,那么,格力电器马上会遭遇同样的命运;二、宝万之争中,作为央企的华润不作为,希望国资委调查和处理在万科股权之争过程中,华润相关责任人损害国有资产的行为;三、金融监管部门必须公开宝能收购万科股份的资金来源。"刘姝威不光敢炮轰民营企业宝能,连央企华润都敢直接开炮,于是跻身坊间传说"中国最不能惹的三个女人"中的主角之一。

2016年6月29日,钜盛华和华润分别就深交所问询函进行答复,表明其不存在互为一致行动人的情形。

2016年7月1日下午,万科召开第十七届董事会第十二次会议,以11票赞成、0票反对、0票弃权通过了"关于不同意深圳市钜盛华股份有限公司及前海人寿保险股份有限公司提请召开2016年第二次临时股东大会的议案",并于7月4日公告。

2016年7月2日,公司回复了深交所《关于对万科企业股份有限公司的重组问询函》,并表示乔世波、魏斌和陈鹰三位董事就2016年6月17日召开的第十七届董事会第十一次会议的某些董事会议案的表决结果提出质疑,前述事项还未达成共识。

2016年7月4日,这一天是相当的热闹。

7月4日上午,股市开盘,万科A终于复牌,结果却是直接一字跌停,市值蒸发超过200亿元。

7月4日晚间,华润官方微信发表文章《6·17万科重组预案是否获通过?法学专家论证会形成了最权威的法律意见书》。文章透露:7月3日北京市竞天公诚律师事务所会同北京大学企业与公司法研究中心,邀请包括法学界泰斗江平在内的国内13位权威法学专家召开了"万科股权争议论证会"。会议就6月

17日万科第17届董事会第11次会议审议万科重组预案事项的"董事会决议效力、一致行动人"等相关法律问题进行了研讨。论证会后,专家们形成了以下四点法律意见:"(一)独立董事张利平提出回避表决的理由不符合法律及《万科公司章程》的相关规定,6·17董事会决议实际上并未有效形成,按照现行法的规定,股东可请求人民法院撤销该决议;(二)就委托方提供的材料以及迄今为止公开披露的信息来看,暂无证据表明华润公司与宝能公司应被认定为一致行动人;(三)股权分散且以创始人为管理核心的上市公司要避免产生内部人控制、忽视股东合理诉求与合法权益的现象发生;(四)上市公司信息披露应遵守法律、章程及公司内部规定,董事(含独立董事)个体不宜擅自披露未公开信息,泄露公司秘密。"全文附上了《万科公司股权争议论证会专家意见书》各与会专家签字文件的扫描件。华润此举把国内顶尖的法学权威专家们也都拉入了"华万之争",在学术界领域与华生、刘姝威等万科阵营专家们形成直接对垒。

另外,7月4日下午坊间即流传刘元生针对华润的一封举报信。刘元生长期以来都是万科最大的自然人股东,也是王石的老朋友,被称为万科低调的"扫地僧"。这份署名为"刘元生等股东"的举报信向监管层抛出五点疑问,矛头直指华润与宝能存在关联关系。当日晚间,华润发出严正声明:"举报信中提及的相关内容,华润已向上级主管部门及监管机构做过汇报和沟通,有关信息已向公众披露。该举报信中的揣测、臆断及造谣中伤,已构成对本公司声誉的负面影响。华润将对刘元生先生采取法律行动,追究法律责任,以维护华润的声誉。"

当时媒体文章的题目基本都是"华润一晚发飙两次"。所有关注万科事件的投资者都在纷纷揣测第二天还会发生什么意想不到的事情。

2016年7月5日,万科复牌后第二个交易日再度跌停,两天时间市值蒸发450亿元。一个已知事实是:万科股票在2015年12月18日停牌前不到一个月的时间内,最高涨幅超过70%。资本市场变化莫测,真正是"投资有风险,入市需谨慎"。

2016年7月7日,公司再次公告《详式权益变动报告书》。钜盛华在2015年12月9日至2016年7月6日,通过资产管理计划在二级市场合计增持万科A股股票548 749 106股,占万科总股本的4.97%。本次权益变动完成后,钜盛华及其一致行动人前海人寿，合计持有万科股份 2 759 788 024 股，占万科总股本的 25%。

宝能收购万科，前后动用资金高达 460 亿元左右，如此巨额资金究竟从何而来？事后复盘分析，这 460 亿元资金来源主要分为 5 大部分：

1. 股权质押：宝能系公司通过股权质押方式，包括质押上市公司万科 A 股股票给鹏华资产，质押钜盛华股权给华福证券，质押前海人寿股权给上海银行、平安银行等各种股权质押方式共获得资金约 78 亿元。

2. 资产管理计划：钜盛华合计设立总规模为 232 亿元的 9 个资管计划，杠杆比例均为 1∶2，并作为劣后级持有人共出资 77 亿元，浙商银行等银行作为优先级委托人共出资 155 亿元。

3. 保险资金：宝能旗下的前海人寿，作为险资以万能险产品名义出资共计 104.22 亿元。

4. 其他融资：前海人寿的债券融资。2015 年 9 月 14 日，保监会同意前海人寿发行 10 年期可赎回资本补充债券，发行规模不超过 58 亿元。

5. 来自银行、信托以及资管公司的各项贷款。

宝能的姚振华背靠潮汕系，在资金市场长袖善舞，并擅长运用各种创新金融手段、高超的资本运作能力、复杂的多层结构嵌套，着实令人眼花缭乱[①]。

2016 年 7 月 19 日，万科发布《关于提请查处钜盛华及其控制的相关资管计划违法违规行为的报告》，并向中国证监会、证券投资基金业协会、深交所、证监会深圳监管局提交。很明显，万科管理层瞄准宝能系开始发起猛烈反攻。

2016 年 7 月 21 日，中国证监会深圳监管局向万科下发《关于对万科企业股份有限公司的监管关注函》，认为其举报事项的信息发布和决策程序不规范。一是未按规定健全对外发布信息的申请、审核机制，导致相关信息被部分非指定信息披露媒体提前公布。二是以公司名义向监管部门提交对公司重要股东的举报事项，有关决策程序不审慎。证监局对万科提出监管要求，要求其主要负责人于 2016 年 7 月 22 日下午 3∶00 到证监局接受训诫谈话。

---

① 对宝能资金来源有兴趣的读者，可以通过阅读《教科书级案例："宝万之争"资金来源再揭秘》等文章进行更深一步的了解和研究。

同日，中国证监会深圳监管局也向钜盛华下发《深圳证监局关于对深圳市钜盛华股份有限公司的监管关注函》。理由是其"在增持万科股份期间，未按权益变动报告书的要求将相关备查文件的原件或有法律效力的复印件备置于上市公司住所"。要求其主要负责人于2016年7月22日下午4：00到深圳证监局接受诫勉谈话。不知道这两位主要负责人在深圳证监局碰面了没有？看着公告文件，居然有种"各打五十大板"的感觉。

2016年8月4日，中国恒大突然公告：通过其附属公司在市场上收购万科A股股份，占其已发行股本总额约4.68%，总代价为91.1亿元。受此重要消息影响，当日即将跌至宝能平仓线的万科股票突然出现盘中拉升，尾盘涨停，报收于19.67元。8月5日，万科继续高开高走，报收于20.95元，涨6.51%，中国恒大从天而降，加入了万科十分豪华的"神仙打架"现场，让本已经纷繁复杂的万科事件变得更加扑朔迷离。那一段时间，万科事件几乎天天占据各媒体主要版面，成为街头巷尾热议的话题。

2016年8月15日，中国恒大公告：已经增持万科A至6.82%。二级市场上，万科A在8月12日、8月15日、8月16日连续3天涨停，最高收报27.57元/股。这个价格已突破2015年万科停牌时24.43元/股的高位，并刷新了2008年以来万科股价的新高。

2016年11月9日，中国恒大公告：已经增持万科A至8.285%。

2016年11月23日，中国恒大公告：已经增持万科A至10%。

2016年11月29日，中国恒大公告：已经持有万科A 1 553 210 974股，占公司已发行股本总额约14.07%，总代价约为362.73亿元。中国恒大"毫不掩饰"，快马加鞭，一路增持。

此时万科的股权结构如下：第一大股东宝能系持股25.40%，第二大股东华润系持股15.24%，第三大股东恒大系持股14.07%，第四大股东万科管理层以两个资管计划方式合计持股7.12%，第五大股东安邦系持股6.18%。这前五大股东合计持有万科股权高达68.01%。另外据估算，万科这五大股东最近的增持成本如下：平均成本最低的是万科管理层9.87元/股，然后依次是华润系13.34元/股，宝能系16.05元/股，安邦系18.70元/股，平均持有成本最高的是恒大系23.35元/股。

五大巨头混战，事态将往何处发展？是否会失控？高层何时会出手？另外，言辞一向严厉的华润面对突然冒出来的持股比例非常接近的恒大，怎么突然就没有任何声音了？

一切真相在2016年12月3日被揭开了"面纱"。当时的证监会主席刘士余在中国证券投资基金业协会第二届会员代表大会上发表脱稿演讲时表示："希望资产管理人，不当奢淫无度的土豪、不做兴风作浪的妖精、不做坑民害民的害人精。用来路不当的钱从事杠杆收购，行为上从门口的陌生人变成野蛮人，最后变成行业的强盗，这是不可以的。这是在挑战国家金融法律法规的底线，也是挑战职业操守的底线，这是人性和商业道德的倒退和沦丧，根本不是金融创新。"刘士余痛批"野蛮收购"的"妖精论"，瞬间在整个金融界掀起了狂风巨浪。

风雨欲来的监管风暴终于要泰山压顶了！

2016年12月14日，《人民日报》发表重要文章《不让激进投资挑战"保险姓保"底线》。文中，时任保监会主席项俊波表示：最近一段时间，保险公司在资本市场屡屡做出"坏孩子"举动。比如，恒大人寿通过"准举牌"快进快出，不符价值投资理念，主要负责人已被保监会约谈，委托股票投资业务已被暂停。对影响恶劣、屡犯不改的机构，采取顶格处罚；对责任高管人员采取任职资格取消或市场禁入措施，强化司法移送。保监会副主席陈文辉认为：险资整体上较好地践行了机构投资者价值投资理念。因此，对近两年部分机构"匪夷所思"的激进表现，必须深挖问题根源。个别保险公司与非保险股东作为一致行动人举牌上市公司股票，导致大股东意志主导投资决策，损害保险公司利益。"万宝事件"中，前海人寿作为宝能系一致行动人投资万科A，有必要对此类行为进行规范，防止保险资金被利用、被错误使用。保监会已对前海人寿、恒大人寿派驻工作组，重点检查产品及资金运用合规性。发现违规问题，一定严惩不贷。

2016年12月19日，万科发布《关于终止发行股份购买资产事项的公告》，宣告终止与地铁集团资产重组的计划。

2017年1月12日，华润股份与地铁集团签署《关于万科企业股份有限公司之股份转让协议》，将其与全资子公司中润贸易合计所持万科15.31%股份全部转让给地铁集团。至此，万科的前五大股东为宝能系25.40%、深圳地铁15.31%、恒大集团14.07%、安邦6.18%和万科管理层4.14%。华润系彻底退出万科。同日,宝能发表声明,欢迎深圳地铁投资万科,并表示自身为财务投资者。恒大也发表声明,表示不再增持万科,并计划将所持股份转让给深圳地铁集团。显然,最高层确定态度并出手了。

2017年2月24日,保监会对前海人寿董事长姚振华顶格处罚,给予撤销任职资格并禁入保险业10年的处罚。

2017年3月18日,万科发布公告,恒大集团将其所持万科全部14.07%股份对应的表决权、提案权及参加股东大会的权利不可撤销地委托给深圳地铁集团。同时,将其全部万科股份质押给中信证券。

2017年4月9日,中央纪委监察部网站发布消息:中国保险监督管理委员会主席、党委书记项俊波涉嫌严重违纪,目前正接受组织审查。2020年6月16日,项俊波以受贿罪被判处有期徒刑11年。

2017年6月9日,中国恒大将所持有的万科全部14.07%的股权以协议转让的方式全部转让给深圳地铁集团。至此,深圳地铁集团合计持有万科A 3 242 810 791股股份,占总股本的29.38%,成为万科第一大股东。

中国恒大称该出售事项产生亏损约为70.7亿元,并表示"出售事项为本公司的战略发展需要"。深圳地铁集团随后在官网表态,称"将继续支持恒大集团在轨道交通及城市建设等方面的业务发展"。中国恒大为什么甘愿承担如此巨额亏损离场?据媒体报道:当时恒大在深圳已经储备了21个旧改项目,急需深圳市政府支持;在恒大与深圳地铁集团进行该交易前数日,深圳市国资委旗下深投控挂牌出让5个项目恒大获得了其中4个;深圳国资委旗下子公司参与了恒大地产的二轮增资,出资55亿元等。这些都是媒体猜测,其中真正原因估计只有恒大掌门人"爱马仕皮带哥"许家印最清楚。

2017年6月30日,万科召开2016年度股东大会。王石从万科退休,郁亮接班,成为万科新一届董事会主席。

"宝万之争""华万之争"终于暂告一段落。

但是复盘整个事件始末,我们依旧有很多疑惑不解,比如:当初面对咄咄逼人的宝能增持,作为中国最优秀企业代表的万科为何反应如此之慢,迟迟没有反制措施?另外,万科真的会"傲娇"到不去和央企大股东沟通吗?曾经蜜月十多年的双方,怎么就突然间翻脸互撕了呢?一向措辞严厉、非常在意大股东地位的华润怎么突然间就没有声音了呢?华润为什么心甘情愿全部退出万科？这些问题从公文式的上市公司公告中根本找不到答案。

幸好华生教授作为事件的亲历者和资本市场的研究者，大胆披露了诸多不为人知的博弈过程和事件细节，弥补了公告中缺失的重要情节，帮助我们解开疑惑，理顺逻辑，实属难得①。正如清华大学经济管理学院教授、博士生导师宁向东所言："本来，这些事情应该是我们这些外人永远无法知道的秘密，好在遇到了一位'爱惜自己羽毛'的华生老师。他是位见过大世面的人，早在我还是学生的时候，他就已经是可以陪着总理说话的人了。所以，店大欺客，客大欺店。他有胆量把事情的过程写出来，而且执拗地表达自己的看法，令人钦佩。"

一、关于2016年6月17日下午万科第十七届董事会第十一次会议董事投票细节

华生教授在书中透露："那天张利平从海外回来，飞机晚点，董事会为等他推迟了半个多小时。飞机落地后，张利平拿着手机边出关边参会讨论。到预案表决时，不知他是因正在过关检查还是别的原因紧张，话说得我听起来有点语无伦次。我记得他上来的原话是：第一个声明是我新的工作在黑石，目前对两大股东都有交易，特别是目前有一个数额较大的和万科在进行，所以我已征求我律师的意见，我有利益冲突，所以我弃权。万科的高管何等精明职业，知道回避利益冲突与投弃权票这可有天壤之别，可决定重组预案的命运，说得含糊不清怎行！张利平话音刚落，董秘朱旭马上追问：那您这样的话，属于利益关联，您就属于回避表决，是这样吗？张利平答：没有错。朱旭又确认：回避表决？对吗？张利平回答：对。朱旭再跟进：那我要提醒您的是关于独立董事，您做出回避表决的话，必须给我们书面回避理由，签字，然后我们会在公告里公告。张利平最后答：就是我刚才讲的理由，因为利益冲突，所以我必须回避表决。我会提供书面意见，你们给我一个时间，我会提供。这就是大家看到的后来公告里张利平要求回避议案表决给董事会确认函的背景。"

这段话暗藏乾坤，非常精彩。万科7票赞成，华润3票反对，如果独立董事张利平（之前由华润提名当选）是"回避表决"，则董事会的投票基数不是11票而是10票，7/10大于2/3，议案通过；如果是"弃权"，则董事会的投票

---

① 华生：《万科模式：控制权之争与公司治理》，东方出版社，2017年版。

基数还是 11 票，7/11 小于 2/3，不能通过。所以张利平本次投票的定性非常重要，直接决定了以后的事态走向。而此次万科董事会表决案例也成为研究公司治理的经典案例。

二、关于万科和华润的沟通细节以及"华万之争"走向之谜

华生透露：其实从 2015 年 7 月"宝万之争"开始，到 2017 年 1 月华润宣布全部退出期间，以王石为代表的万科管理层至少找了华润董事长傅育宁 12 次，并请求支援阻击宝能，但是未能如愿。华生直言，华润作为万科的原第一大股东，在遇到他人频频举牌、意欲强行夺取万科的控制权时，除了只做过一次象征性的增持外，一直没有任何实际行动。

2015 年 7 月 25 日，当宝能持股达到 10% 时，深感危机的万科管理层就开始不断向万科大股东华润求援，其间总裁郁亮赴香港向华润董事长傅育宁当面汇报。7 月 29 日，万科集团董事会主席王石在北京向傅育宁汇报。傅育宁表示支持万科，但华润目前一是缺乏增持资金；二是正在整合旗下业务板块，地产不是方向，即使有资金也只能酌情增持万科；三是不反对引进新的战略投资者。8 月初，王石、郁亮赴香港向傅育宁等华润高层汇报，但华润方面一直没有明确表态。8 月 13 日，郁亮再次赴香港向傅育宁等华润高层汇报公司增发方案和潜在增发对象事宜。但是 8 月 18 日万科提交董事会用通信表决方式审议定向增发 20%H 股的议案遭到了华润方面的反对，理由是发行 H 股会导致华润的权益被摊薄。万科由此搁置了此次通信表决。

8 月 26 日，宝能系继续增持万科达到 15.04%，超过华润的 14.89%，成为万科第一大股东。此时华润才开始斥资增持万科 0.4%，达到 15.29%，略超宝能的 15.04%，短暂重回万科第一大股东地位。不过在随后的几个月中，宝能系一度增持，华润方面却未见动作。此时，万科与华润仍在协商方案，包括"华润在二级市场增持、华润置地住宅业务与万科整合、华润集团向万科转让华润置地股份、万科向华润集团发行股份等"。然而，事情一直没有真正的进展。万科开始与多家央企和深圳国企接触，讨论重组的可能性，并与两家海外机构展开谈判。

12 月 27 日，王石、郁亮在深圳向傅育宁等汇报，傅育宁表示无论重组或增发均有为难之处，万科可引入其他国资重组方。双方达成共识：不管谁来参

与重组,都将保持国资第一大股东地位。稍后华润方面进一步表示,华润暂不考虑华润置地与万科整合的问题,不反对万科与其他国资的重组方案,重组方案若合适则投赞成票。

2016年2月3日,万科团队去香港向华润汇报工作,会上万科团队提出与深圳地铁集团业务重组的意向,为确保国资第一大股东地位,对深圳地铁集团发股票的量可能要超过宝能系的持股量,华润方面对此没有表示不同意见。

2月24日下午、3月11日上午、3月12日,王石和郁亮多次向傅育宁发短信,汇报和深圳地铁集团签署战略合作备忘录情况、深圳地铁参与重组的意义以及重组工作安排,希望华润支持。华生教授评论称:错误发生在3月11日下午的董事会上。万科以"与深圳地铁的重组只是合作意向,方案尚未形成到董事会审议阶段"为由,未将重组纳入正式议程讨论。这表明在华润态度暧昧的情况下,万科团队决心绕开华润,尽可能往前推进与深圳地铁的合作。

3月13日下午,万科董办给信息披露委员会成员发出邮件,计划披露与深圳地铁集团签订备忘录的公告,同时致电华润,请求在第二天由郁亮带队去华润总部汇报情况。考虑到华润的保留态度,万科取消了与深圳地铁3月14日的联合媒体见面会。

3月14日,万科发布与深圳地铁合作意向的上市公司公告。随即就发生了前文所述的华润"呛声"万科事件,"华万之争"开始逐渐升级。

4月,华润与深圳地铁会谈,表达了重回第一大股东地位的意愿,希望深圳地铁退出万科重组,但遭到拒绝。

在6月17日关于审议重组的那次重要董事会前半个月,深圳国资委组织华润、深圳地铁进行协商,华润方面要求保留第一大股东地位,如万科向深圳地铁定向增发后,后者持股不能超越10%,且要将投票权委托给华润,以便华润获得25%的投票权,否则华润将对重组预案投反对票。

10天后,深圳市主要领导就重组事项与傅育宁会谈。深圳市希望华润支持万科的资产重组,傅育宁则表示,同意的前提是万科向深圳地铁定增20%之后,后者要将其中10%以市场价格转给华润,且前述方案协议与定增协议同时在法律上生效。深圳市政府要求国资委进行协调,但所有操作必须合法合规,符合上市公司监管要求。

6月15日,各方再度谈判,认为上述方案不具可操作性。华润口头动议与深圳地铁一起参与定增，各认购10%的股份。深圳地铁提出，请华润支持协助现有方案在董事会、股东大会审议通过，继续保持万科核心团队的稳定，待本次交易完成后再签署股份转让协议。

6月16日，深圳国资委、深圳地铁集团以及万科向深圳市领导汇报重组事宜。深圳市主要领导表示，希望华润支持万科，深圳国资委协调深圳地铁入股万科后，在依法依规前提下，支持华润成为万科第一大股东。随后，深圳市政府向国务院国资委报告了上述情况。

6月17日中午，华润向万科提议当天下午的万科董事会探讨新的方案，如继续审议原方案，华润将投反对票。华润新的方案为：万科以现金购买深圳地铁集团的土地资产；第一步交易完成后，在适当时机向华润、深圳地铁集团定向增发各10%的股份，现金认缴。华润将方案抄送国务院国资委和深圳市政府。

最终在6月17日下午的董事会中，原方案以7票赞成、3票反对、1票因关联交易回避表决的结果通过，引发了对于这1票回避表决是否计入表决总票数的讨论，万科与华润的矛盾进一步升级。随后，宝能、华润先后发表声明指责万科"内部人控制"问题。

6月24日，宝能系更是申请召开临时股东大会罢免万科所有董事和监事。同日，王石在微信朋友圈指责华润"毫无遮掩地公开和你狙击的恶意收购者联手"。2016年6月27日下午，华润与宝能在万科2015年年度股东大会中，联手否定了万科董事会、监事会报告，逼王石为首的管理层下课。

华润与宝能的一系列行为引发国务院国资委、监管机构的关注，深交所要求宝能自查是否与华润是一致行动人关系；时任国资委主任肖亚庆则首次针对万科股权事件表态："央企不与地方争利，只要有利于深圳的发展，有利于企业的发展，我们就支持。"

在压力之下，华润被要求不得与宝能一致行动、不得再就万科事件随意表态、任何行动要预先征得国务院国资委同意。同时，华润也声明对罢免万科董事、监事的提议有异议，但表示"华润会从有利于公司发展的角度，考虑未来董事会、监事会的改组"。

2016年7月3日，万科董事会会议，全票否决了宝能系提请的罢免议案。华润通知万科准备部分改组董事会，"让王石出局"的提议因高层不同意，所以未在会上提出，从而避免了一场激烈的摊牌。

再后来，万科管理层高调反击，向监管部门举报宝能系；华润方面就退出万科与各方谈判，协商价格；恒大入局抢筹，就借壳深深房与深圳市政府谈判。

2017年1月12日晚间，随着一纸公告，曾经相伴16年的华润向深圳地铁集团转让了万科全部股权，彻底退出。后来，恒大将所持股份表决权让渡给深圳地铁集团。再后来，宝能系被处罚。事态日渐走向明朗。

至此，笼罩"华万之争"的谜团终于被大部分揭开，事件脉络清晰，案例逻辑完整。

没想到安静了半年之后，"宝万之争"再度以一种激烈的方式进入大众视野。鉴于华润已经退出，所以这次有人把枪口再度对准了宝能。

2018年1月30日，刘姝威通过个人微信号发出《给证监会并刘士余主席的信》，再次向宝能开炮："证监会应要求钜盛华已经到期的七个资管计划立即清盘，不得续期，前述七个资管计划合计持有万科股份的6.89%。"

2018年2月23日，安邦保险集团原董事长、总经理吴小晖因涉嫌经济犯罪，被依法提起公诉，安邦保险集团被实施接管。2018年5月10日，吴小晖被判处有期徒刑18年，剥夺政治权利4年，并处没收财产人民币105亿元。2020年9月14日，安邦保险集团被解散。

2018年4月3日，钜盛华发布公告，将拟通过大宗交易或协议转让的方式，陆续清算处置9个资管计划所持万科股份。

2018年4月5日，华生在微博中直指项俊波和宝能的关系："其时的保监会主席项俊波被立案审查的一个重要内容就是其猫鼠错位卷入宝能收购万科案，从直接帮助出谋划策到从轻处理发落。"针对华生的质疑，宝能不得不随后在官网发布声明："项俊波案件与本公司以及本公司相关关联公司之间没有任何关联；本公司亦与项俊波没有任何经济利益关系。前海人寿投资万科股票合法合规，符合相关监管规定。"

2018年4月8日凌晨，刘姝威再一次发文《宝能的"颜色革命"》，炮轰姚振华，严厉指责宝能违规动用银行保险资金，空手套白狼掠夺控股权，损害实体经济，建议国家严惩。同时文中指控万科原第一大股东华润集团旗下公司华润置地，在2015年把土地出让价109亿元的地块以4亿多元转让给宝能后，后者开始大量买入万科股票,仅用半年便夺去了华润第一大股东位置。但不久之后该微信文章被删除。针对刘姝威文中提及的内容,华润置地发布《关于刘姝威发布涉及华润置地相关不实言论的回复》称:"已关注到刘姝威发布的相关言论,其中涉及华润置地的断章取义,与事实严重不符,缺乏基本逻辑和常识,对我公司造成不良影响,我们将保留追究其责任的权利。"

在"宝万之争"事件中,刘姝威发出的是不容忽视的声音。作为万科独立董事,她始终站队万科管理层,多次发文炮轰股东宝能,指责股东华润,风格一直严厉大胆。但同时,刘姝威的言论也引起市场巨大争议。有人认为她"运动式口号"偏多,专业性证据偏弱,从而引发了资本市场关于独董履责方式以及言论边界的公司治理研究大讨论。

2019年5月19日,中央纪委国家监委网站发布消息:中华全国供销合作总社党组副书记、理事会主任、原证监会主席刘士余同志涉嫌违纪违法,主动投案。2019年10月4日,刘士余被留党察看二年处分,政务撤职处分,从正部级降为一级调研员。

2019年12月19日,钜盛华和前海人寿披露《简式权益变动报告书》。截至2019年12月19日,钜盛华和前海人寿合计持有万科A股股份已经减持至565 107 130股,仅占万科总股本的4.9999998%。此时距离2015年7月11日宝能系通过前海人寿第一次举牌万科5%股权已经过去了4年多时间。

"宝万之争"基本上尘埃落定。

当初被有些人故意调侃为"菜贩子"的"姚老板",在这次跌宕起伏、凶险万分的"宝万大战"中,从预计巨额亏损被强制平仓到最后预估净赚400亿元(包括已套现金额+分红收益+剩余市值−持股成本),一路穿越惊涛骇浪,竟成了妥妥的赢家,也充分展示了其高超的投资财技,不得不令人刮目相看。但另一方面,这次主动、大胆的上市公司收购行为,也让他付出了不可评估的其他代价。

2020年4月27日,万科2020年一季报显示,截至3月31日,钜盛华持有万科股份减持至仅占万科总股本的1.14%。

2020年中期,恒大开始陷入债务危机。

2021年3月31日,万科公告2020年年报显示,宝能系彻底退出万科。

2021年下半年,宝能集团被曝陷入债务危机。

2022年1月，浙商银行原董事长因涉嫌严重违纪违法被查。此前浙商银行及其关联平台公司浙商产融、浙银资本等重要高管已经被查处。浙商银行资产规模超过2.5万亿元，曾经是"宝万之争"事件中宝能一方重要的资金方来源，同时在康美药业、乐视、中天金融、恒大地产等诸多著名的中国资本市场事件中扮演了重要角色。

2023年9月28日，恒大集团公告，许家印因涉嫌违法犯罪，被采取强制措施。2024年1月29日，香港高等法院正式颁令，中国恒大清盘。

对于万科而言，自2018年1月24日其股价最高达到37.05元/股，2021年3月2日回调至次新高价32.37元/股后，股价便一路掉头向下，荣光不再。2024年7月10日，万科A在二级市场创下最低价格6.32元/股，不到高光时期的20%。无论个人还是公司，没有谁会永远站在巅峰，高低起伏、周期循环才是世间常态。

至此，10年前那一场熙熙攘攘、沸沸扬扬的"宝万之争"终于彻底落下了帷幕。而每一个轮番出场的主要当事人，皆有了各自不同的命运。

世间喧闹一场，终究尘归尘，土归土，从此隐入尘烟……

第八章

不良资产投资及破产重整

一、资本运作的新机遇：不良资产投资

（一）不良资产的含义

从广义上讲，不良资产是指金融机构与非金融机构持有的不良债权、违约债券等因经济周期、行业竞争、企业自身经营策略等原因而导致融资资金无法按期回收或存在无法回收风险、需要计提风险拨备的资产。

不良资产也被称作特殊资产、困境资产、风险资产等。相比较而言，定义"特殊资产"的投资属性更强，它既包含传统意义上"出现减值""本金或利息逾期"的不良债权资产，同时也包括那些"价值低估、具有短期变现需求、存在较高升值潜力"的各类型收益权、实物、股权等资产。这些"特殊资产"的未来收益既可以来自合理价值与短期转让折价间的差异，也可以来自各类型资源的整合提升。

目前，多家银行金融机构将其内部管理处置不良资产的部门命名为"特殊资产管理部"。2021年8月，中信证券正式设立特殊资产部，成为头部券商中首家开设此部门的证券公司，也意味着非银机构的不良资产投资市场开始崛起。

（二）不良资产的行业格局

我国不良资产行业诞生于1997—1999年。目前，国内不良资产行业已形成了"国内AMC+AIC+外资AMC+其他"的行业格局。

1. 金融资产管理公司（Asset Management Corporation，AMC）

目前，全国性金融资产管理公司有5家，地方性资产管理公司有60家。

（1）五大AMC。1999年，为了应对亚洲金融危机、化解金融风险，促进国有银行改革和国有企业脱困，国务院批准设立了中国东方、中国华融、中国长城、中国信达四大资产管理公司（AMC），分别用以剥离、处置中国银行、中国工商银行、中国农业银行、中国建设银行四大国有银行和国家开发银行等金融机构的不良资产。

2022年3月，中信集团成为中国华融第一大股东，并于2024年1月将中国华融正式更名为"中国中信金融资产管理股份有限公司"。

为响应机构改革方案，中国信达、中国东方和中国长城三家资产管理公司也于2025年2月14日划转至中央汇金旗下。

第5家金融资产管理公司是中国银河资产管理有限责任公司，2020年12月16日获准开业，是第一家以券商为股东背景的全国性金融资产管理公司，深耕领域主要集中在资本市场。

（2）60家地方AMC。目前，国家金融监督管理总局批复的地方资产管理公司已达60家。其中广东省是拥有地方AMC牌照数量最多的省份，一共有4家；福建、浙江、山东均各有3家；而其他省份均保持1—2家的规模。

2.金融资产投资公司（AIC）

金融资产投资有限公司（Asset Investments Corporation，AIC），是指经国务院银行业监督管理机构批准，在中国境内设立的，主要从事银行债权转股权（"债转股"）及配套支持业务的非银行金融机构。

目前已批复设立的金融资产投资公司分别是五大银行旗下的五家公司：建信金融资产投资有限公司、中银金融资产投资有限公司、农银金融资产投资有限公司、工银金融资产投资有限公司、交银金融资产管理有限公司。

3.外资不良资产经营机构（"外资AMC"）

高盛、摩根士丹利、黑石、贝恩资本、雷曼兄弟等外资不良资产经营机构在我国不良资产行业发展初期，都参与过不良资产包收购。到了2007年，国家发展改革委发文规范，遏制了外资机构在国内大肆收购不良资产的势头。2020年1月15日，中美双方签署第一阶段《中美贸易协议》，专门对"金融资产管理（不良债务）服务"做出约定。从此，我国不良资产处置业务领域正式向外资打开。

2020年2月17日，橡树资本的全资子公司在北京完成工商注册，注册资本542亿元，同年完成私募基金管理人备案。

外资不良资产经营机构无论在资金方面还是处置手段方面，都非常成熟。他们的加入将加剧国内不良资产市场的行业洗牌。

4.其他不良资产经营机构

除上述主流机构外,市场上还有许多不持牌的不良资产经营机构,主要包括大型企业集团设立的以处理内部不良资产为主的财务公司、专门从事不良资产管理业务的民间资本和自然人、民间拍卖机构以及从事不良资产投资的秃鹫基金等。

二、不良资产投资

(一)不良资产处置的业务模式

不良资产处置业务可分为传统业务和创新业务两大类。传统的不良资产处置方式被总结为"三打",即"打包、打折、打官司";创新的不良资产处置方式被总结为"三重",即"债务重组、破产重整、资产重构"。

对来源于个人的不良资产,具体处置手段包括以物抵债、债务和解、诉讼追债等方式;对来源于企业的不良资产,处置手段更为多元化,包括常规催收、和解清收、司法清收、债务重组、以物抵债、债转股、破产和解、清算或重整、债权转让、资产证券化、申请追究刑事责任等方式。

(二)不良资产进入新的行业发展阶段

2007年6月1日,新的《中华人民共和国企业破产法》(以下简称《企业破产法》)开始实施。2021年1月1日,第一部以"法典"命名的法律《中华人民共和国民法典》(以下简称《民法典》)正式生效。不良资产行业无论是法律法规体系还是监管态势均进入新的发展阶段。

首先,为了防范化解系统性金融风险,持牌AMC机构在严监管态势下回归主业;其次,《民法典》部分更新性规定提高了不良资产业务尽职调查与资产处置的难度,加重了不良资产投资者的管理职责;另外,《全国法院民商事审判工作会议纪要》(以下简称《九民会议纪要》)对《公司法》相关规则、担保相关制度、破产重整相关问题进行了规定,对破产重整的重视程度上升到和解与清算之上,对庭前重组协议在后续重整中的延伸也作了相应规定。

这些重大变化将对不良资产行业产生深远的影响。

(三) 不良资产业务的投资逻辑

不良资产的一级市场、二级市场及律师事务所、会计师事务所、拍卖公司及资产评估机构等中介服务市场共同构成了不良资产行业的完整生态体系。

不良资产投资属于典型的逆周期操作。在经济下行时低价收购不良资产，并通过整合各方资源，提升持有资产的内在价值；在市场趋势向上向好时，对增值溢价的资产进行出售或者证券化，获取投资收益。

早期不良资产投资的主要盈利模式为低买高卖、赚取价差。该盈利模式的核心在于有能力低价获取资产包，并围绕"打包、打折、打官司"的"三打"策略，对潜在买方和评估结果等信息进行整合，最终实现快速、高价退出。其本质赚取的是信息不对称的差价，属于贸易撮合型盈利模式。

2015年以来不良资产行业的投资逻辑发生了转变。在"债务重组、破产重整、资产重构"的"三重"视角下，不良资产被分为处置类资产与经营类资产。处置类资产重组整合可能性低、回收难度大，持有时间越长，资金成本越高，资产价值越低，所以需要快速处置。经营类资产具有价值再造的潜力，投资者通过整合优势资源、资产重组、引入第三方战略投资者、债权置换、市场化债转股等投行化方式帮助企业盘活存量资产，摆脱经营困境，提升内在价值。

从长远看，不良资产的贸易撮合型盈利模式获利空间将逐渐变小，而以投行化运作手段为代表的"三重"处置方式将会逐渐成为主流的处置模式。

但是，投行化的处置方式对投资机构和操盘人的综合素质要求较高。它需要具备资产的找寻能力、资金的配置能力、交易结构的构建能力以及分销渠道的联结能力。一方面，要有非常强的市场敏锐度，能及时发现并辨别优质项目；另一方面，要有投行化的思维方式，从资源配置和价值挖掘的角度，主动创新思考不良资产的解决方案而非套用现有标准化产品，非常考验项目管理能力、风险定价能力；同时，还要有非常强的司法处置能力和资产运营能力，既解决复杂的债权债务关系，又借助资金、专业、人脉、协调能力等各方面的优势，整合各方资源，盘活困境企业，真正实现不良资产的重组和价值提升。

正是因为以上因素，投行类不良资产投资与并购重组一样，被誉为"皇冠上的明珠"。

（四）逆周期：不良资产迎来行业性投资机会

不良资产之所以被称为"逆周期"资产，就是因为它和经济增长呈现出较为明显的负相关性。

近几年，我国一直承受较大经济压力，"城投信仰"破灭、房地产市场恢复缓慢、地方债务问题严峻、机构不良资产余额和不良贷款率持续"双升"，"灰犀牛"现象不断显现。普通的投资机会减少，投资收益面临下降风险。然而对于不良资产行业而言，这些复杂性和不确定性的挑战反而孕育着新的投资机遇。

以往的不良资产经营主要集中于银行业不良贷款的消化与处置。但是随着外资的入驻以及券商背景AMC的展业，不良资产投资的范围也将逐步向资本市场拓展。伴随着经济的下行，投资者信心走低，资产价格不断被低估，从事不良资产的投资者反而可能获得更多低价格的优质资产。当越来越多的企业出现经营困境，也给了不良资产投资者获得优质企业股权的机会，可以通过对困境企业的重整和价值提升，通过资本市场退出获得高额的投资收益。

中国的不良资产行业将逐步进入"黄金十年"。

三、上市公司风险警示与破产重整

企业发展史，是一部兴衰循环、新旧更替的历史。由于宏观变化、决策失误、盲目并购、无序扩张、经营不善、股东纷争等各种原因，企业会出现资金链断裂、债券违约、资不抵债等明显缺乏清偿能力等情况，陷入"生死"边缘。

以上市公司债券违约为例，2014年我国首只公募债券"11超日债"出现实质性违约，打破了"刚性兑付"的隐形行业规则，自此我国债券市场实质性违约不断发生。2023年信用债市场共有31只债券新发生违约，违约时债券余额合计213.79亿元，涉及的违约主体共13家，其中5家为首次违约主体。受债券违约影响，许多上市公司被迫走上了破产重整之路。

纵观企业发展史，企业衰败破产其实与企业筹建、顶层设计、改制上市、再融资，并购重组、扩张壮大一样，都是企业生命周期中的一环。只是越过了大家向往的"兴"，走到事物发展的另一面"衰"而已。但请记住，只有既懂得"如何兴"，也了解"为何衰"，俯瞰当前所处阶段所遇难题，才有可能真正做到"穿越周期、以终为始"，把当下的企业经营和风险控制做得更扎实，为未来的腾飞奠定基础。

（一）上市公司退市风险警示 *ST 和其他风险警示 ST

因为内外部等各种原因，有些上市公司在激烈的市场竞争中会出现连年亏损、资不抵债的财务困境和其他合规困境，从而面临退市风险警示和其他风险警示。上市公司困境的结果往往会导致上市公司的破产重整甚至破产清算。

2024年4月最新修订的《上海证券交易所股票上市规则》《上海证券交易所科创板股票上市规则》《深圳证券交易所股票上市规则》《深圳证券交易所创业板股票上市规则》以及《北京证券交易所股票上市规则（试行）》等法规对此做了特别详细的规定。由于上市公司所在的板块不同，具体法规略有差异。下面以《深圳证券交易所股票上市规则》（2024年修订）为例进行说明。

上市公司股票简称前冠以 *ST 字样意味着公司股票交易被实施"退市风险警示"，冠以 ST 字样意味着被实施"其他风险警示"。

上市公司退市包括强制终止上市和主动终止上市两类。强制退市又分为交易类强制退市、财务类强制退市、规范类强制退市和重大违法类强制退市四类情形。

交易类强制退市包括"A股连续一百二十个交易日股票累计成交量低于500万股"或者"连续二十个交易日的每日股票收盘价均低于1元"或者"A股或同时发行A+B股股票收盘市值均低于5亿元"或者"连续二十个交易日股东人数均少于2 000人"等九种情形。

规范类强制退市风险警示主要是指信息披露或者规范运作等方面存在重大缺陷，包括"未在法定期限内披露年度报告或者半年度报告，且在公司股票停牌两个月内仍未披露""因信息披露或者规范运作等方面存在重大缺陷，被交易所要求改正但未在要求期限内完成整改，且在公司股票停牌两个月内仍未完成整改""公司被控股股东（无控股股东，则为第一大股东）或者控股股东关联人非经营性占用资金的余额达到2亿元以上或者占公司最近一期经审计净资产绝对值的30%以上，被中国证监会责令改正但未在要求期限内完成整改，且在公司股票停牌两个月内仍未完成整改""连续两个会计年度财务报告内部控制被出具无法表示意见或者否定意见的审计报告，或者未按照规定披露财务报告内部控制审计报告""法院依法受理公司重整、和解或者破产清算申请"等十种情形；

重大违法强制退市主要指"存在欺诈发行、重大信息披露违法或者其他严重损害证券市场秩序的重大违法行为""存在涉及国家安全、公共安全、生态安全、生产安全和公众健康安全等领域的违法行为，情节恶劣，严重损害国家利益、社会公共利益，或者严重影响上市地位"等两大类情形。

相比较于其他几类退市，在实践中上市公司财务类强制退市占比更大，具体规定如下[①]：

9.3.1 上市公司出现下列情形之一的，本所对其股票交易实施退市风险警示（*ST）：

（一）最近一个会计年度经审计的利润总额、净利润、扣除非经常性损益后的净利润三者孰低为负值，且扣除后的营业收入低于3亿元。

（二）最近一个会计年度经审计的期末净资产为负值。

（三）最近一个会计年度的财务会计报告被出具无法表示意见或者否定意见的审计报告。

（四）追溯重述后最近一个会计年度利润总额、净利润、扣除非经常性损益后的净利润三者孰低为负值，且扣除后的营业收入低于3亿元；或者追溯重述后最近一个会计年度期末净资产为负值。

（五）中国证监会行政处罚决定书表明公司已披露的最近一个会计年度财务报告存在虚假记载、误导性陈述或者重大遗漏，导致该年度相关财务指标实际已触及本款第一项、第二项情形。

（六）本所认定的其他情形。

本章所称最近一个会计年度是指最近一个已经披露经审计财务会计报告的年度。

---

① 资料来源：《深圳证券交易所股票上市规则》（2024年修订）。

9.3.12 上市公司因触及本规则第9.3.1条第一款情形，其股票交易被实施退市风险警示后，实际触及退市风险警示情形相应年度次一年度出现下列情形之一的，本所决定终止其股票上市交易：

（一）经审计的利润总额、净利润、扣除非经常性损益后的净利润三者孰低为负值，且扣除后的营业收入低于3亿元。

（二）经审计的期末净资产为负值。

（三）财务会计报告被出具保留意见、无法表示意见或者否定意见的审计报告。

（四）追溯重述后利润总额、净利润、扣除非经常性损益后的净利润三者孰低为负值，且扣除后的营业收入低于3亿元；或者追溯重述后期末净资产为负值。

（五）财务报告内部控制被出具无法表示意见或者否定意见的审计报告。

（六）未按照规定披露内部控制审计报告，因实施完成破产重整、重组上市或者重大资产重组按照有关规定无法披露的除外。

（七）未在法定期限内披露过半数董事保证真实、准确、完整的年度报告。

……

上市公司被实施其他风险警示（ST）的情形包括："存在资金占用且情形严重""违反规定程序对外提供担保且情形严重""董事会、股东大会无法正常召开会议并形成决议""最近一个会计年度财务报告内部控制被出具无法表示意见或者否定意见的审计报告，或者未按照规定披露财务报告内部控制审计报告""生产经营活动受到严重影响且预计在三个月内不能恢复正常""主要银行账号被冻结"等十项。

（二）新"国九条"背景下：上市公司现金分红未达标会被ST

比较特殊的是，为贯彻2024年新"国九条""强化上市公司现金分红监管"要求，在其他风险警示中新增了现金分红未达标被ST情形，即新增"最近一个会计年度净利润为正值，且合并报表、母公司报表年度末未分配利润均为正值的公司，其最近三个会计年度累计现金分红金额低于最近三个会计年度年均净利润的30%，且最近三个会计年度累计现金分红金额低于5 000万元"

状况下被ST的情形。目的是强化上市公司现金分红硬约束,督促有能力的公司提高分红水平。

ST虽然属于"其他风险警示",不属于"退市警示风险"。但是上市公司被ST之后,继而退市的实际案例时有发生。

案例8-1　ST爱康:新"国九条"后"面值退市"第一股

爱康科技是我国首家光伏配件上市公司。由于公司连续三年亏损且被审计会计师事务所出具了否定意见审计报告,自2024年5月6日起被实施"其他风险警示",股票简称变更为"ST爱康"。该公司被ST之后,股票一路跌停,总计31个跌停板。6月18日收盘后,公司公告因"股票收盘价连续20个交易日低于1元",根据深交所《股票上市规则》,公司股票将被终止上市交易,次日起停牌。ST爱康成为新"国九条"之后因为"面值退市"的第一股,27万名股东欲哭无泪。公司及其实际控制人也因涉嫌信息披露违规被证监会立案。

根据新"国九条"的指导思想,资本市场要加快形成"应退尽退、及时出清"的常态化退市格局。据WIND数据统计,截至2024年6月30日,仅2024年上半年即有110家上市公司被实施ST或者*ST,14家上市公司确定退市,包括ST星源、ST贵人、*ST爱迪、*ST柏龙等。可以预测的是,在新"国九条""严"字当头的大趋势下,退市的上市公司数量较以往将会显著增加。

(三)上市公司退市和破产的区别

在实践中,很多人对于退市和破产的区别不是特别明晰。上市公司退市和上市公司破产都是企业陷入困境的表现,两者存在一定的关联。比如"法院依法受理公司重整、和解或者破产清算申请"的上市公司,会被证券交易所实施"规范类强制退市风险警示"。

上市公司被*ST之后,由于破产重整成功因此摘星摘帽恢复上市的,资本市场并不鲜见,例如星星科技(股票代码:300256,江西省首例上市公司破产重整案)等。上市公司退市之后,由于破产重整成功从而重新上市的,资本市场也出现数例。比如招商南油(股票代码:601975,A股首例退市后重新上市案),2014年退市,2019年重新上市。

退市是上市的"背面",打交道的主要是证券交易所;破产是辉煌的"背面",打交道更多的是人民法院。总体而言,退市和破产其实是对困境企业两类不同维度的划分标准。

(四)破产的定义及程序

对于"破产"的定义,《企业破产法》做了明确阐述:"企业法人不能清偿到期债务,并且资产不足以清偿全部债务或者明显缺乏清偿能力的,依照本法规定清理债务。企业法人有前款规定情形,或者有明显丧失清偿能力可能的,可以依照本法规定进行重整。"同时,最高人民法院对"明显缺乏清偿能力"作了司法解释[①],包括:

(1)因资金严重不足或者财产不能变现等原因,无法清偿债务;
(2)法定代表人下落不明且无其他人员负责管理财产,无法清偿债务;
(3)经人民法院强制执行,无法清偿债务;
(4)长期亏损且经营扭亏困难,无法清偿债务;
(5)导致债务人丧失清偿能力的其他情形。

破产程序分为三种类型,即破产清算、破产和解和破产重整。这三种程序虽然都属于破产程序范围之内,但区别较大。

1.破产清算

破产清算,是指在债务人丧失清偿能力时,由法院强制执行其全部财产,公平清偿全体债权人的法律制度。

2.破产和解

破产和解,是指债务人在出现破产原因时,召开债权人会议就债务清偿达成协议,经法院审查认可后中止破产程序,避免破产清算的法律制度。

破产清算和破产和解的制度目的不同。

破产清算的理念是清偿债务,目的是尽早结束企业继续亏损的状态,其实质是"用结束企业生命的做法实现对企业剩余财产的分配"。

破产和解的目的主要在于保护债权人债权利益最大化的同时,也尽最大可能来实现债务人与社会整体利益的维护,实现三者利益最大化,给具有重

[①]《最高人民法院关于适用〈中华人民共和国企业破产法〉若干问题的规定(一)》,2011年9月。

生机会却濒临破产的企业提供一次宝贵的复苏机会，防止其走上破产清算的绝路。与一般民事和解不同，破产和解是法院裁定认可的和解。但是由于和解方案前置性、效力范围有限性等特点，破产和解只对债务人和全体和解债权人产生效力，所以破产和解的适用场景比较窄，比如债券违约。

案例8-2　西王集团：数百亿元的破产和解案

西王集团曾经是与金龙鱼抗衡的"玉米油大王"，也是西王食品（000639.SZ）、西王特钢（01266.HK）、西王置业（02088.HK）三大上市公司的大股东。

西王食品创立于1986年，位于山东省邹平市，主营业务是玉米胚芽油以及菜籽油、葵花籽油、亚麻油、花生油等多个品种的研发、生产和销售。2011年，西王食品成功借壳上市。5年后，西王食品完成"蛇吞象"的并购，以48.75亿元交易对价收购全球知名运动营养与体重管理健康食品龙头Kerr公司。但是收购完成后，西王食品产生商誉19.59亿元，商誉减值准备18.14亿元。Kerr公司业绩表现乏力，2019年出现11.15亿元亏损，当年西王食品因为Kerr计提商誉减值损失，导致净利润大幅亏损7.52亿元。

2019年下半年开始，作为大股东的西王集团负面消息开始频繁出现：债务缠身、诉讼不断、业绩腰斩。后来的公开资料显示，2018—2022年，西王食品每年都将高息借贷的资金以低息存款的方式存放于西王集团全资子公司西王集团财务有限公司，数额高达10多亿元。为此，深交所多次向上市公司发问询函。

西王集团主承销商中信建投证券与联席主承销商建设银行连续发布《主承销商关于"18西王CP001"及"18西王CP002"违约后续进展情况的公告》《主承销商关于"19西王SCP002"违约后续进展情况的公告》等公告。"18西王CP001" 10亿元本息、"18西王CP002" 8.61亿元本息与"19西王SCP002"等债券早已构成实质违约。

2020年2月西王集团向山东省邹平市人民法院申请和解，经过债权人会议后，2020年4月邹平法院下达的《民事裁定书》指出，认可西王集团有限公司和解协议（见表8-1）。根据经邹平法院裁定的和解协议，西王集团将对确认普通债权实现100%的全部清偿。邹平市人民法院审查后曾表示："西王集团虽背负百亿元债券，但集团整体负债率不高，仅因结构错配问题导致暂时流动性困难，企业生产经营正常，银行等金融机构按期续贷，上市公司在股市保持稳定，通过司法和解，可优化该集团资产负债结构，彻底解决企业债券违约等风险，恢复企业可持续经营能力和盈利能力。"

表 8-1　　西王集团破产和解方案（2020 年）

债务人	申报债权金额	破产和解方案	
西王集团	200亿元	20万元以下小额债权一次性清偿；超过20万元部分，有两种方案可供选择	方案一：50%债权，留债6年并分4期清偿，利率为1年期LPR；50%债权，按估值的九折转为上市公司股票和拟证券化资产
			方案二：留债分期清偿的初始清偿期为10年，即在2029年12月底之前清偿完毕，其间存在加速清偿安排

普通债权经法院裁定确认后，每家债权人在20万元以下（含20万元）的债券部分，按照100%的比例由西王集团在和解协议受法院裁定认可之日起6个月内一次性全额现金清偿。2020年11月底，西王集团有限公司已按照和解协议约定完成了普通债权在20万元以下（含20万元）的债权人债券的全额现金清偿工作。

20万元以上的债券共计368家债权人，选择"50%转股+50%债权（四期还清）"的债权人共计169家，涉及债权金额约319.31亿元；选择"100%债权（八期还清）"的债权人共计199家，涉及债权金额超过166.16亿元。其中截至2020年7月13日，选择方案一的债权人已根据西王集团有限公司和解协议相关约定完成了方案项下涉及的债权转为股权相关程序。

这是当时国内涉及资产规模最大的债务和解，也是国内首例依托司法和解程序化解违约债券风险的典型案例。本次债务和解，被各方寄予期望。

按照约定，2022年12月20日为首个还款日。根据测算，首期需要还债金额超过60亿元。然而，债权人翘首以盼的2年多时间过去了，该和解方案并未顺利执行，西王集团也并未执行转股方案。

2023年6月10日，西王集团发布上述债务和解方案的变更方案。最终能否实现债务和解，还是另有变数，大家只能拭目以待。

3. 破产重整

破产重整是使陷入困境的企业获得重生机会的重要法律制度设计。2007年开始实施的《企业破产法》正式引入重整制度，并专门设立"第八章重整"进行阐述，在当时这是重大的创新举措。

与"以清偿债务为理念"的破产清算不同，破产重整的理念是"拯救企业"，其目的不仅是偿还债务，更重要的是通过多样的重整方案帮助企业恢复正常的生产经营能力，实现清偿债权和企业增值的双赢。

破产重整与破产和解也是有区别的。虽然两者都是预防公司破产的制度设计，但破产和解更多的是一种消极性的债务减免，只对债务人和全体和解债权人产生效力，适用场景少；而破产重整则是采取多样化的手段，更加积极维持公司经营、拯救企业，甚至可以说破产重整是法律制度设计中给予困境企业唯一的重生机会。所以在企业实践中，会更多地适用破产重整而不是破产和解。

（五）上市公司破产重整

上市公司属于公众公司这一重要特性，使得破产重整涉及多方面利益主体，包括股东、债权人、债务人、战略投资人、出资人、上下游产业链、企业职工、税务机关、地方政府等，同时还会影响众多的社会投资者（股民）、证券交易市场的停复牌并受到证券监管机构的监管等。由于社会影响巨大，各方利益错综复杂，如何协调并取得平衡是重整成功的基础。这既是一项技术，更像是一门艺术。

1.上市公司破产重整的程序和阶段①

依照《企业破产法》的规定，我国的上市公司重整程序包括了重整程序的申请与受理、重整财产核查、债权人申报财产、重整计划的制订、重整计划的批准和执行等重要阶段，每个阶段都对重整是否能顺利进行起着重要作用，当然核心还是重整计划方案。

（1）破产重整的申请与受理。破产重整的申请是上市公司重整的开始，法院根据申请人的申请裁定上市公司是否重整。上市公司破产重整的申请可以分为申请人直接申请重整以及申请破产后转为重整程序两种方式。上市公司破产重整的申请主体包括债权人、债务人、出资额占债务人注册资本10%以上的出资人以及国务院金融监督管理机构。

在实务中，对于重整的申请资料各地法院会有具体操作指引，不同的申请主体提交的材料会有不同。但由于上市公司的特殊性，除普通公司重整所需申请材料外，一般会增加"上市公司住所地省级人民政府向证券监督管理部门

---

① 申林平：《上市公司破产重整：原理与实务》，法律出版社，2020年版。

的通报情况材料、证券监督管理部门的意见、上市公司住所地人民政府出具的维稳预案"等材料。

（2）破产重整的管理模式。我国上市公司重整的管理模式可以分为管理人管理和债务人自行管理两种，其中由管理人管理的案件占大多数。

《企业破产法》第24条规定："管理人可以由有关部门、机构的人员组成的清算组或者依法设立的律师事务所、会计师事务所、破产清算事务所等社会中介机构担任。"在实践中，由清算组担任管理人的居多，其次是律师事务所，然后是破产清算事务所。管理人由法院指定，必须具有独立性，以破产重整上市公司及各方关系主体利益的最大化为目的。

管理人应当履行下列职责[①]：

①接管债务人的财产、印章和账簿、文书等资料；

②调查债务人财产状况，制作财产状况报告；

③决定债务人的内部管理事务；

④决定债务人的日常开支和其他必要开支；

⑤在第一次债权人会议召开之前，决定继续或者停止债务人的营业；

⑥管理和处分债务人的财产；

⑦代表债务人参加诉讼、仲裁或者其他法律程序；

⑧提议召开债权人会议；

⑨人民法院认为管理人应当履行的其他职责。

（3）破产重整计划的实施。重整计划是整个上市公司破产重整程序的核心关键点，是不同请求权人讨价还价、利益博弈的最终平衡。重整方案一经达成，意味着旧的契约关系的终止和新的契约关系的开始。

重整计划草案应当包括下列内容[②]：

①债务人的经营方案；

②债权分类；

③债权调整方案；

④债权受偿方案；

[①] 《中华人民共和国企业破产法》第25条。

[②] 《中华人民共和国企业破产法》第81条。

⑤重整计划的执行期限；

⑥重整计划执行的监督期限；

⑦有利于债务人重整的其他方案。

针对不同类别的债权，《企业破产法》第113条明确规定须遵守先后清偿顺序：首先优先清偿破产费用和共益债务，其次是职工债权、税款债权，然后是普通债权。其中对债务人特定财产享有担保权的债权人，债权优先于普通债权清偿。重整计划必须考虑法律明确规定的绝对优先原则，将有限的重整财产按照顺序调整各类债权的清偿比例和份额。

重整计划的制订期限最长为九个月，即自法院裁定重整之日起六个月，有正当理由的经申请可以延期三个月。另外，"债务人或者管理人未按期提出重整计划草案的，人民法院应当裁定终止重整程序，并宣告债务人破产"[1]。

对重整计划的表决是法院裁定批准重整计划的前提条件。"人民法院应当自收到重整计划草案之日起三十日内召开债权人会议，对重整计划草案进行表决。出席会议的同一表决组的债权人过半数同意重整计划草案，并且其所代表的债权额占该组债权总额的三分之二以上的，即为该组通过重整计划草案。"[2]

（4）破产重整的执行。重整计划经法院批准后，对全体债务人、债权人、股东等利害关系人均有法律约束力。

根据《企业破产法》，人民法院在裁定批准重整计划的同时终止重整程序。注意此处的"终止"不是重整程序的"终结"，而是进入重整计划的执行阶段。

法院裁定批准重整计划后，已接管财产和营业事务的管理人应当向债务人移交，由债务人负责执行。在重整计划规定的监督期内，由管理人监督重整计划的执行。

重整程序的"终结"最终会是两种情况：一种是重整计划顺利执行完毕后终结；另一种是重整过程中出现无法重整或重整计划不能执行，由法院裁定宣告破产，重整程序终结。

2.破产重整的重点：引入合适投资人

投资人对于破产重整至关重要。他们的参与直接影响重整计划的制订和

---

[1] 《中华人民共和国企业破产法》第79条。

[2] 《中华人民共和国企业破产法》第84条。

执行的效果。实践中大部分上市公司重整案例都会出现投资人。企业既然已经出现了无力清偿债务、难以持续经营等严重后果，说明单靠债务人、股东的力量很难让企业摆脱泥潭，必须要由新的投资人注入资金、资产，企业才有可能"涅槃重生"。

投资人一般可分为重组投资人、财务投资人与战略投资人三种。重组投资人的目的是取得被重整公司的控制权；财务投资人关注短期经济利益，一般不会过多干涉企业的实体经营，这类投资人以银行、基金、保险等金融机构为主；战略投资人是指具有相关行业较强的战略性资源，能够与上市公司谋求协调互补的长期共同战略利益，愿意长期持有较大比例股份，履行职责，参与治理，帮助上市公司提升公司质量和企业价值。

投资人参与上市公司重整既可能存在风险，但也意味着从困境中挖掘金矿的巨大投资机会。

首先，被重整企业在谈判中往往处于弱势地位。因为一旦转入破产清算程序，股票将"清零"，债权人"颗粒无收"。所以股东或债权人必须作出让步，比如接受"出资人无偿让渡股份""债权人降低偿债比例"等措施。投资人在拥有更多的心理优势和谈判优势的情形下，投资的成本将大为减少。

其次，重整作为司法程序，经法院批准后的重整计划对全体债权人、债务人和出资人等都具有法律约束力。即使投了反对票，重整计划执行完毕后，原有的债权债务关系消灭，债务人不再承担清偿责任。这将使债务人企业彻底解决历史遗留问题，也打消了投资人害怕陷入"债务黑洞"的顾虑，投资人通过参与重整获得的投资收益能够得到法律保障。

另外，被重整企业往往具有一定的挽救价值，比如上市公司"壳"价值、企业品牌、技术、人才、资产、行业积累、知识产权、特殊行业资质等。这些资源的获得往往不是一蹴而就的，需要较长时间积累。投资人通过"花钱买时间"，借用债务企业的剩余价值，可以大大缩减企业再生的时间成本和社会成本。

随着市场环境的深刻变革，企业重组与债务优化的需求激增，不良资产行业作为推动经济转型升级、优化资源配置的重要力量，将迎来万亿元级规模的战略机遇。中国不良资产市场将进入供给上升、格局重塑、制度完善的关键时期。这不仅是对行业专业能力的考验，更是企业实现价值重塑与增值的有利契机。中国的不良资产行业将逐步进入"黄金十年"，上市公司破产重整将是其中重要的投资机会之一。

四、案例分析

【深度案例8-1】起死回生：上市公司莲花味精破产重整案

导语：莲花味精上市公司破产重整案，是资本市场上以"债权投资+股权投资"方式进行上市公司破产重整的经典案例，值得广大读者研究参考。

（一）公司概述

莲花健康原名河南莲花味精股份有限公司（以下简称"公司"），一家以生产销售味精为主的农业产业化重点龙头企业，其历史最早可追溯至1983年，总部位于河南省项城市。1998年8月，作为"中国味精第一股"在上海证券交易所挂牌上市，股票代码600186.SH。2016年，公司更名为"莲花健康产业集团股份有限公司"，证券简称为"莲花健康"。

公司上市后，受到盲目多元化、"味精致癌"传言、"非典疫情"以及市场变化、政策调整等多种因素影响，逐渐走向下坡路。公司实控人发生多次变更，从河南省莲花味精集团有限公司（以下简称"莲花集团"）先后变更为河南省农业综合开发公司（以下简称"农开公司"）、浙江睿康投资有限公司（以下简称"睿康投资"）、枞阳县莲兴企业服务管理中心合伙企业（有限合伙）（以下简称"枞阳莲兴"）。其中睿康投资于2014年12月取得上市公司控制权，其所持有的上市公司125 122 472股股份在持股期间已全部质押于国厚资产管理股份有限公司（以下简称"国厚资产"），并被司法冻结及轮候冻结。

2011—2018年公司合计亏损净额超16亿元。如果按照扣非净利润计算，公司从2010年以来已经连续9年亏损，合计亏损金额超过27亿元。鉴于2017年、2018年连续两年分别亏损1.03亿元和3.32亿元，且2018年度经审计的期末净资产为-2.98亿元，2019年正式被实施退市风险警告，成为*ST莲花。上市公司前途命悬一线。

（二）债权债务关系形成过程

2005年9月—2006年3月，莲花健康向浦发银行借款11 350万元。2006年

8—12月，莲花健康向浦发银行借款13 650万元。因上述借款到期未能清偿，法院作出要求莲花健康偿还贷款本息的判决。截至2016年8月31日，债权本金余额为2.15亿元。2016年9月，浦发银行将上述债权一并转让给信达资产。

2016年12月，信达资产将其持有的上述本金为2.15亿元的债权及相关利息以拍卖方式转让给福建平潭万丰长富投资管理中心合伙企业（有限合伙）（以下简称"万丰长富"）。

2018年2月，万丰长富将其持有的上述本金为2.15亿元的债权及相关利息以协议方式转让给国厚资产。

截至2019年3月31日，国厚资产持有上述债权的本息合计金额为3.78亿元。

（三）破产重整过程

2019年7月3日，公司收到债权人国厚资产的通知书，因公司不能清偿到期债务，且明显缺乏清偿能力，国厚资产向河南省周口市中级人民法院（以下简称"周口中院"）递交了对公司进行重整的申请。

2019年10月15日，周口中院作出（2019）豫16破申7号《民事裁定书》，裁定受理债权人国厚资产对公司的重整申请，并指定北京市金杜律师事务所担任公司管理人。

管理人自周口中院发布公告之日起，正式启动债权申报登记和审查工作，莲花健康债权申报截止日期为2019年11月15日。根据《企业破产法》的规定，债权人未在人民法院确定的债权申报期限内申报债权的，可以在破产财产最后分配前补充申报。截至2019年11月28日，已有143家债权人向管理人申报债权，申报数额共计1 342 643 654.94元。

2019年11月20日上午10时，莲花健康重整案第一次债权人会议在全国企业破产重整案件信息网以网络会议方式召开。出席本次债权人会议的债权人中有表决权的债权人共89家，会议表决通过了《莲花健康产业集团股份有限公司重整案财产管理方案》。

2019年11月28日，莲花健康、管理人与芜湖市莲泰投资管理中心（有限合伙）（以下简称"莲泰投资"）和项城市国有资产控股管理集团有限公司（以下简称"国控集团"）签署《莲花健康产业集团股份有限公司重整案投资框架协议》，确定莲泰投资和国控集团共同成为莲花健康本次重整的重整投资人。

2019年12月16日,莲花健康重整案第二次债权人会议及出资人组会议召开。有财产担保债权组和普通债权组均表决通过了《莲花健康产业集团股份有限公司重整计划(草案)》(以下简称《重整计划》),出资人组也表决通过了《莲花健康产业集团股份有限公司重整计划(草案)之出资人权益调整方案》。

同日,周口中院作出(2019)豫16破7号之二《民事裁定书》,裁定批准莲花健康重整计划,并终止公司重整程序,进入重整计划执行阶段。

2019年12月23日,各方一致同意,华润资产旗下的润通贰号作为莲花健康《重整计划》规定的第三方重整投资人参与莲花健康重整。

截至2019年12月31日,3家重整投资人通过受让转增股票提供的偿债资金5.40亿元,莲泰投资承诺协助公司筹措的融资贷款2.60亿元已全部到位,且公司已支付了部分债权人的款项。

2020年3月4日,公司收到周口中院送达的(2019)豫16破7号《民事裁定书》,确认公司重整计划执行完毕,并终结公司重整程序。

2020年3月31日,公司披露2019年年报显示,实现营业收入17.03亿元,实现净利润0.69亿元。上市公司控股股东变更为莲泰投资,实际控制人变更为李厚文。其实,李厚文也一直是国厚资产管理股份有限公司的实际控制人。

2020年4月9日,上市公司复牌并被撤销退市风险警示,股票简称由"*ST莲花"变为"莲花健康"。

(四)重整计划具体内容

1. 出资人权益调整的必要性

莲花健康已经不能清偿到期债务,且明显缺乏清偿能力,生产经营和财务状况均已陷入困境。如果莲花健康破产清算,现有财产将无法满足各类债务的清偿,出资人权益为零。为挽救莲花健康、避免退市和破产清算的风险,出资人应和债权人共同努力,共同分担实现莲花健康重整的成本。

2. 出资人权益调整的方案

2019年11月28日,莲花健康、公司管理人金杜律所与莲泰投资和国控集团签署《莲花健康产业集团股份有限公司重整案投资框架协议》(以下简称《重整投资框架协议》),确定莲泰投资和国控集团作为主要重整投资人参与莲花健康司法重整,由莲泰投资及其指定的第三方及国控集团有条件受让莲花健康资本公积金转增股票,并向莲花健康提供资金。

2019年12月23日,经各方协商确认,华润资产旗下的深圳市润通贰号投资企业(有限合伙)(以下简称"润通贰号")作为《重整计划》规定的第三方重整投资人参与莲花健康重整,润通贰号通过莲花健康重整出资人权益调整程序有条件受让资本公积金转增股票,并向莲花健康提供资金。

本次重整以公司现有总股本1 062 024 311股为基数,按照每10股转增2.99333679股的比例实施资本公积金转增股票,共计可转增317 899 644股股票。转增后,公司总股本将由1 062 024 311股增至1 379 923 955股。上述转增股票不向原股东分配,全部由重整投资人有条件受让。重整投资人受让股票提供的补偿资金由管理人用于根据本重整计划的规定偿付债务、支付重整费用及补充公司流动资金。其中:

莲泰投资按照1.70元/股的价格受让138 509 587股转增股票,向莲花健康提供235 466 297.90元资金,占重整后莲花健康总股本的10.04%。

润通贰号按照1.70元/股的价格受让110 393 859股转增股票,向莲花健康提供187 669 560.30元资金,占重整后莲花健康总股本的8.00%。

国控集团按照1.70元/股的价格受让68 996 198股转增股票,向莲花健康提供117 293 536.60元资金,占重整后莲花健康总股本的5%。

3.债权调整方案

(1)有财产担保债权。莲花健康有财产担保债权中,担保财产系莲花健康重整拟保留之经营性资产的,其债权在本次重整程序中暂不清偿,由重整后的莲花健康根据经营情况逐步清偿;担保财产系莲花健康非经营性资产的,其债权在担保财产变现价值范围内全额清偿。

(2)职工债权。职工债权不作调整,全额清偿。

(3)税款债权。税款债权不作调整,全额清偿。

(4)普通债权。根据莲花健康实际情况,重整投资人将提供偿债资金用于莲花健康债务的现金清偿,在依次支付重整费用、有财产担保债权、职工债权、税款债权后,普通债权将按照以下方式进行清偿:对每家普通债权人10万元以下(含10万元)的债权部分按照100%的比例清偿;对每家普通债权人超过10万元的债权部分,将按照17.48%的清偿比例进行清偿。按照上述方案清偿后未获清偿的债权部分,根据《企业破产法》的规定,莲花健康不再承担清偿责任。

4. 偿债资金来源

本次重整中，莲花健康按照重整计划规定支付重整费用并清偿各类债权所需资金预计约10.63亿元，具体通过以下方式筹集：

（1）重整投资人受让前述转增股票提供的偿债资金合计约5.40亿元。

（2）莲泰投资承诺协助莲花健康筹措的融资贷款合计2.60亿元。

（3）莲花健康通过配合政府落实"退城入园"政策、完成土地收储工作获得的土地收储收益（包括土地补偿款和土地出让金净收益），最终以政府实际执行返还的金额为准。

（4）在重整计划执行过程中，在上述偿债资金均已到位的情况下，预计偿债资金如有不足，国控集团承诺对不足部分提供补充借款支持。

5. 重整计划最终执行进展

（1）重整融资款支付情况。根据《重整计划》的规定，莲泰投资承诺，在《重整计划》执行期间，协助公司通过融资贷款的方式筹集2.6亿元偿债资金。2019年12月27日，莲花健康分别与莲泰投资、国厚资产签订了《借款合同》，由莲泰投资、国厚资产分别向莲花健康提供重整融资款1.65亿元、0.95亿元。截至2019年12月31日，全部重整融资款均已支付完毕。

（2）重整投资款支付情况。根据《重整计划》及《重整投资框架协议》的规定，重整投资人莲泰投资已经向管理人支付约2.35亿元、国控集团已经向管理人支付约1.17亿元、润通贰号已经向管理人支付约1.88亿元重整投资款。截至2019年12月31日，全部重整投资款合计约5.4亿元均已支付完毕。

（3）债务清偿情况。根据《重整计划》，本次重整程序中，经法院裁定确认的公司应清偿的有财产担保债权金额为2 600万元，共计1家债权人；职工债权预计总额约8.42亿元；税款债权金额为约1 033万元，共计1家债权人；普通债权总额为7.58亿元，共计104家债权人。

根据《重整计划》的规定，公司启动了向债权人的清偿分配工作。截至2019年12月31日，公司已经支付有财产担保债权清偿款2 600万元、职工债权清偿款4 000万元、税款债权清偿款约1 033万元、普通债权清偿款约1.3亿元。

（4）重整费用支付。根据《重整计划》的规定，截至2019年12月31日，公司已经支付重整费用1 110万元。

（五）重整重生

公司重整让莲花健康重现生机。2019年年报披露，莲花健康实现营业收入17.03亿元，净利润0.69亿元。公司称"债务危机全面化解，冗员问题基本解决，基本面得到彻底改善"。上市公司控股股东变更为莲泰投资，实际控制人变更为李厚文。

但若深入分析2019年公司扭亏为盈的原因，其实更多的是来自资本运作层面。比如通过变卖不良资产、处置亏损子公司股权、债务重组、推动闲置土地收储、非流动资产处置等方式获得非经常性损益的方式自救。

2019年6月25日，莲花健康以1元价格出售子公司河南佳能热电100%股权。当时河南佳能热电负债3.08亿元，处于停产状况。该项处置长期股权投资产生的投资收益为2.17亿元。

2019年9月16日，莲花健康进行债权债务重组，以对河南莲花糖业有限公司享有的2 068万元债权抵偿所欠国厚资产等额债务。此次清偿完成后，莲花健康与河南莲花不再拥有债权债务关系。国厚资产则相应免除莲花健康在应计利息中2 068万元的清偿责任，并成为享有莲花糖业2 068万元债权的合法债权人。

2019年9月19日，莲花健康再一次进行债权债务重组，以对河南莲花天安食业有限公司享有的1.41亿元债权抵偿所欠国厚资产等额债务。此次清偿完成后，莲花健康与莲花天安不再拥有债权债务关系。国厚资产则相应免除莲花健康在应计利息1.41亿元中的清偿责任，并成为享有莲花天安1.41亿元的合法债权人。

2019年12月27日，公司收到政府返还的土地收储款4.38亿元。截至2019年12月31日，重整投资人转增股票提供的偿债资金5.40亿元，莲泰投资承诺协助公司筹措的融资贷款2.60亿元也已全部到位。

合计12.38亿元"真金白银"资金的注入，成为莲花健康破产重整成功的最关键因素之一。

在处置冗余人员层面，莲花健康通过一番资本运作，为解决该难点问题提供了必要的资金保障。该公司员工人数由2018年末的9 191人降至2019年末的1 712人，成功解决了人员冗余问题。

在资本运作层面，2020年4月28日莲花健康发布非公开发行A股股票预案，拟向不超过35名特定投资者募集不超过12亿元资金，分别用于年产10万吨商品味精及5万吨复合调味料先进技术改造项目、生物发酵制品项目、配套生物发酵制品项目、小麦面粉系列制品项目和补充流动资金。

2021年8月，莲花健康非公开发行股票工作顺利完成。本次发行人民币普通股股票约4.14亿股，每股发行价为人民币2.40元，募集资金总额9.94亿元。重组投资人当时受让价格为1.7元，投资溢价已经达到41%。本次再融资的成功募集，对重组后的莲花味精至关重要，为增值公司信用，降低经营风险、经营成本，强化现金流质量，提升盈利能力，打造核心竞争力奠定了坚实的资金基础。

在财务数据层面，经历了2019年归属于上市公司股东的扣除非经常性损益的净利润达到–2.6亿元之后，2020年和2021年归属于上市公司股东的扣除非经常性损益的净利润分别达到6 800万元和4 500万元，意味着公司经营状况真正开始好转。

在业务经营层面，莲花健康抓住消费升级的大趋势，与高校科研机构等深度合作，研发与"懒""宅"经济相匹配的"菜谱式复合调料"，料酒、醋、酱汁等液态调味品、火锅底料系列、酸菜鱼佐料系列等新型复合调味品，并在线下商超和线上电商等渠道不断发力。公司的生产经营不断改善，财务逐渐稳健，基本面开始向好。

2022年8月18日，随着新的莲花健康产业园的全面启用，历经了破产重组的莲花健康开始进入全新的发展阶段。

2023年10月12日，莲花健康（后更名为"莲花控股"）二级市场股价最高达到8.24元，市值达到147.50亿元。相比于2019年12月底重组投资人1.7元的投资价格，在股份数不变的情况下，浮动投资收益达到了484.71%。

本案例也成为近期国内资本市场"左手控制不良资产管理公司进行债权投资，右手募资设立股权基金收购破产重整上市公司进行股权投资"，通过"债+股"联动进行不良资产投资的经典案例之一。

第九章
企业价值倍增路径规划

一、企业价值与增长路径

（一）企业成长之惑

企业和人一样，都是环境的产物。没有永远成功的企业，只有不断顺应时代变化的企业。即便是上市成功，也只是一个里程碑而已。面对新趋势、新常态，如何在不确定中寻找确定性？如何提升逆周期下企业的生存能力？如何突破发展瓶颈，实现价值倍增？这是企业界永恒的话题。

几年前有一篇《你们才30亿市值，我们接待不了》的文章在资本市场引发强烈的热议，直接戳痛了众多中小市值上市公司老板的心。文章大意是说，一家小市值上市公司老板在公布年报之后，希望登门拜访公募基金，却遭到基金经理直接拒绝："你们公司市值规模太小，没有交易量，将来卖不卖得掉都是问题，我们接待不了。"

伴随着资本市场一系列改革措施落地，A股小市值上市公司遇冷现象日益普遍，且呈现"三低"现象，即：市场关注度低、交易活跃度低、资本工具使用率低。中国上市公司协会统计月报显示，截至2023年12月31日，境内股票市场共有上市公司5 346家，沪、深、北证券交易所分别为2 263家、2 844家和239家。另据统计，总市值低于30亿元的上市公司数量达1 100多家，占比超过了1/5；接近一半的A股上市公司在最近半年内没有被券商研究报告覆盖。另外，小市值公司在利用资本市场工具（如再融资、股权激励等）方面，使用率也偏低。

现在公募基金的产品募集动辄百亿元、千亿元。如果一个30亿元市值的公司，买到5%，才1亿—2亿元的当量，即使涨了也不怎么影响这些基金产品的净值变化。上市公司如果30亿元市值都不到，甚至都进入不了基金经理自主交易权限的白名单里，又怎么期待获得这些公募基金的垂青？这会带来一个恶性循环，市值越低，关注越少；关注越少，越无法进入大机构的选股池，买的机构越少，市值越不可能提升。

中小市值上市公司越来越不被专业投资人关注，生存空间缩减，往香港"仙股"发展的趋势明显。在这种不利的情况下，探索阳光下的企业价值增长路径，是一个非常具有现实意义的话题。能上市的企业绝大多数都是企业界的翘楚。他们都遇到这种困境，对于广大还没有成功IPO，还在仰望"上市星空"的企业来说，更是需要提前学习和思考。

知名咨询公司和君集团董事长王明夫先生提出"市值是企业竞争的制空权""以产业战略和创新创造统领产融互动的贯通和循环，是千亿元市值公司达成产业胜出和市值胜出的公理"，并与其弟子对走向千亿元市值企业的成长逻辑总结出16个字："产业为本、战略为势、创新为魂、金融为器"，值得借鉴[1]。

（二）企业价值的系统思考

百战归来才能以终为始，穿越周期方可跨界赋能。

企业在不同发展阶段，成长痛点其实是不同的。营销→管理→战略→资本→文化，成长痛点的变化贯穿了企业的生命周期。而在不同成长阶段，内生性增长的驱动力也是不同的，一般规律如下：产品驱动→规模驱动→管理驱动→资本驱动→产业驱动。不同的驱动力，对应着企业发展不同的关键要素。

（1）管理驱动的关键要素：战略、组织、人才、文化。

（2）资本驱动的关键要素：资源资产化、资产资本化、资本证券化；投融资、顶层设计、上市、并购、市值管理等。

（3）产业驱动的关键要素：运用产业互联网思维，通过数字化转型和供应链体系建设，利用产业+资本+管理等手段，成为产业链链主。

只有达成顶层共识，才能实现关键突破；只有坚持厚积薄发，才能完成价值提升。

总结众多企业的成长历史，笔者认为："企业应该秉持长期价值主义，进行深入系统思考，才能实现价值持续增长。"追本溯源，实现企业价值倍增的

---

[1] 陈一诚：《迈向千亿之路》，中国财富出版社，2024年版。

可能路径，主要在于企业家和企业两大要素。

（1）企业家的四种力量。优秀的企业都有属于自己的使命、愿景和价值观，优秀的个人也一样。每个人来到这个世界，都有属于自己的使命。企业家的"愿力、心力、体力、能力"四种力量，决定了"想不想做和能不能做"，成为企业发展必须突破的天花板。做企业的过程其实也是企业家不断自我修行的过程。

（2）企业的资本化和生态化。化繁为简，其实企业的价值可以通过下面的公式立体呈现出来：

企业价值=E（净利润）×PE（市盈率）

=经营管理赋能+产业赋能+资本赋能

=内生性增长+外延式增长

二、经营管理赋能和产业赋能

（一）经营管理赋能与思维转变

国内关于经营管理的理论和实践都是非常丰富的。经营管理赋能，目的都是提升企业的经营管理水平，最终提升企业的盈利能力（E）。

比如，知名管理咨询公司华夏基石最近几年提出的"三变六化九大系统"（以下简称"3-6-9理论"），在企业的经营管理赋能方面值得广大企业家研究和参考[①]。

"3"指三变。在新经济环境下，企业要完成经营理念的三大转变：

1.从生产导向转变升级为客户导向；

2.从销售导向转变升级为数据导向；

3.从企业导向转变升级为产业生态导向。

"6"指六化。在数字化、智能化时代发展潮流中，企业要改变思维与认知模式，重新思考经营管理的六大基本命题：战略、组织、人才、领导、资源、运营。企业要围绕以下"六化"转型升级，构建持续增长的新动能。

[①] 华夏基石产业服务集团主编：《长期价值主义：数智时代的赢家思维》，中国财富出版社有限公司，2021年版。本人参与合著。

1. 战略生态化

2. 组织平台化

3. 人才合伙化

4. 领导赋能化

5. 运营数字化

6. 要素社会化

"9"指九大系统。优秀企业持续增长的九大系统提升方案，内容包括：

1. 战略系统思考与顶层设计

2. 事业合伙人机制牵引

3. 新领导力发展计划

4. 干部队伍与管理能力提升

5. 奋斗者为本的人力资源体系构建

6. 基于核心能力的组织体系重构

7. 客户为中心的智慧运营流程体系

8. 长期主义营销牵引与品牌建设

9. 产业生态与资本循环共同驱动

（二）产业赋能与生态构建

目前，各地政府产业招商、资本招商火热进行中，在此基础上产生了新型政企合作模式。政府与各行业优质企业形成新型的"事业合伙人"关系。政府帮助优质企业成为产业领袖并为其战略生态化建设提供"政策资源、土地资源、资本资源与业务资源"；而优质企业因其天然的经营实践和人脉优势，可以帮助当地政府在全国甚至全球"选秀"，成为政府的"外部招商局"，"用企业家吸引企业家"，政企双方形成新的合作共赢模式。一方面，企业为地方政府创造了GDP、税收和产业聚集；另一方面，政府可以为企业发展提供政策、税收、土地、资金、资本和业务资源。

对企业来说，政府需要招商引资和产业升级的迫切愿望变成了可以借力的优势。企业需要借助政府招商引资的痛点，借助产业集群的优势，在产业互联网时代实现自身的企业价值倍增。企业家需要在产业互联网的大背景下思考自己的企业定位，解决行业发展痛点，创造属于自己的产业生态。

整个产业生态的构建其实是一个大的逻辑结构，涉及"产业循环、资源循环和资本循环"三大循环，从而催生出"政策反哺、土地反哺、业务反哺、资本反哺"这"四个反哺"。尤其在逆周期形势下，产业集中度会进一步提高，但前提是必须创造更多的增量与产业上下游的合作伙伴分享。

在借力招商引资、借势政府资源、构建产业生态方面，善于学习和借势的企业家不妨借鉴"6个1生态构建方法"，即：围绕1个产业链生态，吸引1批上市公司，形成1个产业园区，设立1只产业基金，筹建1个研究中心，组织1个产业联盟。

"三大循环""四个反哺"与"六大构建"遥相辉映，构成了产业互联网时代企业做大做强的生态"基石"。

三、资本赋能的八种方法

资本赋能是本书的重点。企业价值的大小在上市公司体系中衡量的标准主要是"市值"，在非上市公司体系中主要的衡量标准是"估值"，但核心都是净利润乘以市盈率。

市盈率（Price Earnings Ratio），简称P/E，大家常写成PE。市盈率是衡量股票投资价值的重要指标之一，它表示投资者愿意为每1元净利润所支付的价格。市盈率计算公式为：市盈率＝股价/每股收益＝股票总市值/公司净利润。

其实，市盈率是资本市场一个神奇的存在。充分利用市盈率对净利润的乘数放大作用，是一切资产进行证券化的基础，也是股权投资和资本市场"造富"的源头。所谓的市值管理、价值倍增，核心都是对企业在资本市场的市盈率进行"投资者的预期管理"。同样净利润情况下，市盈率提高了，企业的资本市场价值自然也提高了。

笔者通过多年的实践与思考，从资本的角度总结出资本赋能的八种方法：

（1）重新梳理资本战略和企业定位；

（2）优化股东结构设计；

（3）重视4R关系管理；

（4）注重规范运作、公司治理及信息披露；

（5）运用IPO等投行工具；

（6）善用并购及整合手段；

（7）引进资本运作高端人才；

（8）提升公司市值管理水平。

（一）重新梳理资本战略和企业定位

我们分析一家公司，首先是判断它是属于哪个行业？不同的行业在资本市场的"待遇"（市盈率PE值）是不同的。

中国证监会发布的《上市公司行业分类指引》将上市公司的经济活动分为19个门类和90个大类。

1. 分类原则与方法

（1）以上市公司营业收入等财务数据为主要分类标准和依据，所采用财务数据为经过会计师事务所审计并已公开披露的合并报表数据。

（2）当上市公司某类业务的营业收入比重大于或等于50%，则将其划入该业务相对应的行业。

（3）当上市公司没有一类业务的营业收入比重大于或等于50%，但某类业务的收入和利润均在所有业务中最高，而且均占到公司总收入和总利润的30%以上（包含本数），则该公司归属该业务对应的行业类别。

（4）不能按照上述分类方法确定行业归属的，由上市公司行业分类专家委员会根据公司实际经营状况判断公司行业归属；归属不明确的，划为综合类。

目前各大类行业的静态市盈率见表9-1[①]。

表 9-1　　　　　　　　行业静态市盈率一览表

行业	静态市盈率（年平均）
农、林、牧、渔业	15.62
采矿业	12.05
制造业	22.15
电力、热力、燃气及水生产和供应业	20.19
建筑业	6.90

---

① 以2024年8月15日统计数据为例。

续表

行业	静态市盈率（年平均）
批发和零售业	18.73
交通运输、仓储和邮政业	12.87
住宿和餐饮业	14.83
信息传输、软件和信息技术服务业	32.48
金融业	7.17
房地产业	12.71
租赁和商务服务业	15.85
科学研究和技术服务业	23.25
水利、环境和公共设施管理业	17.14
居民服务、修理和其他服务业	—
教育	39.44
卫生和社会工作	31.28
文化、体育和娱乐业	18.03
综合	—

资料来源：中证指数有限公司。

从以上权威数据很容易看出，不同行业市盈率差异较大，所以被归属于哪个行业特别重要。

有些企业是多元化的，有些企业是新旧行业更替的，有些企业是要重组装入新资产的。所以，我们有必要对企业的行业属性重新进行战略梳理和规划，让资本市场重新认识并"定位"这家企业，发现它的价值，让人感觉"焕然一新"。

这也是我们常说的上市公司要有一个好的概念，主业清晰，发展前景良好，资产重组装入的资产要"性感"。因为这些"企业的感观"会直接影响资本市场对这家企业的估值。

另外，我们要判断：这家公司的产业属性是朝阳产业还是夕阳产业，是周期性产业还是非周期性产业，是产业多元化还是产业单一，是新兴产业还是传统产业，国家的支持力度如何？同时，我们要判断：这个公司的商业模式如何？盈利模式如何？企业的核心竞争力如何？行业地位如何，是细分行业的冠军吗？老板具有优秀企业家的特质吗？高管团队有能力把企业带入更高层面的发展吗？

这些企业顶层架构设计的要素，最终都将影响上市公司在资本市场的市值（或者未上市公司融资时的估值）。所以我们必须认真地重新梳理战略规划，进行更加合理的顶层架构设计，让企业在投资者心中被重新定位。

💰 案例9-1　被边缘化上市公司的画像

某上市公司主营业务庞杂，既有房地产、建筑，又有医药、化工，属于典型的多元化公司。主业不清晰，核心竞争力不强，投资者看不懂，认为无法估值。近年来，几乎没有券商现场调研并出具研究报告。该公司也没有机构股东，上市十多年都没有做过再融资、并购等资本运作，其股价长期低迷，市值很小，基本属于资本市场的边缘企业。但类似画像的上市公司，现实中其实并不少见。

💰 案例9-2　雅克科技的重新定位

雅克科技（002409.SZ）2020年公告了拟将上市时的主营业务阻燃剂业务对外转让，彻底转型成一家电子材料公司，而电子材料业务正是雅克科技在上市后通过多次并购而获取的新业务，也正是这块并购来的新业务，让雅克科技华丽转身，从一家上市时25亿元市值的"小公司"成为市值最高超过300亿元的"大公司"。

（二）优化股东结构设计

同样一家公司，股东结构不一样，企业的发展结果可能大相径庭。在企业的不同发展阶段，需要有意识、有步骤地对股东结构进行管理，从而提高企业的价值。

对于股东结构优化，笔者曾经在本书第二章总结了几句话："稳定老股东，增加新股东，引进名股东，避免刺股东。"

前面几句话都容易理解，那什么叫"避免刺股东"呢？所谓"避免刺股东"，就是避免会对公司发展产生伤害的人成为股东。

举个例子,对于拟上市公司IPO,有一个敏感的话题,就是"突击入股"。众所周知,国内A股上市目前还是一个"造富运动",选择什么身份的股东在什么阶段进入,是一门很有意思的学问。尤其是从2021年开始,监管部门已经发现并重视这一问题,措施不断。这就涉及"避免刺股东"。

2021年2月,证监会发布实施《申请首发上市企业股东信息披露指引》(以下简称《指引》),进一步压实中介机构责任,加强股东穿透核查披露,强化对突击入股、入股价格异常、利益输送、"影子股东"等行为的监管约束。对于突击入股,要求提交申请前12个月内入股的新股东锁定股份36个月,并要求中介机构全面披露和核查新股东相关情况。

2021年5月28日,证监会发布监管指引,明确证监会系统离职人员入股拟IPO或新三板精选层挂牌企业的核查要求,维护市场"三公"秩序。该《指引》明确了五类情形为不当入股,包括:证监会系统离职人员存在利用原职务影响谋取投资机会、入股过程存在利益输送、在入股禁止期内入股、作为不适格股东入股、入股资金来源违法违规等情形。

2024年4月,《证监会系统离职人员入股拟上市企业监管规定(试行)》出台,在之前规定基础上新增三方面内容:一是进一步加强重点人员管理。延长发行监管岗位和会管干部离职人员入股拟上市企业禁止期,从离职后3年拉长至10年。二是扩大离职人员监管范围。将从严审核的范围从离职人员本人扩大至离职人员及其父母、配偶、子女及其配偶。三是提出更高核查要求。中介机构要对离职人员投资背景、资金来源、价格公平性、清理真实性等做充分核查,证监会对有关工作核查复核。

所以,企业尤其是拟上市企业,股东结构是需要专业设计的,不是有钱有权就能接受其入股,否则可能会耽误上市进程,甚至造成无法解决的上市障碍。对此,企业要有清醒的判断。

案例9-3 明泰股份:疑现证监会前官员突击入股最终终止上市审核

在2019年正式启动IPO后不久,浙江明泰控股发展股份有限公司进行了一轮增资,引入6家机构投资者为公司新股东,多家浮现前证监会系统人士的身影。其中包括2007—2015年任浙江证监局监管部副处长的倪一帆,2009—2012年在浙江省证监局上市二处任职三年的薛青锋,以及2010—2012年连续担任中国证监会第十二届、十三届主板发审委专职委员的宋新潮。

2020年5月，明泰股份申报在上交所主板上市。2021年1月21日，通过发审委审核，但后续一直未拿到证监会IPO批文。时间一晃过了3年。最新的消息是：2024年4月7日，明泰股份及其保荐人撤回发行上市申请，上海证券交易所终止其发行上市审核。

案例9-4 "神算子"汇金立方

2009—2014年，低调的"PE新贵"汇金立方一度被誉为投资圈的"神算子"。这家投资机构至少精准投资了7家公司并帮助其成功IPO，仅通过原始股套现累计获利12亿元以上。那段时间，多少企业翘首以盼这样的"贵人"能够增资入股。2014年12月，令计划接受调查，谜底揭开。汇金立方的董事长王诚是令完成的化名，而令完成正是令计划的弟弟。一时间，这一事件涉及的上市公司诚惶诚恐，股价纷纷下跌；已经接受投资但还处在上市关键期的企业，老板们肠子都悔青了，估计此刻对股东结构的理解深入骨髓。

案例9-5 永辉超市获腾讯入股

2017年12月18日，上市公司永辉超市获腾讯入股逾42亿元，复牌开盘即涨停，市值创上市以来新高。"名股东"带来市值增长的案例其实很多。

（三）重视4R关系管理

1. 4R关系管理的含义

4R关系管理，是指在上市公司市值管理（企业价值管理）中，需要处理好投资者关系（IR）、媒体关系（MR）、分析师关系（RR）和监管者关系（AR）等至少四个方面的公共关系。和私人企业不同，上市公司既然成为公众公司，获得了资本市场的融资，就有义务去面对各种不同的人群，挖掘企业价值，宣传企业价值，让公众了解企业价值。

2. 4R关系管理的途径

具体来说，与投资者等公众关系沟通的途径可以划分为：请进来、走出去以及网络交流等三大类。

（1）请进来。主要包括：召开公司业绩说明会（业绩发布会）或专项说明会、投资者来访、反向路演、接受媒体采访等。

（2）走出去。主要包括：公司对外路演（包括线上路演、线下路演、交易路演和非交易路演等）；参加证券公司、媒体机构举办的各种策略会、年会、论坛等；参加有关机构举办的投资者集体接待日活动等。

（3）网络方式。主要包括：通过投资者关系热线电话、电子邮箱、交易所网上互动平台、公司网站、微信公众号、视频号以及公布公司董秘、证代等特定人员的电话、微信（微信群）、短信、邮件交流等方式进行交流。

归根结底就是通过各种途径，运用各种方法，重视每一次与投资者、媒体、分析师、监管部门沟通的机会，以最大诚意宣传企业价值。

3. 4R关系管理的重要性

上市公司和人一样，也是讲究"情商"的。我们在实践中发现，有些上市公司尤其是技术专家出身的董事长，对于媒体关系和投资者关系不是很"感冒"。他们认为扎扎实实把企业做好就行了，不需要理会这些"虚"的东西。但事实是，酒香也怕巷子深。随着A股企业数量的快速增长，研究员和基金经理的覆盖广度和研究强度大大增加。在这种情况下，一般的中小市值上市公司若还不重视自身的价值挖掘和价值传播，不主动进行4R关系管理，将会越来越被边缘化。

具体表现为：基本没有券商研究员调研，也没有研究报告覆盖，机构投资者很少，二级市场换手率极低，上市以来市值基本没有增长，与同行业竞争对手的差距越拉越大等。

4. 4R关系管理的重要举措

无论是上市公司，还是准备投身资本市场的"有梦想的公司"，都要高度重视4R关系管理。具体措施包括：

（1）把4R关系管理的地位提到战略高度。

（2）在一些关键时间节点开展路演和反路演，尤其是在北上广深重点地区，要加强投资者沟通的广度和深度，特别是重量级投资机构和明星基金经理。

（3）找到关键的坚定支持者。这个世界有人不认同你，也一定有人非常认同你。要通过各种方式找到这类投资者，通过他们的影响力影响其他的投资者。

（4）新时代下专业社群和专业自媒体、意见领袖正发挥着越来越重要的角色，尤其对个人投资者的影响力越来越大。要学会使用现代媒体的管理手段引导他们。

（5）平时加强和媒体尤其是权威媒体的交流合作，"养兵千日、用兵一时"。

（6）做好投资者预期管理，坚持长期价值主义。不然来得快，去得也快。

案例9-6　上市公司大族激光：董事长怒怼央视记者

2019年8月1日下午，上市公司大族激光董事长高云峰在接受央视采访时怒怼记者："你是什么角色？你有什么资格质问我？我们自己的资金，我当然有权利做出任何投资决策，你管我那么多。"

这一不当言论直接将公司推向舆论的风口浪尖。8月1日晚，深交所公告称："关注到大族激光科技产业集团股份有限公司实际控制人、董事长高云峰在回应媒体问题过程中发表了不当言论，本所第一时间督促公司发布致歉公告，并对其上述不当行为予以批评，提醒公司实际控制人、董监高应当虚心接受媒体监督。"次日，大族激光早盘大幅低开，截至收盘，下跌8.81%。

深圳证监局在进行专项调查后，也指出公司重大购置财产项目未履行相关审议程序，重大购置财产项目信息披露不准确、不及时等问题，责令公司改正。

对此，官媒特意发文指出："上市公司及相关方必须谨记和坚持'四个敬畏'，敬畏市场、敬畏法治、敬畏专业、敬畏投资者，规范经营、合规发展，尤其是大股东、实际控制人和上市公司董监高应当常怀敬畏之心，充分认识到社会监督是提升上市公司信息披露质量的重要手段，虚心接受市场各方监督，尊重投资者和其他市场主体的合理诉求，共同打造负责任、有担当、受尊敬的上市公司。"

其实，大族激光是一家优秀的企业，是目前全球第二大、中国第一大激光加工设备制造企业，董事长也是一位有情怀的优秀企业家。但在强烈的聚光灯下，一切细节都会被放大。企业家重视并学习媒体管理其实是影响公司发展的一门大学问。

案例9-7　上市公司中电电机:"翻墙的董事长"

上市公司中电电机创始人、原董事长王建裕,在2020年4月18日下午翻墙进入其主要竞争对手华永电机厂进行拍照,结果被保安发现并被带到派出所。该新闻一经爆出,中电电机的1.4万名股东先是傻眼后又哭笑不得,甚至有人调侃称:"上市公司创始人都这么拼命,我们还有什么理由不买他股票?""亏了钱我也认了。"本来不是一件什么光彩的事情,但是在众多媒体的发酵和引导之后,中电电机公司股价居然从2020年4月20日开始走出历时71个交易日的上涨波段。公司股价从8.58元涨超128%,最高触及20.26元。

这是A股市场戏剧性的一幕。网民戏称王建裕为"翻墙董事长",纷纷表示:"创始人亲力亲为,感动中国,感动A股!天道酬勤!"

(四)注重规范运作、公司治理及信息披露

规范运作和信息披露是上市公司的法定义务。上市公司规范运作涉及公司治理、三会运作、董监高和股东管理、募集资金管理、内部控制等诸多环节。目前金融监管日益趋严、监管规则不断更新,上市公司进行高质量的信息披露和规范运作正变得越来越重要。稍不注意就可能收到监管函,引起股价的动荡。

另外,ESG理念也被越来越多的企业和机构接受。ESG(Environmental, Social and Governance),即环境(Environmental)、社会(Social)和治理(Governance)。ESG理念认为,企业活动不应只着眼于财务指标,应同时注重生态环境保护、履行社会责任和提高公司治理水平等非财务因素。中国正步入新的发展时代,高质量发展、共同富裕、双碳战略等成为新的目标。ESG理念是一种可持续发展的理念,与中国企业高质量发展的需求不谋而合。ESG理念的普及和推广能够帮助企业重塑企业价值,以市场的力量推动企业实现可持续发展。

有研究表明:ESG表现好的公司,通常其财务水平较高、信用品质较好、抗风险能力较强。高水平的公司治理可以助推企业社会责任信息披露,而社会责任信息披露有助于企业长期价值的提升。对冲基金、养老基金等投资者更青睐于投资ESG表现较好的公司。

因此，规范的企业运作、良好的公司治理和完善的信息披露能为企业（不仅是上市公司）带来价值的增长。反之亦然。

案例9-8　上市公司妙可蓝多董秘"躺枪"

2021年6月3日，上市公司妙可蓝多（600882.SH）董秘被上交所给予监管警示。梳理整个过程，该董秘基本属于"躺着中枪"。

5月25日，该公司的区域销售经理通过电话会议接受第三方询问，认为公司4月销售有所放缓，5月销售数据不及预期。但该销售经理做梦都不会想到，短短的电话采访被记载为会议纪要在网上流传，并且造成公司股票第二天开盘跌停，投资者损失惨重。

为此，上交所出具公司监管函称："公司的经营、业绩信息属于对公司股票交易及投资者决策可能产生较大影响的敏感信息，应当真实、准确、客观地通过法定披露渠道发布。但公司未对业务人员接受问询和交流信息内容严格管理，导致上述信息通过非法定信息披露渠道对外发布，信息披露不公平，其间公司股价出现较大波动。此外，公司也未及时核实澄清重大媒体报道事项。公司时任董事会秘书谢毅（任期自2020年7月17日至今）作为信息披露事务的具体负责人，未能勤勉尽责，未做好信息发布管理工作并及时发布澄清公告，对上述违规行为负有责任。我部做出如下监管措施决定：对上海妙可蓝多食品科技股份有限公司及时任董事会秘书谢毅予以监管警示。"

从以上案例能看出上市公司信息披露的重要性和复杂性。以前管好股东、董监高的"嘴"和"手"已经很不容易了，现在连区域销售负责人都要管起来，尤其是涉及媒体采访、机构调研、内幕信息这一领域。

不难看出，上市公司信息披露及规范运作的能力会直接影响企业市值的变化。

（五）巧用IPO等投行工具

对于未上市公司来说，IPO是最重要的投行工具。对于已经上市的企业来说，分红送转配、定增、并购、回购、增持、减持、股权激励、员工持股计划、分拆上市等都是影响企业市值的投行工具。

企业的价格是围绕价值上下波动的。我们要学会使用投行工具帮助上市公司在不同的阶段实施不同的资本运作方案，在市值的波动中提升企业的价值。例如，若认为二级市场价格低于企业真实价值，可以采取大股东增持、管理层或者员工股权激励、公司回购、缩股等方式。因为此时股价是便宜的，用现金换股权是划算的，而且这些措施有利于增强投资者对公司的信心和预期，促进公司股价上涨；反之，若认为二级市场价格明显高于企业真实价值，可以采取公司增发扩股、换股并购等方式，当然大股东也可以逢高减持实现资金回笼。因为此时股价是"贵"的，用股权去换现金、换资产是合适的。

研究资本市场，我们会惊讶地发现，有些公司其实上市很多年了，但基本没有资本运作和重大创新，整个公司给人感觉暮气沉沉；而有些上市公司非常善于利用资本工具，利用行业周期，在一次次的股权吞吐中实现了各方盈利和正向循环，大大提升了公司的价值。

（六）善用并购及整合手段

企业的增长分为内生性增长和外延式增长。当企业发展到一定阶段，面临成长的压力，内生性增长又遭遇瓶颈，就只能通过并购等外延方式，实现企业价值的突破和增长。

技术变革和监管变革，是颠覆旧行业、催生新行业最重要的两个因素。很多大型企业集团是通过并购来实现规模扩张的。并购的战略、并购的时机、并购的执行能力、并购的整合能力构成了并购四要素。一个"有想法"的企业，要善用并购等手段实现企业价值倍增。

案例9-9　中国医药流通领域最大并购案——基石资本运作全亿健康

2021年5月13日，国内著名的投资机构基石资本宣布将其持有的全亿健康股份转让给一家大型知名私募股权投资机构，此次交易涉及2 500家药店。该交易将成为近年中国医药流通领域最大的并购案。

标的资产全亿健康是一家2016年才设立的初创企业，基石资本是它的初始股东。短短几年时间，该公司经历了从0到2 000多家药店、60亿元营业额的高速成长。2016年全亿健康先后并购江苏恒泰、温州一正药房、廊坊百和一笑堂、南通济生堂；2017年，又收购了温州叶同仁、常州中诚药房、四川巴中怡和、成都芙蓉大药房等医药连锁企业。除了收购外，全亿健康近两年加快了开新店的速度，已经形成了良好的自循环，只花了3年时间就从0做到了50亿元的销售规模。资料显示，目前全亿健康拥有约2 500家直营药房，年销售额约60亿元。

据悉，接盘的投资方是美国KKR公司。KKR集团（Kohlberg Kravis Roberts & Co.L.P.，KKR），中文译名为"科尔伯格·克拉维斯·罗伯茨"，是老牌的杠杆收购"天王"，金融史上最成功的产业投资机构之一，也是全球历史最悠久、经验最丰富的私募股权投资机构之一。

在本次收购案例中，基石资本实现了被投企业价值的大幅增长并且完美退出。

（七）引进资本运作高端人才

虽然在金融行业，大家都认为牌照比人才更值钱。但是所有的企业尤其是实业企业中，真正懂资本运作的高端人才肯定属于稀缺资源。

1. 董秘

首先说说董秘。大家都知道董秘在上市公司工作中特别重要，证券交易所在《上市规则》中也对董秘的职责作出了明确界定：

董事会秘书对上市公司和董事会负责，履行如下职责：

（1）负责公司信息披露事务，协调公司信息披露工作，组织制定公司信息披露事务管理制度，督促上市公司及相关信息披露义务人遵守信息披露有关规定。

（2）负责组织和协调公司投资者关系管理工作，协调公司与证券监管机构、股东及实际控制人、中介机构、媒体等之间的信息沟通。

（3）组织筹备董事会会议和股东大会会议，参加股东大会、董事会、监事会及高级管理人员相关会议，负责董事会会议记录工作并签字。

（4）负责公司信息披露的保密工作，在未公开重大信息泄露时，及时向交易所报告并公告。

（5）关注有关公司的传闻并主动求证真实情况，督促董事会等有关主体及时回复交易所问询。

（6）组织董事、监事和高级管理人员进行相关法律法规培训，协助前述人员了解各自在信息披露中的职责。

（7）督促董事、监事和高级管理人员遵守法律法规、交易所规则和公司章程，切实履行其所作出的承诺；在知悉公司、董事、监事和高级管理人员作出或者可能作出违反有关规定的决议时，应当予以提醒并立即如实向交易所报告。

（8）负责公司股票及其衍生品种变动的管理事务等。

但是，纵观国内上市公司的董秘现状，水平参差不齐。有的董秘业务经验薄弱，基本只会做信息披露，类似于证券事务代表；有的董秘经验非常丰富，但是过于油腻，让老板有些担心；更多的董秘或是背景单一，或者年纪较轻，或是从本企业内部提拔，对于本企业之外的经验和见识，其高度、深度和维度有限，"力小而任重"。

时代的发展对董秘提出了更高的要求：董秘角色必须知识全面、信息与资源丰富、政策与法规理解透彻、对业务与战略了解深刻、交际与管理能力强，有最低要求但上不封顶；对董秘办（或证券办）这类部门也提出了更综合性的要求：比如，要做"战略规划的参谋部，品牌建设的宣传部，资本运营的规划部，市值管理的统战部"等等。

企业价值管理体系应该是"有组织的集体大合唱"，而不仅只是董秘的"独角戏"。曾经有高手这样总结上市公司如何演好市值管理这台大戏："实控人当总导演，证券办做合唱队，分析师当和声部，媒体人做扩音器，事业部当亲友团，最后由董秘做好总指挥，当然还有更多不知名的工作人员出现在幕后。"

2.首席资本官

企业的发展阶段从赚钱到值钱，是企业价值定价权逻辑发生根本改变的过程。很多人认为企业市值（或者估值）是董秘或财务总监的分内之事。其实在工作实践中，至少在笔者曾经接触过的企业中，真正能够贯穿企业业务条块、打造资本系统架构、统筹企业价值增长的高端人才还是不多的。

经过实践和交流，我们会发现很多企业的董秘（或者证代），主要还是停留在具体的资本工具执行（如再融资、企业发债等）、信息披露、监管合规甚至三会事务层面开展工作。财务总监主要还是负责财务这块偏多，而且你会惊讶地发现很多财务总监（尤其是非上市公司的财务总监）其实根本不懂资本市场！操心企业价值这件事情的，主要还是上市公司老板本人，或者一小部分有格局有想法的非上市公司老板。

现代企业架构中，管理有CEO，研发有CTO，营销有CMO，财务有CFO，但是缺乏一个管资本的新角色——首席资本官CCO（Chief Capital Officer）。CCO的权责肯定是在董秘和财务总监之上。经验丰富水平高超的资深董秘可以发挥CCO的作用，但CCO的职能肯定不能只限于董秘。首席资本官CCO对人才的业务能力、统筹能力和人生阅历的要求其实蛮高的。

案例9-10　蔡崇信与阿里巴巴的互相成就

现任阿里巴巴集团董事会主席蔡崇信，在阿里巴巴成为全球著名企业的发展过程中发挥了极其重要的作用。加入阿里巴巴之前他的背景是律师、并购副总裁和高级投资经理。放弃70万美元年薪的海外投资公司工作，甘愿每月只拿500元人民币的蔡崇信加入阿里巴巴创始团队之后，虽然是CFO的头衔，但是承担了很多首席资本官CCO的职能。他负责完成了阿里巴巴集团的许多里程碑事件，包括2005年主导收购中国雅虎以及雅虎对阿里巴巴集团投资的谈判等。2024年3月25日，胡润研究院发布《2024胡润全球富豪榜》，蔡崇信以430亿元财富位列榜单第520位。懂资本的蔡崇信和发现千里马的老板马云最终实现了互相成就。

（八）提升公司市值管理水平

对于上市公司而言，二级市场的股价直接反映了其市值的大小。影响二级市场的要素很多，短期内二级市场的涨跌不一定能真实反映企业的内在价值变化，公司基本面的改善也不一定马上带来市值的增长。但是没有公司基本面的改善带来的市值增长，最终一定会打回原形。历史多次证明了这一点。虽然，二级市场的表现是"果"，但是建议企业把精力放在提升核心价值的"因"上，而不要本末倒置，资源错配。

关于二级市场的表现和市值管理，还有一个很敏感的话题："如何区分市值管理和操纵市场。"

2014年5月，国务院颁布《关于进一步促进资本市场健康发展的若干意见》，明确提出"鼓励上市公司建立市值管理制度"。10年后，2024年4月国务院印发《关于加强监管防范风险推动资本市场高质量发展的若干意见》（即新"国九条"），进一步明确："推动上市公司提升投资价值。制定上市公司市值管理指引。研究将上市公司市值管理纳入企业内外部考核评价体系。引导上市公司回购股份后依法注销。鼓励上市公司聚焦主业，综合运用并购重组、股权激励等方式提高发展质量。依法从严打击以市值管理为名的操纵市场、内幕交易等违法违规行为。"

2024年11月，中国证监会发布《上市公司监管指引第10号——市值管理》，正式明确了"市值管理"的定义，即"市值管理是指上市公司以提高公司质量为基础，为提升公司投资价值和股东回报能力而实施的战略管理行为"。该《指引》要求上市公司以提高公司质量为基础，提升经营效率和盈利能力，并结合实际情况依法合规运用并购重组、股权激励、员工持股计划、现金分红、投资者关系管理、信息披露、股份回购等方式，推动上市公司投资价值合理反映上市公司质量。该《指引》并要求"主要指数成份股公司应当制定上市公司市值管理制度""长期破净公司应当制定上市公司估值提升计划"，并经董事会审议后披露。同时，该《指引》明确禁止上市公司以市值管理为名实施违法违规行为。

随着资本市场多年的发展，一些人士利用持股、资金、信息、技术优势，多方合谋实施操纵股价的案件时有发生。在实践中，市值管理与操纵股价仅"一线之隔、一念之差"。

对此，监管层也多次明确：市值管理与操纵市场的界限是清晰的。前者以提高公司内在价值为本，通过提高公司透明度，增强与投资者的信息交流，改善投资者关系来促进市值增长；后者则舍本取末，与非法资金配合，以内幕信息或虚假信息拉抬股价，最终"收割"弱势投资者。市场要增强对这两种不同性质行为的识别能力，不能让一些动机不纯的人将市值管理作为操纵市场的外衣和护身符。而监管层的态度也一直很明确："伪市值管理是上市公司、实控人与相关机构和个人相互勾结，利用资金、信息优势操纵股价，侵害投资者权益，扰乱市场秩序，对此证监会始终保持'零容忍'态势，严厉打击利益链条上的相关方。"

最终如何衡量资本赋能对上市公司（或非上市公司）价值提升的最终效果呢？笔者认为，一定要在相对合理的时间周期内进行综合评价。首先当然是市值（或估值）的增加，但这不是唯一指标。其他的判断要素还包括：同行业市盈率的比较、公司盈利能力的加强、公司战略和资本市场主题的明晰、公司治理结构的完善、公司融资能力的提升、公司行业地位的提升、市场研究报告数量的增长、媒体关注热度的提升、股东结构的明显改善、机构投资者股东的增加、公司市场形象的改善等。如果我们能秉承长期价值主义，耐心做时间的朋友，把企业发展的时间纵轴拉长来看，为企业发展所做的一切努力都不会白费，最后终会体现在企业价值的增长。

四、案例分析

【深度案例9-1】踢爆市值管理黑幕：叶飞操纵证券市场案

叶飞是国内二级市场一个极具争议的私募操盘手。2015年，叶飞曾集中资金优势在尾盘阶段买入信威集团、晋西车轴、江淮汽车、奥特迅、中青宝等5只股票，影响相关股票价格与交易量，继而反向卖出，获利663.79万元。证监会对其作出涉嫌操纵股票价格的行政处罚，没收违法所得，并处以1 991.37万元罚款，总计2 600余万元。

2021年5月13日，已经坐拥百万粉丝的"私募大V"叶飞，在微博上实名公开举报上市公司中源家居（603709.SH）"操纵股价、做庄赖账"，并陆续爆料多家上市公司与资金盘合谋，从而揭开国内资本市场"伪市值管理"重大黑幕。该事件涉及多家上市公司和知名金融机构，在资本市场引发强烈地震。

据叶飞爆料，中源家居找到某中介方进行市值管理，该中介方又找到叶飞"转包"，向其提供上市公司200名股东名册等资料。"对方付了不到定金的10%，一开始说锁仓代持保底给保证金，盘方拉升30%以上。结果，不仅不是锁仓，还直接出货给我们，还不付保证金。"

叶飞在微博中炮轰中源家居和"盘方"做庄赖账，并透露自己拉来公募基金经理和券商资管购买公司股票。不料在投资1 500万元买入后，股价不断下跌，自己找的下家接盘方出现较大损失，找他赔偿。随后上家中介又赖账不付尾款。自己作为中间人，不光没赚到中介费，反而要承担赔偿责任，所以就选择在网络上曝光此事。

当时有证券市场人士分析：叶飞下家接盘实际上就是锁仓，减少拉升阻力，拉升30%大家出货。结果上了当，不仅股价不拉升，反而成为接盘侠，变成了受害者，"盘方"直接把货卖给了叶飞寻找的下家。大家事前商议约定拉升30%，隐含着约定股价操纵嫌疑。

随后，叶飞又点名数家上市公司与资金盘合谋进行市值管理，包括中源家居、昊志机电、东方时尚、今创集团等11家上市公司。此外，"叶飞爆料门"还牵涉多家券商。

2021年5月13日晚间，中源家居发布公告，对叶飞的爆料予以明确否认。

2021年5月14日，该事件引发监管层高度重视，证监会明确表态："将严肃查处以市值管理之名实施操纵市场、内幕交易等行为。"

2021年5月16日，证监会启动对相关账户涉嫌操纵"中源家居""利通电子"等股票价格案的调查程序。

2021年5月17日股市开盘，被叶飞直接点名的股票（即所谓"叶飞概念股"），有6只跌停。

2021年7月23日，证监会在例行新闻发布会上通报了案件的最新进展。经查：2020年9月至2021年5月，史某等操纵团伙控制数十个证券账户，通过连续交易、对倒等违法方式拉抬"中源家居""利通电子"股票价格，交易金额达30余亿元，相关行为已达到刑事立案追诉标准，涉嫌构成操纵市场犯罪。调查还发现，相关金融机构个别人员涉嫌非国家工作人员受贿犯罪。

2021年9月24日，证监会通报称：2020年8月至12月，刘某烨团伙以股票配资、委托理财等方式控制数十个证券账户，涉嫌通过集中资金优势、持股优势连续买卖等手段操纵"南岭民爆"（002096.SZ）股票，非法获利数千万元；叶某（即叶飞）在明知刘某烨等人操纵"南岭民爆"股票价格的情况下，积极提供相关帮助及建议，为操纵市场创造有利条件，并牟取非法利益。

此时，叶飞已被抓捕归案。

随后两年间，曾遭叶飞点名进行"伪市值管理"的多家上市公司高管因涉嫌证券市场操纵被证监会立案调查。

2021年9月27日晚间，上市公司今创集团（603680.SH）公告称，因涉嫌证券市场操纵，董事、总经理戈耀红和董事、副总经理、财务总监胡丽敏收到证监会的《立案告知书》。

2023年9月15日，上市公司东方时尚（603377.SH）的实际控制人、董事长徐雄因涉嫌操纵证券市场罪，被上海市人民检察院第一分院批准逮捕。

2023年11月16日，上市公司昊志机电（300503.SZ）公告称，收到原董事长汤丽君转交的证监会作出的《行政处罚决定书》。其因构成内幕交易，证监会决定没收汤丽君违法所得245.04万元，并对其处以490.09万元罚款，合计罚没约735.13万元。

除上市公司高管外，叶飞举报涉及的基金经理、"中间人"也被调查和处罚。

2023年2月，证监会对原恒泰证券证券投资部副总经理管宣（即叶飞爆料案中的"下家"）作出行政处罚：管宣实际控制使用他人总计6个账户违法买卖股票，持续时间长达十余年，交易金额合计高达3.31亿元，获利212.54万元，被证监会没收违法所得212.54万元，并处212万元罚款。

2023年12月，青岛市中级人民法院发布一批证券期货犯罪典型案例。据青岛中院通报，叶某（即叶飞）明知刘某等人操纵某上市公司股票，经共谋，决定由刘某提供资金，叶某组织机构和人员到该上市公司调研，发布调研报告，再由叶某联系媒体，炒作该公司向优势产业发展等概念，诱骗投资者购买该公司股票，帮助刘某等人获利2 900余万元。叶某的行为构成操纵证券市场罪。鉴于叶某是从犯并且具有坦白情节，青岛中院以操纵证券市场罪判处其有期徒刑三年，并处罚金五十万元。

至此，历时两年多，在资本市场震动一时的"叶飞案"正式落幕，但是其警示意义深远。所谓市值管理必须合法合规，严禁以市值管理之名行操纵市场之实，任何证券市场参与者都必须严格遵守相关法律法规，否则终将受到法律的严惩。

【深度案例9-2】一代投行精英谢风华：资本市场的浮沉人生

谢风华出生于1971年，曾就读于国际关系学院、北京大学、中欧国际工商学院。1994年起从事投资银行工作，是国内首批注册保荐代表人。谢风华2004年即出版专业书籍《中国证券发行制度与市场研究》《保荐上市》，2008年出版《市值管理》一书。客观地讲，谢风华对于保荐发行上市和市值管理的研究，在国内投资银行界是属于开先河的。

谢风华 2000 年 8 月入职国信证券投行部担任项目经理，最高做到投行事业部副总裁兼上海业务部总经理。2009 年跳槽中信证券担任投行部执行总经理。其现任夫人安雪梅，也是首批保荐代表人，华泰证券投资银行部执行董事。业内传言，2008 年国庆节前后，数十位高手汇聚北京，为保荐代表人考试出题。37 岁已婚的谢风华与 32 岁的安雪梅擦出爱的火花。2009 年谢风华不惜分掉几千万元的财产成功离婚，前妻带着孩子远赴新西兰。2009 年年底，谢、安两人正式结婚。"业务能力强、行事高调、身价不菲、为爱奔赴"，从以上评价不难看出这对夫妻在当时是投行界"耀眼的存在"。

可是，命运有时候就是那么波折多舛。

两人新婚之后，美好的一切仅仅只开始了 3 个月。2010 年 3 月，谢风华利用 ST 兴业（600603.SH）重大资产重组内幕交易被举报，并很快遭到监管部门的调查。

2010 年 3 月底，谢风华利用新西兰护照借道香港潜逃至新西兰，成为国内首个涉嫌内幕交易逃匿的投行人士。公安部门发出红色通缉令，该通缉令是国际刑警组织全球范围的紧急快速通缉令。谢风华由此也成为内地证券界、投行界第一个被国际刑警组织红色通缉的人。

2011 年 6 月，谢风华从潜逃地新西兰归国，正式向中国警方投案自首。2011 年 11 月 28 日下午，从"神雕侠侣"变成"逃命鸳鸯"的谢风华及妻子安雪梅双双站在法院的被告席上，接受审判。史称"保荐人内幕交易第一案"。

调查显示，2009 年谢风华在中信证券任职期间，作为厦门大洲收购、重组兴业房产内幕信息的知情人，在内幕信息敏感期内，自己购买并安排安雪梅购买 ST 兴业股票。此外，安雪梅借谢风华负责福建天宝矿业集团借壳万好万家、常州亿晶光电借壳海通集团的机会，通过谢风华亲戚账户提前买入相应股票非法获利。

2012 年 1 月 6 日，上海市浦东新区人民法院作出一审判决：谢风华犯内幕交易罪，判处有期徒刑 3 年，缓刑 3 年，罚金 800 万元；安雪梅犯内幕交易罪，判处有期徒刑 1 年，缓刑 1 年，罚金 190 万元；追缴被告人谢风华、安雪梅违法所得共计 767.65 万元。

但是，故事并没有到此落下帷幕。

再次听到谢风华的消息是 2017 年 8 月证监会召开的例行新闻发布会。谢风华这次是因为操纵市场而被处以巨额罚款并被实施终身市场禁入。

证监会对本案件的通报定性如下：

蝶彩资产、谢风华与阙文斌合谋操纵恒康医疗股票案：上市公司与私募内外勾结，以市值管理之名操纵市场之实。

本案系上市公司实际控制人与私募机构内外勾结讲故事、造热点、炒股价的一起典型案件。恒康医疗集团股份有限公司（以下简称"恒康医疗"）实际控制人阙文彬为实现高价减持股票的目的，与蝶彩资产实际控制人谢风华合谋实施信息操纵。双方约定"管理"股价的目标和利益分配比例，合谋设立资管产品参与交易。股价达到预期后，蝶彩资产、谢风华安排阙文彬通过大宗交易减持恒康医疗股票2 200万股，非法获利5 100余万元；蝶彩资产、谢风华分得4 858万元。此外，在本案调查中还发现并彻查了3起内幕交易"案中案"。本案的严肃查处再次为上市公司大股东、实际控制人及市场机构划定醒目"红线"，警醒各方远离"伪市值管理"。

整个事件的来龙去脉，可以根据中国证监会出具（2017）80号《行政处罚决定书》探个究竟：

2013年3月，谢风华与恒康医疗集团股份有限公司（以下简称"恒康医疗"）控股股东、实际控制人阙文彬在上海见面，阙文彬向谢风华表达了高价减持恒康医疗股票的意愿，谢风华表示可以通过"市值管理"的方式拉升股价，实现高价减持目的。2013年5月7日，阙文彬作为委托人设立"德邦证券 兴业银行定向资产管理计划"；同时德邦证券有限责任公司、谢风华实际控制的蝶彩资产管理（上海）有限公司（以下简称"蝶彩资产"）以及阙文彬三方签署《研究顾问协议》，约定蝶彩资产根据阙文彬在恒康医疗股价不低于20元/股的情况下就持有的2 000万股恒康医疗股票进行减持的需求，为其提供减持策略报告和操作方案，并收取研究顾问费。从2013年5月9日蝶彩资产开始履行顾问服务义务至7月4日阙文彬完成减持恒康医疗股票的期间，谢风华及蝶彩资产向阙文彬提出一系列"市值管理"建议，阙文彬通过实施"市值管理"建议，操纵恒康医疗股价。2013年7月3日、7月4日，阙文彬减持恒康医疗股票2 200万股，共获利51 621 068元；7月5日，阙文彬按照约定向蝶彩资产支付研究顾问费48 580 000元。

本案中，谢风华、蝶彩资产与阙文彬合谋操纵恒康医疗股价，违反《证券法》第七十七条第一款的规定，构成第二百零三条所述操纵证券市场行为。根据《证券法》第二百零三条的规定，中国证监会决定没收蝶彩资产违法所得48 580 000元，并处以97 160 000元罚款；谢风华作为直接负责的主管人员，对谢风华给予警告，并处以60万元罚款；没收阚文彬违法所得3 041 068元，并处以3 041 068元罚款。同时，对谢风华采取终身证券市场禁入措施。

其实就在2011年"内幕信息案"判决4个月后，尚处于缓刑期的谢、安二人就于2012年5月初创办了蝶彩资产管理（上海）有限公司。公司初始股东赫然写着"谢风华、安雪梅"等名字。2013年谢风华对外接受记者采访时，依旧高调直言自己就是蝶彩资产的实际操盘人。

性格决定命运，看来谢风华一直没有学会"低调"和"藏拙"，这也为他后面的命运埋下了隐患。

2013年4月1日，蝶彩资产推出私募基金产品"蝶彩1号"，成立后即建仓江苏宏宝（002071.SZ）。短短18个交易日后，江苏宏宝即宣布停牌重组。2013年8月9日，江苏宏宝复牌后连续12个涨停板，蝶彩资产获利丰厚，一战成名。

2016年8月22日起，四川双马（000935.SZ）的股价从7元一直涨至10月24日最高价29.13元。仅仅两个月，股价翻了近三倍，涨幅居沪深两市首位，堪称那个时期A股的"妖股之王"。这只股票的背后，也出现了蝶彩资产的身影。

蝶彩资产屡次精准押中重组股并高额获利，令其再次陷入舆论旋涡，不可避免地又被监管部门盯上了。翻阅同时期上市公司公告（包括西藏旅游、三房巷等多家上市公司），只要有蝶彩资产出没的地方，往往就会伴随着监管部门的问询函。终于，在恒康医疗案件中，谢风华的"罪名"被坐实，并被处以"终身证券市场禁入"的"从业极刑"。

谢风华随后申请行政复议。2017年12月12日，中国证监会出具了行政复议决定书〔2017〕168号，维持原行政处罚。通过认真研读该行政复议决定书，我们可以对"伪市值管理"的具体做法、危害和定性有更清晰、直观的认识。

该行政复议决定书认定："经查明，蝶彩资产、谢风华与阚文彬合谋，利用阚文彬作为上市公司控股股东及实际控制人的特殊身份，控制恒康医疗密集发布利好信息，人为操纵信息披露的内容和时点，未及时、真实、准确、完整披露对恒康医疗不利的信息，夸大恒康医疗研发能力，选择时点披露恒康医疗已有的重大利好信息，导致恒康医疗股票价格出现异常。阚文彬在恒康医疗股票被拉抬后，卖出恒康医疗股票获利。

　　本会认为，根据蝶彩资产与阚文彬签署的《研究顾问协议》等材料，蝶彩资产、谢风华提出'市值管理'建议的最终目的是把恒康医疗的股价拉升到20元/股的价位，以便阚文彬在该价位减持恒康医疗股票。蝶彩资产、谢风华提出的'市值管理'措施主要包括采取收购医院、安排行业研究员调研、安排财经公关和证券媒体采访等方式改善恒康医疗资本市场形象；加强信息披露，将恒康医疗正在做的对股价有提升的项目向市场披露来进行市值管理。从恒康医疗在涉案期间披露的收购三家医院、'DYW101'项目和'独一味'牙膏等事项来看，阚文彬采纳了谢风华提出的'市值管理'建议，相关信息披露时点与阚文彬的减持操作相匹配，且存在未完整、准确披露信息的情况。从相关信息披露的影响结果来看，相关利好信息的披露对股价产生明显有利的即时影响。因此，蝶彩资产提出'市值管理'建议并由阚文彬、上市公司具体实施的行为，在主观目的、客观行为、影响后果等方面构成利用信息优势操纵股价的情况，认定蝶彩资产操纵市场并无不当。在蝶彩资产与阚文彬主次责任的认定问题上，蝶彩资产通过向阚文彬提出'市值管理'的各种建议以及操纵市场的各种手段，在操纵恒康医疗的整个过程中发挥了出谋划策、统筹布局的主要作用，且其获利巨大，影响恶劣，认定蝶彩资产发挥主导作用、承担主要责任并无不当……"

　　一代投行精英人生大起大落，最终折戟沙场，成为法律意义上的"罪人"，难免让人感慨。掩卷叹息之余，眼前又飘过一个个鲜活的名字，他们都曾经是资本市场和投行投资界的大佬，离我们或近或远。

　　资本市场仿佛一个大戏台班子，你方唱罢我登场，看尽潮起潮落楼起楼塌。唯一不缺的就是各色各样的人物和他们的故事。有的功成名就，事了拂衣去；有的深陷巨大漩涡，被迫离开人世间；还有的曾经叱咤风云、威震四方，但已经被遗忘，职场新人们甚至都不知道他们存在过。

　　半生风云忘遮路，一蓑烟雨任平生。

　　关于资本市场一切的人和事仿佛就发生在昨天，无论是首富还是新兵，无论壮怀激烈还是归于平静，在历史长河中都是短暂的一瞬，留待后人评说……

参考文献

[1] 稻盛和夫：《活法》，东方出版社，2019年版。

[2] 黄奇帆：《结构性改革：中国经济的问题与对策》，中信出版集团，2020年版。

[3]（美）迈克尔·波特著，陈丽芳译：《竞争战略》，中信出版社，2014年版。

[4] 杨国安：《组织能力的杨三角：企业持续成功的秘诀》，机械工业出版社，2015年版。

[5] 华夏基石产业服务集团主编：《长期价值主义：数智时代的赢家思维》，中国财富出版社有限公司，2021年版。

[6] 宋华：《供应链金融》，中国人民大学出版社，2021年版。

[7] 宋华：《智慧供应链金融》，中国人民大学出版社，2019年版。

[8] 张占斌等：《资本是什么：中央党校专家深层次解读资本的本质》，中共中央党校出版社，2022年版。

[9]（德）卡尔·马克思著，曾令先、卞彬、金永编译：《简明〈资本论〉》，天地出版社，2018年版。

[10] 李利威：《一本书看透股权架构》，机械工业出版社，2019年版。

[11] 郑指梁：《合伙人制度：以控制权为核心的顶层股权设计》，清华大学出版社，2020年版。

[12] 谷志威：《私募股权投资基金实务操作指引（修订版）》，法律出版社，2015年版。

[13] 中国证券投资基金业协会 组编：《证券投资基金》，高等教育出版社，2017年版。

[14] 中国证券投资基金业协会 组编：《股权投资基金》，中国金融出版社，2017年版。

[15] 张磊：《价值》，浙江教育出版社，2020年版。

［16］邱国鹭：《投资中最简单的事》，中国人民大学出版社，2014年版。

［17］陈宝胜、毛世辉、周欣邱：《并购基金实务运作与精要解析》，中国法制出版社，2018年版。

［18］华生：《万科模式：控制权之争与公司治理》，东方出版社，2017年版。

［19］申林平：《上市公司破产重整：原理与实务》，法律出版社，2020年版。

［20］陈磊：《图解不良资产处置：资产管理公司处置模式操作要点与难点》，法律出版社，2022年版。

［21］王彬：《价值再造：不良资产经营实操详解》，法律出版社，2022年版。

［22］陈一诚：《迈向千亿之路》，中国财富出版社，2024年版。

［23］本书编写组编著：《党的二十届三中全会〈决定〉学习辅导百问》，党建读物出版社、学习出版社，2024年版。

附 录
关于资本运作与企业发展的采访实录

附录一　要正确认识资本：它既不是天使，也不是恶魔

———访谈资本战略专家屈全军

（原文刊载于凤凰网《首席访谈》2022年7月，略有删改）

随着北交所揭牌开市，我国资本市场正经历大发展、大变革、大调整阶段，众多快速发展的中小企业也迎来了时代的机遇。据统计，今年6月，IPO受理企业出现井喷现象，沪深市场、北交所共计受理了437家企业的IPO申请。

我们听到过众多关于资本改变企业发展轨迹甚至命运的故事，有艳阳高照，亦有腥风血雨。万象纷繁之中，企业掌舵人应如何把握生产经营与资本运作之间的关系？资本运作是帮助了企业，还是毁掉了企业？如何借助资本力量实现企业高质量发展？股权的本质究竟是什么？

凤凰网广东采访到资本战略专家、资深保荐代表人屈全军老师，为我们答惑解疑。他认为，企业家们对于资本市场要有正确的认识。资本既不是天使，也不是恶魔，它只是一个工具。

优秀企业家的特质：有情怀、懂江湖、通人性

凤凰网广东：您曾是资深保荐代表人，经历过很多企业的IPO上市和资本运作，而且多年来一直和很多企业家打交道。您认为一位优秀的企业家需要具备哪些能力呢？

屈全军：我一直觉得优秀的企业家至少应该具备三种能力：经营管理的能力，资本运作的能力，产业链的整合能力。

通过20多年跟企业家打交道，我觉得经营能力是天生的，至于管理能力其实是可以后天学习和培养的。经营管理能力是企业最基本的内在能力，但是

后面两种能力可能很多企业家不具备,所以他们没有成为上市公司,没有成为大老板。

资本运作的能力是指企业家对资本要有一个深刻的认知:资本既不是天使,也不是恶魔,它是你的一个工具而已。资本运作能充分利用资本市场的优势为企业增值,把资产进行证券化。

最后就是产业链的整合能力,通过对企业家的走访,我们发现了这样一个趋势,目前企业估值上千亿元规模的,很多都是产业互联网平台公司。产业平台整合能力的核心是供应链的整合能力以及数字化的能力,这些都是现在很多企业家所正在学习和正在建设的。

凤凰网广东: 您认为一名优秀的企业家,需要具备哪些性格特质?

屈全军: 我在资本市场从业20多年,多多少少应该接触过几百上千个企业家了。我发现优秀的企业家都有这样的特质:有情怀,懂江湖、通人性。这样既有高度也有广度,还有深度,企业才能生存下来,并且生存得更好。

企业家和商人最大的区别就是企业家有责任感,有情怀,企业家"家国情怀"的宽广程度决定了他的企业能做多大;企业家必须懂得江湖,因为毕竟是个商业战场,商场如战场,所以"眼睛看着天,脚下不走路",企业是活不了多长的;企业家要通人性,这个人性我的理解就是社会的运行规则。好的企业家其实都是人性管理大师。

凤凰网广东: 同样时间点创业,为什么有的企业家能做到上千亿元,而有的却依然是小企业?

屈全军: 我觉得一些企业为什么能够达到几百亿元甚至上千亿元规模,很大的原因在于这些企业家能够准确地判断出"大势"在哪,并且能够顺势而为。同时这些大企业家都有"利他"的思想,都在构建生态。其实,很多大企业家同时也是哲学家。

而有些小老板喜欢把很多东西全部紧紧抓在自己手里,这个也舍不得放那个也舍不得放,你会发现这企业干了5年、10年还是两三个人。当然,能活下来已经很不错了,很多企业可能三年之内就死掉了。一个企业家能做到多大,跟他的格局是有很大的关系的,这已经从很多案例上得到了印证。

资本是"挥着翅膀的天使"还是"肮脏的恶魔"？

凤凰网广东：您认为，一个企业的盈利模式大致可分为几类？

屈全军：虽然不同的企业看起来千差万别，但是从根本上来说，企业挣的主要是三部分钱：第一部分是赚贸易差价，这是最容易的，但仅仅是这样，企业做不到很大；第二种是赚企业自然增长的钱，包括成长性溢价、品牌溢价、组织分工合作的溢价等；最高级的应该是赚企业资产证券化的钱，很多人是没有这个意识的，也没有这个概念。资本市场出身的人，如果他同时能够静下心来做生产经营的话，这类人才的格局还有势能使他在方法上比只会做转手贸易的人可能要高明很多。

凤凰网广东：基于您的经验来说，企业家们对待资本市场的态度有哪几种？您如何看待这种现象，或者说，您认为企业家应该持怎样的态度与认识？

屈全军：一个优秀的企业家对资本市场必须要有正确的认识。资本既不是天真地扇动着翅膀的小天使，也不是让人害怕的洪水猛兽。企业家要学会借势资本，同时要深刻理解资本，不要被资本绑架。我们见了太多这样的例子，有些企业家视资本运作为洪水猛兽，蔑视资本，远离资本，结果企业无法借势，发展极其缓慢；也有些企业家经常把资本运作挂在嘴边，奉空手套白狼为成功秘笈；还有些企业家因为对资本和股权认知不够而陷入股东之争甚至牢狱之灾。所以正确认识资本和股权对一个企业的发展非常重要。

凤凰网广东：您是资本战略专家，您认为资本运作主要包括哪些内容？

屈全军：资本运作的范围是很广的，资本运作的含义就是资源的资产化，资产的资本化，资本的证券化。具体来说它的方式包括投资、融资、上市、并购、重组、定增再融资，甚至包括后面的减持、控制权争夺、市值管理等。所有跟资本有关的事情都可以叫作资本运作，所以这个资本运作概念是很广的，不要以为资本运作只是上市公司的事情，其实对于非上市公司来讲，也非常需要对资本运作有基本的概念，对股权有基本的认知。

凤凰网广东： 您认为应该怎么去理解股权和股权的顶层设计？

屈全军： 股权是资本运作的基础，就像人需要的空气和水一样。股权从法律的意义上来讲，指的是股东的权利，包括分红权、表决权、处置权等。

我认为股权的本质就是认知，对自己的认知，对企业的认知以及对社会运行规律的认知。所以我觉得股权是有灵魂的。

企业如何搭建顶层架构设计非常重要。一个企业只能有一个船长，航行的方向最后只能由这个船长定，当然在船沉的时候船长也必须最后一个下船。股权是稀缺资源，总共就100%，所以如何将100%很好地分配给不同类型的人，让他们一起把这个船航向更好的远方，就非常体现出船长的智慧。

如果企业家对股权没有深刻的认知，顶层股权架构设计不合理，未来会出现很多的事情。有一句话形容股东之间的关系：第一年同舟共济，第二年就开始同床异梦，第三年开始同室操戈，第四年就同归于尽。

最近有个案例，蓝翔技校校长亲手把他的三个女儿和他的原配夫人送进了监狱，为什么会是这种结局？真不知道他们当初做企业的目的是啥？难道只是为了体验这令人不可思议的人生吗？

凤凰网广东： 企业为什么要上市？企业上市会带来哪些机遇和挑战？

屈全军： 上市也好，资本运作也好，都只是企业发展的里程碑和手段而已。一个企业最终能走向多大，走向哪里，所有的一切最终还是起源于企业家自身的价值观和他的最初的发心。企业在准备上市之前，老板一定要想清楚，为什么要上市？千万不要因为别人上市所以我就要上市。上市既有好处，也有坏处。

比如说，上市之后能充分享受资本市场红利，企业有市盈率了，公司估值大幅溢价，股东财富大幅增值，公司对非上市公司收购兼并更加容易，公司治理机制更完善、成为公众公司后，品牌知名度更响，更容易吸引人才。

但是企业上市成为公众公司之后，经营业绩压力加大，社会责任更大，受到的监管力度也会更大，很多的细节会被公众用放大镜来观察。企业家必须有能力承受这些压力，受到这些约束。

上市是一件水到渠成的事情，不要着急

凤凰网广东：对于企业IPO上市，您有哪些经验可以跟中小企业家分享的？

屈全军：这么多年下来，我逐渐觉得上市应该是一件水到渠成的事情，要慢慢来，不要着急。很多企业就是因为太着急了，然后会发生很多的问题。上市过程的隐性成本相对说还是比较高的，如果一个企业还没有到能承受这些隐性成本的阶段，我建议企业家缓一缓，不要那么着急，太多拔苗助长，最后造成业绩虚高、造假、"暴雷"的情况值得深思。

什么样的企业能成为上市公司？我的结论是只要这个行业不是国家所限制的，只要这个企业家基础不是太差，真正想把企业做好，真正发自内心想成为一个优秀的公司，对股东负责、对这个行业作出贡献的话，坚持不懈，用时间去换，5年、10年，这个企业迟早大概率会上市成功的。

凤凰网广东：企业上市要做好哪些规划？

屈全军：上市是企业发展历程中最重要的一件事情，所以企业家一定要充分做好上市的规划。企业有一定规模后，会有一堆人围着你，包括投资机构，保荐机构，律师，会计师，甚至包括各种地方政府机构等，大家都会催促你尽快上市。

但是有些事情企业家一定要独立思考，自己做主。例如，上市地点的选择（国外还是国内？上交所、深交所还是北交所？）、上市时间的选择（着急赌一把？）、究竟是独立IPO还是被并购等（其实差别巨大），扩张方式（这单并购真得非做不可？）等，这些都是极其重要的资本战略，千万不要被各种机构、各种人群出于各种目的诱导了，而你却浑然不知！不同的选择，会给企业带来完全不同的结果。不要以为资本只是鲜花和掌声，资本也可能是台绞肉机。多年后回过头来再去看资本市场上这么多鸡飞狗跳、刀光剑影，甚至互相要把对方送进监狱里的事情，它的根源就来自企业家对资本认知度极其不够，资本战略选择失误！

凤凰网广东：您如何看待企业并购？

屈全军： IPO是企业独立长大的成人礼，而并购却像结婚，两者相差其实很大。一个成功的并购会涉及很多的因素，如并购战略的制定、并购时机的把握、并购执行的能力，以及最重要的并购的整合能力。

并购是资本运作的一种手段，是企业快速扩张的一种方式，但并购不是万能的。很多企业盲目并购，结果对企业发展造成了重大障碍甚至破产。

我认为好的并购理念应该是："研究发现价值、交易创造机会、资源提供赋能、文化促进整合。"并购就像婚姻一样，最核心的还是双方的价值观要一致。你不能只看到它的资产优质，概念时髦，你更要看到两个企业的价值观是不是一致，企业文化能不能融合，有没有可能携起手来一起走五年、十年甚至更长时间。如果以至少五年为一个周期，回顾当初国内的那些并购案，你会发现很多都是战术成功、战略失败的案例！看的越多，感受越深。

凤凰网广东： 您怎么看待市值管理？

屈全军： 我们看到太多的企业，或者太多二级市场出身的操盘手，他们把市值管理当成一场狂欢，最终目的还是炒作概念、炒高股价。这么多年看下来，我觉得真正的市值管理还是踏踏实实把企业的基本面做好。企业家要具有长期价值主义的思维，专注要把资产端做好，要增强生产经营能力，增强管理能力，扩大拿订单能力，加强数字化和供应链的能力，加强新技术研发能力，等等。当你真正把资产端的价值做起来，自然有人会发现并挖掘它的二级市场价值。经历过几轮的周期和轮回，我们会发现，为了市值管理而市值管理，终将是一场泡影。

凤凰网广东： 对于想从事金融、投资、投行的年轻人，您作为过来人，有哪些建议？

屈全军： 我的建议是：年轻人要建立自己的就业护城河。如果有选择机会，在本科选择一个门槛高的实业或者高科技专业，如生物医药、人工智能等，再辅修金融、会计、法律专业，或者通过研究生阶段选择金融、会计、法律类专业，或者在业余时间参与CPA、司法考试等，拿到这些证书。这样，你的含金量和机会就会比别人多一些。金融行业越来越内卷，纯学金融出身的人，除非是做衍生品，做量化，但是这些对数学要求是极高的，对逻辑和理解能力要求是极高的，对学校的要求也是很高的，真正做的好的也是凤毛麟角。所以对大多数人来讲，单纯的金融专业想做投资或者投资银行其实越来越难。

另外，不要认为金融行业就很高大上。其实很多同行都自嘲自己是"金融民工""投行民工"。年轻人一定不能浮躁，要多读书、多思考、多与前辈交流，要通过各种方式提高自己的见识和认知。

这个社会，没有落后的行业，只有落后的思维。

附录二　百战归来、跨界赋能的"企业医生"

（原文刊载于凤凰网《首席访谈》2022年3月，略有删改）

科创板、北交所的横空出世，让很多中小企业热血沸腾，纷纷把目光投向了上市。但上市究竟意味着什么？可能很多企业都没有真正搞懂。上市只是企业发展过程中的一个重要里程碑而已，往后还有很长的未知的路要走。即便上市成功也并不意味着一切。

在屈全军看来，一个公司想要借助资本市场成为卓越的百年企业，就必须了解资本魅力而残酷的两面性，以史为镜，少走弯路。一个企业要想真正长久健康的发展，企业家就必须全面了解企业发展的生命周期，以终为始，未雨绸缪，提前了解并规划包括资本战略在内的顶层结构设计。

屈全军是国内鲜有的投行复合型人才。他是投资银行的先行者，2005年进入投行，分别就职过国信证券、长城证券、安信证券，并很早就拿到了金字塔顶尖的保荐代表人资格；他也是投行的探索者，率先从投行转型进入投资，先后任职博时基金、招商局资本；他又是投行投资专家中最懂咨询的人，曾就职于国内著名的管理咨询公司华夏基石，并获得了CMC国际注册管理咨询师总师的资格。（编者注：2023年5月后，他又担任某市级大型国有基金投资公司执行总经理一职，管理母基金和直投基金规模300多亿元，并为当地的资本招商和产业发展带去了大量的优质资源。）

在近二十年金融资本一线工作实践中，他既亲身经历过资本市场的鲜花和掌声，也见证过资本江湖的"腥风血雨"。百战归来，如今屈全军很形象地称自己是一名"企业医生"，专注于给企业"治未病"。《黄帝内经》曰："上工治未病，不治已病，此之谓也"。内修管理，外接资本，以终为始，防患未然。

资本江湖：冰山之下，另有洞天

2005年屈全军初入投行。当时的投行大佬只问了他一个问题，既不关乎财务、也不关乎法律，而是："你觉得什么是江湖？""当我听到这个问题的时候，愣了一下。"

再度回首时，屈全军才真正理解什么叫"资本江湖"。几十年从业生涯，经历过、看见过、体验过有人或飞黄腾达、或历经坎坷、或抱憾远足、或清冷向隅的众生百态。

屈全军对企业和企业家有很多感悟："一个优秀的企业家一定同时具备三大特性：有情怀、懂江湖、通人性。""企业家既要有经营管理思维、又要有资本运作思维，还有要产业生态思维。""资本市场不是比谁挣钱更多，而是比谁活的时间更长。"

诸如此类的金句很多，而他对资本和企业的理解也从最初的IPO上市条件、财务、法律、公司治理规范这些投行基本关注点逐渐转移到了趋势、周期、价值观、人性、哲学这些隐藏在冰山之下的深层次的阶段。这让他在和企业老板交流时，能够全局着眼，深入剖析，一针见血，指点迷津。

屈全军列举了他亲自经历过的几个现实案例，既有正面的也有反面的。有一家企业的老板很有毅力，规模本身不大，为了上市坚定不移，前后换过5轮券商，失败过2次，总共历经了10年，最后终于上市成功，凤凰涅槃，令人十分感慨。也有一些企业从上市之初的几十亿元市值，经过多年稳扎稳打，从不被人看好到竟然发展到了几百亿元市值。

当然也有一些反面案例，比如有一些企业对于上市理解不够，操之过急，各种成本过高，最后竟然导致企业因为规划上市而陷入破产困境；有些企业股权顶层设计不合理，股东内斗、失控或者财务税务成本过高。

至于成功上市之后，也有很多的企业故事。有些企业家上市敲钟之后，突然陷入迷茫之中，不知道下一步该往何处去；有些企业家上市之后过于膨胀，目中无人，结果股东内斗，破产、牢狱之灾纷沓而来。

"我和一个类似的企业家交流过，满脸沧桑、一身落魄，一直感悟'诸行无常'；还有一些企业家过于执念，比如有一家行业头部的上市公司，市值也不低，一直在400亿元左右徘徊，但因为隔壁同时发展起来的互联网巨头市值突破了3万亿元，该企业家陷入了极度的失落和焦虑之中……"屈全军说道。

如此种种，屈全军形象的把它们称为"上市强迫症""上市失调症""市值焦虑症"。这些"上市综合征"的出现，既和企业家的价值观、格局、视野、认知和修行有关，也和当前企业普遍缺乏既懂资本运营又懂战略和管理的综合性的"企业顾问""企业医生"有关。

企业家明明知道企业在涉及资本和股权方面存在问题，却不知道应该找谁咨询。懂投行的了解上市和合规，却无暇顾及单个企业的战略和经营，因为这不是他们的业务范畴，更遑论以企业家的心态和高度，陪伴企业解决自身的问题；懂管理的了解组织、人力、文化，却对资本和股权一脸茫然，更谈不上指导。

不过，既要具备资本投行思维，又要具备整体战略思维和经营管理思维，这对"企业医生"综合素质的要求极高。

激荡二十年：从投资银行的"先行者"到"探索者"

屈全军的微信通讯录中，有一两百家上市公司老板和高管的微信号，许多都是他在投行、投资、咨询过程中服务过的企业。

屈全军算是投行的先行者。2005年，他从建筑行业跨行进入金融行业，为此他放弃了北京户口来到了深圳，并竞争过一批清华北大高材生，进入了大家眼中的金字塔行业——投资银行。

投行的十年，为屈全军后来成为"企业医生"打下了坚实基础。他主导帮助过数十个项目进行IPO、改制辅导和公司治理，也帮助过国资和民企做过并购和买壳（收购上市公司控制权），还拿到了投行最具含金量的保荐代表人资格。在他那个年代，投行本身就是极高的进入门槛。即使是在投行人员中，少的时候仅3%，多的时候也只有10%左右的人能拿到保荐人资格，可以说这是金字塔塔尖的标志。

然而拿到保荐人几年之后，屈全军又做了一个别人无法理解的决定，转型去做投资，并先后加入博时基金、招商局资本，成为了投行转型早期的探索者。谈及初衷，屈全军说道："我喜欢与企业家打交道，想要做真正的投资银行。我不希望陷入文字材料之中，更希望能真正帮助到企业的发展。"

转型投资过程并不容易。一般人觉得两者差不多，但其实只有躬身入局才知道彼此在底层逻辑的巨大差别。投资需要对产业发展趋势和企业的未来做出准确的判断，而投行更多是对企业过去的历史做出整改并围绕资本市场的政策及时应对。

经历转型阵痛的屈全军，也磨炼了一种投行不具备的投资思维和视野。他开玩笑说："做投资的赌性其实比投行大的多。投资是躬身入局，亲自下海游泳，有可能会被淹死；而投行是站在岸上指挥别人游泳，自己被淹死的概率很小，除非你指挥失误，下面的人不服，强行把你拉下水。"

至于股权，他理解更深刻。很多人认为股权意味着财富，但后来他却认为："股权的本质其实是认知。企业家对股权的认知决定了企业能做多大，能走多远。我见证过的所有企业案例都证明了这一点。一个企业是有基因的，在它工商注册的那一刻就决定了未来的命运。为何？如果你站在更高的维度，俯视当时的那个时空能量场，在那个时间、那个地点、那个人领着那一群人、在那样的股权结构下，为了那个目的，进入那个行业。这难道不正是企业未来命运的走向吗？可能有一个机会可以修正企业的命运，那就是以上市为目标的改制和辅导，但只是修正而不是根本改变。"

百战归来：架起企业与资本之间的桥梁

这些年，屈全军开始重读古代哲学经典，这为他助力企业长远发展，又提供了深度和厚度。通过和几千年前的圣贤对话，屈全军说他的收获很大。

比如《大学》里面讲到的"知止"，"知止而后有定，定而后能静，静而后能安，安而后能虑，虑而后能得。""对于企业家而言，有必要了解自己和企业的能力边界，发展企业要有平和的心态，反而才能走的更远。"

又比如"利他"，日本伟大的企业家稻盛和夫多次提到"利他"并改变了很多人。其实在充满中国古代智慧的《道德经》中早就多次提到"利他"，"水善利万物而不争""夫唯不争，故天下莫能与之争"。

还有《道德经》中讲到的"少则得，多则惑"。这对企业的发展极其重要。有些企业一辈子只做一件事情，结果做成了全球第一，而有些企业获得上市和资本融资之后，认为自己无所不能，盲目多元化，四处并购，结果"力小而任重""满地鸡毛"。

屈全军经常说起他之前做上市时候遇到的一个优秀企业家，谦虚、低调、专注，曾多次提及"慢就是快""自律""坚韧""利他""专注"等词语，当时他阅历尚欠，不懂其深意。然而，十多年后屈全军终于领悟，并在古代智慧中找到源头，而该企业家早已经做到行业第一，上市5年市值翻了快10倍，其本人也获得了"全国优秀企业家"，终成伟业，广为天下知。

"这些收获和领悟是只有券商投行经历的人无法体会的。"屈全军表示，因为他不同的跨界经历，才能在服务企业时，既有全局思维和经营意识，以终为始，打造企业顶层结构设计；又能专注企业家最痛点的问题，用发展的眼光和资本手段为企业助力。

站在新的起点，屈全军明确了自己全新的定位：以终为始，跨界赋能，用其所学所得所悟，架起企业与资本之间的桥梁。

在咨询公司期间，屈全军的管理咨询同事们都特别愿意邀请他一起参与企业家的战略研讨会，为企业把诊问脉。"高屋建瓴""一针见血""醍醐灌顶"是他经常获得的评价，为此屈全军在咨询界收获了一大批粉丝，而他也逐渐接受了"屈老师"的称呼。

"虽然在咨询行业，遍地都是老师，遍地都是专家。但我是投资银行保荐人出身，比较严谨，我觉得老师是一个很厚重的称呼，不敢轻易承受。"在收获了一次又一次的肯定和掌声之后，现在的屈全军终于觉得自己像个老师了。

后 记

若时间拉回到2005年，那时屈全军在北京的大型国企工作，刚刚MBA毕业，面临两个选择：一是做投资银行，二是做管理咨询。当时他选择了投资银行。然后近二十年后，兜兜圈圈他竟然又回到了当初的起点。

不过，这个起点早已不再是曾经的起点。就像爬山，人只顾低着头，不断攀登，爬完一座，还有一座，无穷无尽。回头看时，才会发现背后竟已是群山环绕，雄壮巍峨。

归来仍是少年。然而这个"少年"早已经是身经百战，医者仁心。屈全军表示，最近几年资本市场出现了很大的变化，为很多中小企业和创新性企业提供了巨大的机遇。他希望余生用自己的经历、经验和智慧为更多有潜力的优秀的企业服务，帮助企业少走弯路，发展壮大，用利他之心完成个人的使命并回报这个社会。

（编者注：此次接受采访之后，屈全军先生突然萌生了一个念头：这一辈子，一定要写一本书，完成一项人生梦想，构建一套全新体系，帮助一批有需要的人，实现个人使命和价值。又经过近3年的努力和坚持，才有了本书的诞生。）

推荐语

（以下排名不分先后）

资本市场在促进实体经济高质量发展、推动中小企业健康发展、支持科技企业创新发展等方面发挥了重要作用。作者全景展示了中国资本市场的运行体系、规则和实际案例，帮助中小企业学习金融、了解资本、最终走向成功。本书具有思想性、可读性和实操性，值得推荐。

林龙安

第十四届全国政协委员

第十三届全国人大代表

第十二届全国工商联常委、中国民间商会副会长

禹洲金控（香港）有限公司董事长

建立全方位、多层次的科技金融服务体系对于高科技企业的高质量发展至关重要。本书作者通过二十年实践经验的梳理与提炼，帮助广大科技型企业深刻了解股权和金融的本质，借助资本的力量把企业从初创发展到卓越，提供了一份系统、全面的战略指南，值得称赞。

王理宗

第十四届全国政协委员

广东高科技产业商会会长

现代企业的竞争是人才、技术、产业和资本的高度竞争，每一项对于有梦想的企业家来讲都是一个痛苦的历练。我对创业者最重要的忠告就是要拥抱苦难，在苦难中享受突围的快乐。金钱至上的代名词是高风险，只顾着追求金钱的企业家们很多都倒了。清醒地了解资本运作并拥有正确的价值观对于企业

家特别的重要。本书作者深厚的从业经历、系统的知识框架，书中关于资本两面性鲜活的案例，能够帮助众多苦寻资本之门的企业家实现认知的突围，并享受企业价值增长带来的快乐。

黄宏生

创维集团创始人

开沃新能源汽车集团董事长

企业发展是一个长生命周期的过程，不同行业也具有一定的时代烙印。在改革开放浪潮的推动下，中国资本市场发展迅速并呈现出多样化特征，资本运作也成为企业发展的重要能力。本书作者成功保荐过我公司IPO上市，具有丰富的职业背景和实践经验。本书从不同视角梳理中国资本市场发展的脉络，既有专业的理论知识又有典型的案例剖析，阅读本书有助于理解资本运作与企业发展的相互关系，值得推荐。

白宝鲲

上市公司坚朗五金（002791）董事长兼总裁

2019—2020年度"全国优秀企业家"

相识作者缘于十数年前对我司IPO的成功保荐。十数年间，作者既是投行资深保荐代表人，又做过投资，管理过大型产业基金，在资本市场体验多种角色，实践经验非常丰富。十数年后作者能摒弃浮华，出书立传，以更深刻的视角把穿越资本市场周期和浮沉之后的深邃思考，把企业在资本市场上的顶层设计，奉献给读者，实属难得。这本书对帮助企业家和创业者深入了解股权和资本运作有重要指导意义，值得细细研读。

孙迎彤

上市公司国民技术（300077）董事长

很多人认为兼并收购、股权流转遵循的是你死我活的丛林斗争法则，殊不知恰恰相反,结局圆满的资本运作体现的都是"利他、共生、圆融、和谐"的价值观和人生智慧。企业管理的最高境界是修心,这是我从事企业研究40年来的心得。资本运作再复杂,也只是一种手段,也要回归企业发展的本源。很多企业家在所谓"成功"之后自我膨胀,认不清楚自己;抑或是管不住欲望,盲目贪大求全,结果都出了大问题。作者在金融资本这样的专业领域,见证过周期和浮沉之后,获得了"见自己、见天地、见众生"的禅悟,提出要用"平常心"对待资本运作,让人惊喜。相信这本书能引领你进入资本的世界,领悟股权的本质,避开危险的陷阱,走向真正的成功。

彭剑锋

中国人民大学教授、博导

华夏基石管理咨询集团董事长

《华为基本法》起草专家组组长

投资是为了企业成长,让被投企业价值最大化。所以投资人和创业者同频共振、互相成就至关重要。这本书在系统性介绍投融资、上市、并购等金融资本知识之外,融合了作者丰富的工作阅历,以及对"利他、共生、接纳、和解"等人生智慧的理解,别具一格,让人眼前一亮,值得一读。

厉 伟

松禾资本创始合伙人

中国最具影响力的投资人之一

在瞬息万变的商业世界中,资本与人是两大核心要素。作者以专业而通俗的笔触,全面解读了新政策下的资本市场现状,深入浅出地剖析了资本运作的深层逻辑。本书不仅是一本信息量翔实的知识宝库,也是企业家、创业者和投资人不可或缺的实战指南。尊重市场,善用资本,助你在商业竞争中抢占制高点!

郑伟鹤

同创伟业创始人、董事长

中国最具影响力的投资人之一

"人与人之间最大的差距，不在贫富，而在认知。"本书正文的第一句话扑面而来，就牢牢吸引了我。在我随后如获至宝的阅读中，作者以其在投行与投资界数十年的丰富阅历为基础，以朴实、明快、准确的语言全景展示了中国资本市场，刷新了我对中国资本市场的认知，也刷新了我对老朋友（作者）的认知。

本书既有对中国资本市场的宏大叙事，又有细致微观的深入剖析；既有手把手传授的实操经验，又有面对面抒发的人生感悟。从阅读中能感受到，本书精粹了作者的职业生涯和人生智慧，是一部呕心沥血的精品，也是我从事资本市场服务二十余年来难得一见的佳作。作者以利他心和使命感，无私向读者和盘奉献了他提炼后的经验、心得和智慧，我感到唯有认真研读，方能尽可能多地吸取到营养，也不负作者的利他情怀。

我相信，对于资本市场中无论是老兵还是新手，抑或有进取心的企业家和公司高管，本书都将带来有高度、有深度、有温度的新认知。

罗元清

德恒（深圳）律师所高级合伙人

深圳证券交易所第七届上市委委员

首届资本市场执业英才十大年度卓越律师

企业成长是企业从小到大、由弱至强的持续过程。在这一过程中，内生成长和资本运作是不可或缺、不可替代的两种重要途径。资本运作能力是企业家需要学习的重要战略性能力。从与成本计价观念不同的角度，考虑业务的估值体系，使资源资产化、资产证券化，以及通过收购兼并开辟多角业务，是企业成长的必经之路。本书创新性地搭建了企业资本战略的理论体系，结构完整、案例鲜活、分析深入，实践经验丰富，文字深入浅出，值得一读。

施 炜

知名管理学者

中国人民大学中国资本市场研究院高级研究员

华夏基石管理咨询集团联合创始人

著有《管理架构师》《企业成长导航》等畅销管理著作

本书创新性地提出：企业的成功是时运、战略和能力的成功，而资本运作能力是企业必备的战略能力。了解投融资和股权设计，有助于"专精特新"企业家在擅长的技术创新领域之外，少走弯路少踩坑，并帮助企业实现跨量级发展。作者用二十多年的思考和实践，通过丰富的案例和易懂的语言，成为广大企业家和商学院学生链接资本的"桥梁"，这正是本书的价值所在。

胡海波

江西财经大学工商管理学院院长、教授、博导

中国企业管理研究会常务副理事长兼案例研究专业委员会主任委员

中国资本市场的高质量发展，在服务国家重大战略、推动经济快速发展等方面发挥了重要作用。本书作者专业背景深厚、实践经验丰富，特意站在帮助普通读者建立资本思维、解决资本问题的角度，深刻洞悉股权和股东的本质，依托新"国九条"和全面注册制的大背景，系统呈现了IPO上市、投资、并购、收购上市公司、不良资产投资、破产重整、市值管理等资本运作方式。如果你渴望借助资本力量在商业世界中脱颖而出，这本书将是你的最佳选择。

张韶辉

资本市场学院副院长，经济学博士

深圳市政协研究咨询委员会委员

深入了解企业运作、股权设置和投融资，是科技成果转化关键的一环，也是创业者实现财富梦想的重要基石。本书首次搭建了资本战略理论体系，揭示了股权的本质，真正帮助读者"一本书了解股权和资本运作"，让人受益匪浅，值得推荐！

张义民

北京大学深圳研究院助理院长

认知和思维模式决定了一个人能够走多远、飞多高。作为企业运营高级

形态的资本运作，更是一个企业家认知的综合呈现。想要借助资本市场造就卓越的百年企业，就必须全面了解资本魅力而残酷的两面性。只有以史为镜，才能少走弯路。有梦想的企业家既要内修管理，又需外接资本。这是一本专业入门级书籍，作者阅历丰富、见解独特、语言易懂，非常适合想要快速、全面提升资本认知，并希望"有所悟、有所得"的MBA、EMBA及商学院学生和广大企业家朋友。

杨晓燕
长江商学院助理院长
中国企业家读书社区"江畔读书"发起人

本书作者曾经是投行资深保荐代表人，后来又做过投资，管理过母基金和产业基金，具有非常深厚的资本市场从业经验。作者用穿越周期的思维和通俗易懂的语言，帮助读者解读资本市场现状、搭建资本战略体系、剖析资本运作手段。本书浓缩了作者丰富的职业阅历和对企业浮沉的思考，逻辑清晰，案例丰富，值得推荐。

沈春晖
"春晖投行在线"创始人
《一本书看透IPO》《投行十讲》作者

本书作者曾是我商会首席资本专家，教授过资本方面的课程，特别受到企业家们的欢迎，使大家受益匪浅。没想到经过数年的努力，他多年的经验和思考，最终凝结成为这样一本有份量的著作，可喜可贺。

作者对于企业股权顶层设计及资本运作思考的广度、深度和丰富的阅历，一定会让你收获满满！

林文胜
大湾区进出口商业总会联席会长
深圳市发展改革委员会专家顾问

投融资是很专业的事情，也是每个企业在发展过程中需要面临的阶段。本书作者曾是证券公司投行保荐代表人，深度了解资本市场，同时又管理过母基金，做过很多股权投资。所以他能换位思考，帮助你分析投资人的心态，告诉你如何与投资人打交道。相信这些难得的、丰富的实战经验，一定会带给你有益的帮助！

蒋东文

投资家网创始人

著名财经媒体人

本书展现的资本江湖波澜壮阔、商战案例扣人心弦，尤其是并购重组和控制权争夺，能让你深刻理解资本魅力而残酷的两面性。作者拥有专业的背景、丰富的阅历和利他的思维，相信你一定能够在本书中找寻到企业浮沉与资本运作的秘密。

许浒传

《首席访谈》创始人

凤凰网原深圳主编